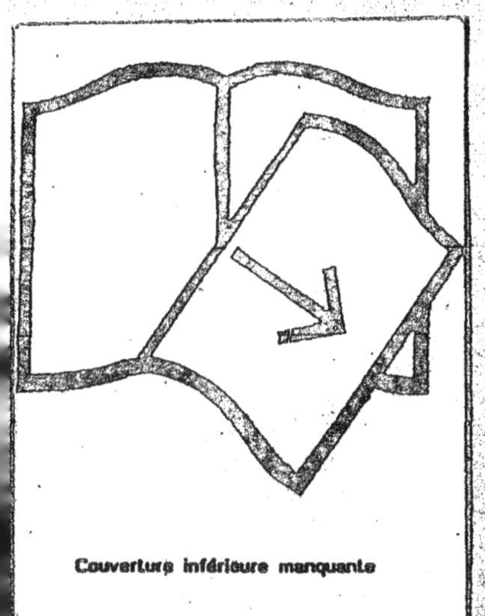
Couverture inférieure manquante

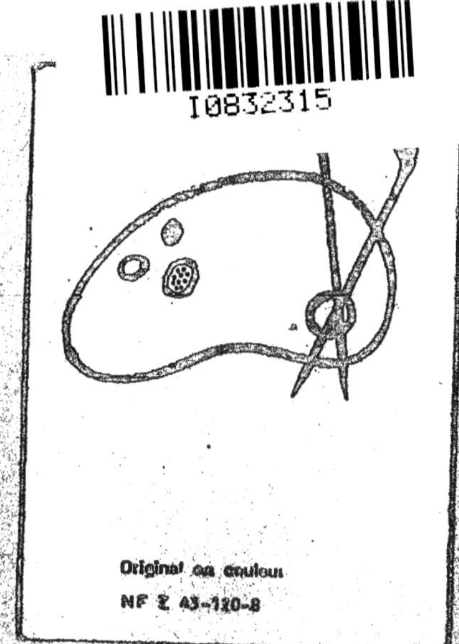
I0832315
Original en couleur
NF Z 43-120-8

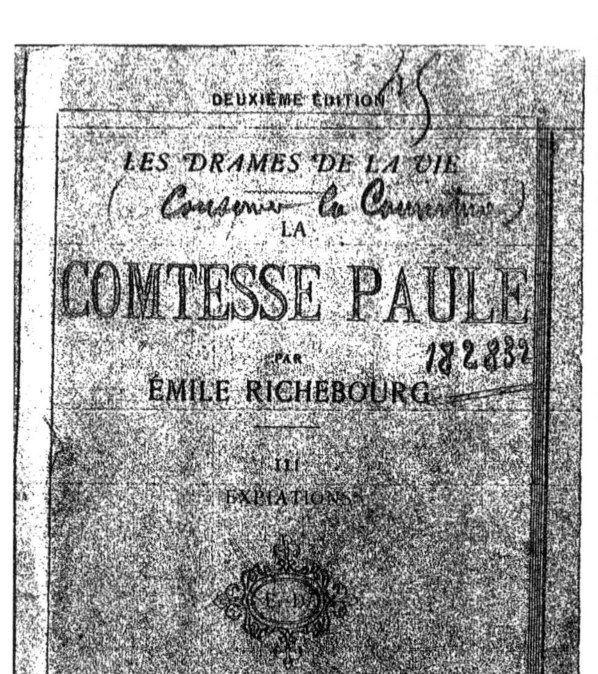

DEUXIÈME ÉDITION

LES DRAMES DE LA VIE

LA

COMTESSE PAULE

PAR

ÉMILE RICHEBOURG

III

EXPIATIONS

PARIS

E. DENTU, ÉDITEUR

LIBRAIRE DE LA SOCIÉTÉ DES GENS DE LETTRES

3, PLACE DE VALOIS, PALAIS-ROYAL

188[illegible]

LES DRAMES DE LA VIE

LA COMTESSE PAULE

III

EXPIATIONS

OUVRAGES DU MÊME AUTEUR

LA DAME VOILÉE, 6e édition. . . . . 1 vol.
L'ENFANT DU FAUBOURG, 4e édition. . . . . 2 vol.
LA FILLE MAUDITE, 8e édition . . . . 2 vol.
LES DEUX BERCEAUX, 4e édition . . . . 2 vol.
ANDRÉA LA CHARMEUSE, 5e édition. . . . . 2 vol.
UN CALVAIRE, 2e édition . . . . 1 vol.
DEUX MÈRES, 6e édition. . . . . 2 vol.
LE FILS, 6e édition. . . . . 2 vol.
L'IDIOTE, 4e édition . . . . 3 vol.
JEAN LOUP, 4e édition . . . . 3 vol.
LA PETITE MIONNE, 4e édition. . . . . 3 vol.
LES MILLIONS DE M. JORAMIE, 3e édition . . . . . 3 vol.
LA NONNE AMOUREUSE, 4e édition . . . . 1 vol.
LE MARI, 3e édition. . . . . 3 vol.
LA GRAND'MÈRE, 4e édition . . . . 3 vol.

EN COLLABORATION AVEC M. DE LYDEN

LES AMOUREUSES DE PARIS. . . . . 2 vol.

BIBLIOTHÈQUE CHOISIE A 1 FR. LE VOLUME

LA BELLE TIENNETTE . . . . 1 vol.
HISTOIRE D'UN AVARE, D'UN ENFANT ET D'UN CHIEN . 1 vol.
QUARANTE MILLE FRANCS DE DOT . . . . 1 vol.

ÉMILE COLIN. — IMP. DE LAGNY

LES DRAMES DE LA VIE

LA
COMTESSE PAULE

PAR

ÉMILE RICHEBOURG

III

EXPIATIONS

PARIS
E. DENTU, ÉDITEUR
LIBRAIRE DE LA SOCIÉTÉ DES GENS DE LETTRES
3, PLACE DE VALOIS, 3

1888

LES DRAMES DE LA VIE

LA COMTESSE PAULE

TROISIÈME PARTIE

EXPIATIONS

I

UNE VIEILLE CONNAISSANCE

Qu'était donc devenue la comtesse Paule ?

Comment avait-elle disparu?

Pour répondre à ces deux questions, disons tout de suite que ce que le maire de Charnay avait supposé était la vérité.

Et maintenant nous allons raconter ce qui s'était passé.

Il pouvait être dix heures et demie ; les éclairs incendiaient le ciel, la foudre grondait, la pluie tombait à verse. Dans le bois, sous le châtaignier, la comtesse de Verdraine dormait toujours, plongée dans ce sommeil profond, étrange, dont ses enfants n'avaient pu la faire sortir, sommeil qui n'était pas sans analogie avec la léthargie.

Cependant, après avoir été d'abord garantie de la pluie par l'épais feuillage de l'arbre, l'eau finit par traverser l'abri de verdure, en dégouttant des feuilles secouées par le vent, et à tomber sur la dormeuse comme versée par un arrosoir.

Alors la comtesse se réveilla, mouillée partout, trempée, ruisselante. Elle ouvrit les yeux, regarda et ne vit rien dans l'obscurité profonde. A ses oreilles n'arrivèrent que les bruits du vent soufflant dans les arbres et le craquement des branches.

— Mon Dieu ! où suis-je, mais où suis-je donc ? murmura-t-elle.

Péniblement elle se dressa debout et immobile, les deux mains appuyées sur son front, elle chercha à ressaisir sa pensée, à reprendre ses esprits ; cela dura quelques instants. Tout à coup la mémoire lui revint et elle poussa un cri terrible. Elle se rappelait qu'elle et ses enfants étaient entrés dans le bois pour se reposer, que tous trois s'étaient couchés et qu'elle s'était endormie, sans doute sous cet arbre au pied duquel elle se trouvait, le dos appuyé au tronc.

— Georges, Edouard, mes enfants, où êtes-vous ? cria-t-elle.

Ne recevant pas de réponse, elle se sentit frissonner.

Mais ses enfants devaient être près d'elle, endormis sans doute.

Elle se courba et des pieds et des mains elle chercha à tâtons. Rien. Alors elle se redressa saisie d'épouvante et poussa un second cri d'angoisse plus terrible, plus effrayant que le premier.

De toutes les forces qu'elle avait encore, elle se mit à appeler :

— Georges, Edouard ! Mes enfants, mes chers petits !

Après chaque appel elle tendait l'oreille, écoutant. Mais rien ne lui répondait, rien que le sifflement lugubre du vent et au loin un bruit sourd pareil à un hurlement formidable. C'était encore le vent.

— Mon Dieu, mon Dieu ! où sont mes enfants ? gémit-elle..

Elle appela encore. Mais ce furent toujours les mêmes bruits du bois qui répondirent à sa voix.

Eperdue, folle de douleur et de désespoir, ne sachant ce qu'elle pouvait avoir à redouter pour ses enfants, elle se mit à courir à travers le bois, tantôt d'un côté, tantôt d'un autre, se heurtant aux arbres, se déchirant aux branches, tombant, se relevant et ne cessant pas d'appeler :

— Georges, Edouard ! Georges, Edouard ?

Et elle allait sous la pluie, glissant dans la boue, marchant en zig zag, se traînant et s'égarant, se perdant dans la nuit comme s'étaient égarés et perdus ses enfants.

Ce n'était plus que d'une voix faible, mourante, qu'elle appelait encore à de longs intervalles :

— Georges ! Edouard !

Elle arriva sur la lisière du bois, eut encore assez de force pour gravir un talus peu élevé et se trouva sur la route ; mais cette route n'était pas celle où le cantonnier avait trouvé les enfants.

La pluie ne tombait plus, l'orage s'était éloigné, il n'y avait plus que de rares éclairs et c'était au loin que le tonnerre grondait encore. Les nuages passaient rapides et de timides étoiles apparaissaient dans quelques éclaircies du ciel.

Paule était toute grelottante, glacée jusque dans les veines ; elle ne pouvait plus articuler un mot, ni seulement faire sortir un son de sa gorge desséchée ; elle respirait à peine, et son cœur n'avait plus que de faibles battements. Elle fit encore quelques pas, les jambes chancelantes, ayant dans la tête comme un grand vide, n'ayant plus conscience de rien, puis tout à coup s'abattit comme une masse et resta étendue tout de son long, sans mouvement.

Combien de temps resta-t-elle ainsi ? Nous ne saurions le dire.

Le ciel s'était complètement éclairci ; sur toute l'étendue de l'immense coupole, les étoiles brillaient. La fureur des éléments s'était apaisée, le calme succédait à l'ouragan.

Il n'était pas encore une heure du matin.

Les pas lourds de plusieurs chevaux, un bruit de roues et de voitures cahotées, une forte sonnerie de clochettes et de grelots se firent entendre soudain sur la route qui, jusqu'à ce moment, avait été déserte.

Qui venait ? Qui s'avançait vers l'endroit où la malheureuse comtesse était tombée évanouie ? Des saltimbanques ; les saltimbanques dont le passage avait été signalé au maire de Charnay.

Ils avaient cinq voitures. C'était un convoi. Deux voitures très longues, traînées chacune par deux forts chevaux et bien fermées, portaient des cages de fer dans lesquelles étaient enfermés des lions, des tigres, des ours, une hyène, un jaguar, des chacals, un léopard, etc. ; il y avait jusqu'à un serpent et d'énormes lézards d'Asie. C'était une ménagerie augmentée de quatre superbes chiens de montagne, qui trottaient sur la route, le plus souvent en avant du convoi. De front, précédant les voitures, marchaient ou trottaient, quand il le fallait, un magnifique éléphant et un chameau. L'éléphant était conduit par son cornac, confortablement installé sur son dos ; le chameau avait également son conducteur, assis entre ses deux bosses.

Une voiture contenait le matériel de la troupe : la tente et la charpente pour la monter.

La quatrième et la cinquième voitures, qui communiquaient entre elles, au repos et à volonté, par une passerelle mobile, étaient occupées par les saltimbanques des deux sexes, mais l'une exclusivement réservée aux femmes. Elles n'étaient que deux, d'ailleurs, la caissière, une belle jeune fille de vingt ans, et la cuisinière, toutes deux chargées aussi de soigner le linge, de le blanchir et des raccommodages. Chacune avait sa cabine meublée d'un lit et d'une chaise, plus une malle dans un coin.

La moitié de cette voiture était en même temps une cuisine et une salle à manger ; une cuisine parce qu'il y avait là un fourneau, une espèce de buffet, des ustensiles pour fricoter ; une salle à manger parce qu'il y avait une table autour de laquelle on pouvait s'asseoir huit assez à l'aise.

La troupe se composait en effet de huit personnes, et c'était dans cette cuisine-salle à manger que les saltimbanques prenaient leur repas en commun, nous pourrions dire en famille, car dans cette petite troupe tout le monde était d'accord, s'estimait, se respectait, s'aimait. Ainsi le voulait le patron, le maître.

Et il avait le droit d'exiger beaucoup de ses collaborateurs, car il était bon pour eux, les traitait comme des amis, les nourrissait bien et les payait largement.

La dernière voiture, celle des hommes, était divisée en cinq cabines ayant chacune un lit, pas très large, mais assez pour pouvoir bien dormir. Quand on est saltimbanque, peut-on demander plus qu'un bon matelas, des draps propres et une couverture pas trop usée.

La cabine du patron n'était pas plus luxueuse que les autres ; elle était simplement décorée d'un petit miroir et de vieilles pipes culottées. Cependant, dans un coin, à la tête du lit, il y avait un coffre de fer bien cadenassé qu'on ne voyait pas dans les autres cabines. C'était dans ce coffre de fer que le patron versait les recettes de la caissière les jours où la troupe travaillait, les gens et les bêtes. C'était ce coffre de fer que le patron ouvrait quand l'homme chargé de nourrir les animaux venait lui demander une nouvelle provision ; quand, à son tour, la cuisinière, rendant également ses comptes, faisait remplir sa bourse pour la quinzaine ; enfin, le fameux coffre s'ouvrait encore les jours où le patron faisait la paye.

Comme on le voit il s'ouvrait souvent, le coffre cadenassé, et cependant il ne se vidait jamais entièrement, bien que les recettes fussent plus souvent mauvaises que bonnes.

Les employés, qui savaient bien un peu ce que le patron pouvait gagner, s'étonnaient de voir que l'argent ne lui manquait jamais. Comment faisait-il donc? Pour eux, il y avait là un mystère. Ils étaient trop respectueux pour se permettre d'interroger le maître à ce sujet; mais ils se disaient :

— Il faut qu'il ait quelque part une mine d'or.

Ce chef de saltimbanques, ce montreur de bêtes, ne pas confondre avec dompteur, — notre personnage ne jouait pas avec ses bêtes féroces, — ce chef de saltimbanques est une vieille connaissance de nos lecteurs; c'est le senor don Stéphano, l'ancien maître de la belle Mercédès d'Argélias, devenue danseuse à l'Opéra, sous le nom de Flora, et que sa grâce, sa souplesse, sa légèreté, son talent ont fait surnommer la Papillonne.

Deux des chiens qui pour le moment marchaient en avant-garde, s'arrêtèrent subitement; l'un aboya, l'autre se mit à hurler. Leurs camarades accoururent, croyant sans doute à quelque grand danger qui menaçait leurs maîtres. Ils s'approchèrent du corps de la comtesse, le flairèrent; puis, imitant les deux autres, aboyèrent et hurlèrent.

Alors ce fut sur la route, autour de la jeune femme toujours sans mouvement, un tapage épouvantable, une sorte de concert infernal. Dans les cages de fer, les fauves réveillés rugissaient

Le convoi s'était arrêté, l'éléphant et le chameau juste devant la comtesse. L'éléphant baissa sa trompe en l'allongeant, puis la redressa aussitôt avec un mouvement qu'on aurait pu prendre pour de la terreur. Le chameau, que rien ne semblait émouvoir, restait impassible.

Cependant don Stéphano, qui ne dormait jamais que d'un œil, s'était dressé debout et avait appelé ses camarades en criant :

— Alerte! alerte!

Tout d'abord on courut aux cages des bêtes, où tout était en ordre et dans une tranquillité relative.

— Par ici, venez! criait le cornac de l'éléphant qui n'avait pas quitté sa chaise.

— Ah, ça! qu'y a-t-il donc? demanda le patron.

— Là, là, devant nous, un cadavre! répondit le cornac.

Les chiens, voyant leurs maîtres, avaient cessé d'aboyer, de hurler, et la panique chez les fauves se calmait.

Don Stéphano, le premier, s'approcha de la comtesse et l'éclaira avec la lanterne qu'il avait à la main.

— Oh! toute jeune! murmura-t-il.

— Et bien belle, patron, ajouta un des hommes.

Don Stéphano toucha les mains, la figure, les membres. Le corps était glacé et avait la rigidité d'un cadavre.

— La pauvre jeune femme est morte, dit une voix derrière don Stéphano.

Et les autres hommes et les deux femmes qui arrivaient sur le lieu de la scène répétèrent :

— Morte, morte, elle est morte!

Don Stéphano, à genoux sur le sol boueux, penché sur le corps, continuait son examen. Les autres disaient :

— Vous allez voir, le patron va emporter le cadavre pour le déposer, quand il fera jour, dans le premier village où nous passerons.

— Non, le patron ne fera pas cela, il sait bien que l'on ne doit pas toucher aux morts et que c'est aux hommes de justice seuls qu'appartient le droit de les enlever.

— Par exemple, en voilà une bêtise! Et d'abord rien ne prouve encore qu'elle soit morte...

— Silence, vous autres, ordonna la voix pleine d'autorité de Stéphano.

Celui-ci avait la main sur le cœur de la jeune femme, espérant en sentir les battements; mais le cœur avait cessé de battre. Et cependant quelque chose disait à don Stéphano que ce corps glacé, rigide, qu'il touchait, palpait, n'était pas un cadavre. Cet Espagnol n'était rien moins qu'un savant; mais ayant vu bien des choses, il était homme d'expérience. Il s'obstinait à croire que la jeune femme vivait encore, qu'elle était évanouie et que dans son évanouissement il y avait de la catalepsie.

Mais, morte ou vivante, la laisser là était impossible; don Stéphano n'aurait pu se résoudre à l'abandonner. Ce qu'il y avait à faire d'urgence, c'était de lui donner tous les soins nécessaires. Si elle vivait encore on mettrait tout en œuvre pour la sauver de la mort; et si elle était morte... mon Dieu, on la ferait enterrer, voilà tout.

Ayant ainsi raisonné, don Stéphano dit à un de ses hommes de l'aider à enlever le corps et la comtesse Paule fut transportée à la maison roulante des femmes et confiée à leurs soins.

— Vous allez lui céder votre chambre, dit le maître à mademoiselle Claire, sa caissière, et vous et madame Auguste vous serez jusqu'à nouvel ordre ses gardes-malades.

— Et si elle est morte? objecta la jeune fille.

— Vous serez les veilleuses de la morte.

Le maître avait parlé, il n'y avait plus rien à dire.

Le convoi s'était remis en marche et les hommes avaient regagné leur voiture.

La comtesse fut déshabillée, on lui lava les mains, et le visage, et après avoir séché son corps dans une couverture de laine, on lui mit une chemise de mademoiselle Claire, et elle fut ensuite couchée dans le lit de cette dernière, comme l'avait ordonné le maître.

Le maître avait dit aussi :

— On donnera des soins à cette jeune femme comme si elle n'était qu'évanouie.

Se conformant aux désirs de don Stéphano, bien qu'elles n'en vissent guère l'utilité, les deux femmes unirent leurs efforts pour ranimer la malheureuse; elles la frictionnèrent avec de la flanelle, lui versèrent dans la bouche, à plusieurs reprises, quelques gouttes d'une liqueur ayant la propriété de rétablir la circulation du sang, de réchauffer.

Au bout d'une heure, mademoiselle Claire et madame Auguste s'aperçurent qu'un peu de chaleur était revenue au corps et que les membres avaient moins de raideur. Mais la jeune femme était toujours sans mouvement, ses yeux restaient fermés, sa figure et ses lèvres conservaient la même pâleur de cire et l'on ne pouvait point voir si elle respirait; enfin si son cœur battait, il fallait que ce fût bien faiblement puisqu'on ne le sentait pas.

Don Stéphano, assis sur l'unique chaise de sa cabine, attendait des nouvelles avec impatience et anxiété. Il ne savait pas qui était cette malheureuse qu'il venait de ramasser sur la route; c'était une pauvresse, une vagabonde, sans doute; n'importe, sans savoir pourquoi il s'intéressait à cette jeune femme et beaucoup plus qu'il ne l'aurait voulu.

Un coup de sifflet aigu retentit au milieu du bruit des sonnettes et des grelots. C'était un signal. Mademoiselle Claire appelait le patron.

Don Stéphano se dressa comme mû par un ressort; sans faire arrêter les chevaux, il descendit de sa voiture par le petit escalier qui y était fixé, et monta dans l'autre voiture par un escalier semblable.

— Nous sommes parvenues à la réchauffer un peu et les membres sont moins raides, lui dit Claire.

— Alors, j'avais donc raison, elle n'est pas morte!

Il pénétra dans la cabine et examina longuement la comtesse.

— Oui, murmura-t-il, elle vit.

Se tournant vers les femmes, il reprit :

— Vous avez bien travaillé, je suis content de vous. Courage, courage, nous sauverons cette pauvre femme! Elle dort et son sommeil est léthargique; mais dans quelques heures, soyez-en sûres, elle se réveillera. Vous lui avez fait avaler de ma liqueur, de mon spécifique?

— Oui, maître.

— Il faut continuer; trois ou quatre gouttes de quart d'heure en quart d'heure. Si, grâce à vos soins, la vie est rendue à cette femme, vous aurez chacune une gratification de cinquante francs. Madame Auguste, vous allez allumer votre fourneau pour faire chauffer des pièces de laine, de flanelle, et, toutes deux, vous ferez tout ce qui dépendra de vous pour réchauffer complètement votre malade. Mettez-lui aux pieds une brique brûlante.

— Maître, tout ce que vous ordonnez sera fait.

— C'est bien. A propos, où sont ses effets?

— Dans un coin de la salle, mais dans un état...

— On les lavera, on les fera sécher. Avait-elle quelques objets sur elle?

— Nous ne savons pas.

— Je comprends, vous n'avez pas eu le temps de chercher; moi, je vais voir.

Don Stéphano revint dans la salle à manger assez bien éclairée par une lanterne solidement attachée à un des montants de la voiture. Il trouva l'habillement de la comtesse en un tas, les bas, les bottines, le chapeau, la robe, les jupons, la chemise, le tout ensemble, pêle-mêle.

Il inspecta d'abord la chemise dont il trouva la marque brodée par une main habile : un V surmonté d'une couronne héraldique.

— Tiens, tiens, tiens, fit-il.

Il prit ensuite les bas sur lesquels se retrouvait le V sans la couronne et tracé au point de marque ordinaire.

— Initiale d'un prénom ou d'un nom de famille, murmura don Stéphano, mais cela ne m'apprend pas grand'chose. Voyons la robe.

La robe avait deux poches, une à droite, une à gauche. Dans la poche de droite, don Stéphano trouva un mouchoir de fine batiste assez propre, car la comtesse l'avait lavé elle-même plusieurs fois dans l'eau claire d'un ruisseau.

Le mouchoir était aussi marqué d'un grand V accompagné de la couronne, l'un et l'autre brodés, évidemment par la même main qui avait marqué la chemise.

— Hum, hum, fit don Stéphano, je ne me connais guère en blason, mais cette couronne me paraît être celle d'un duc ou d'un marquis.

De la poche gauche, le saltimbanque tira un chiffon de papier mouillé, ayant presque la forme d'une petite boule; se rapprochant de la lumière et remarquant qu'il y avait quelque chose d'écrit sur le papier :

— Une lettre, peut-être, pensa-t-il.

Oui, c'était une lettre, cette lettre que Paule avait écrite à ses parents, qu'elle n'avait pas achevée, qu'elle avait froissée et mise dans sa poche, renonçant à l'envoyer.

Don Stéphano chercha encore et ne trouva plus rien.

— Enfin, se dit-il, j'ai toujours à espérer que ce papier m'apprendra quelque chose.

Madame Auguste avait allumé son fourneau et laine, flanelle et brique chauffaient.

— Je vous gêne, mère Auguste, lui dit don Stéphano; mais c'est bien, j'ai fini et je m'en vais. Je ne me coucherai pas, et si vous avez besoin de moi, vite un coup de sifflet; du reste le jour ne tardera pas à paraître.

Sur ces mots le patron regagna sa cabine, emportant le mouchoir et le papier roulé.

II

LA MALADE

La première chose que fit don Stephano, ce fut de dérouler les feuilles de papier avec les plus grandes précautions et de les étendre, pour qu'elles se séchassent plus vite, chacune entre deux feuilles de papier buvard.

— Lire maintenant serait fort difficile, se disait-il, et je risquerais fort de déchirer le papier en beaucoup d'endroits, et ce serait fâcheux, si cet écrit est un document de quelque valeur et que je doive le conserver. Dans quelques heures, après un bon coup de soleil, qui aura remis le papier en état, je pourrai lire.

Vers huit heures du matin, la dormeuse fit un premier mouvement; elle commençait à se ranimer; on voyait maintenant qu'elle respirait; une légère teinte rose reparaissait sur son visage et sur ses lèvres, et Claire pouvait sentir sous sa main les faibles battements du cœur.

Elle vivait! Mais était-elle sauvée?

— Hélas! dans l'état où elle se trouvait, il y avait beaucoup, beaucoup à redouter.

Don Stéphano, le montreur de bêtes, venait de Lyon et se rendait à Belley, département de l'Ain, où il y allait avoir une fête qui durerait quinze jours. On marchait donc à peu près en droite ligne dans la direction de Belley.

A neuf heures on s'arrêta à l'extrémité d'un village assez important que l'on avait traversé et où il y avait un boucher et un boulanger. C'était une halte qui allait être, comme d'habitude, de trois heures.

Pendant ce temps, les fauves, les chevaux et les gens mangeraient. C'étaient les trois premières heures de repos de la journée. Les chevaux et l'éléphant, habitués à de longues marches, souvent forcées, n'exigeaient pas un plus long repos. Quant au chameau, il était infatigable et aurait marché des jours et des nuits sans s'arrêter.

La comtesse Paule était toujours plongée dans son étrange sommeil.

Ce ne fut qu'un peu avant midi, alors que les saltimbanques se préparaient à se remettre en route, que la malade sortit enfin de sa crise cataleptique.

Elle ouvrit les yeux, se dressa à demi, regarda avec effarement Claire qui lui souriait, laissa échapper un long soupir, puis une plainte et balbutia d'une voix sourde :

— Oh! quel horrible rêve!

Mais il n'y avait aucune lucidité dans son cerveau où tout était confusion; elle ne se rappelait pas qu'elle était la comtesse de Verdraine et avait des enfants. Elle ne se souvenait de rien.

Sa tête retomba sur le traversin et elle se rendormit.

Claire secoua tristement la tête et murmura :

— Cela n'est pas naturel.

Bien qu'il eût eu soin de faire sécher la lettre au soleil, tout en la laissant entre les feuilles de papier buvard, don Stephano ne l'avait pas encore lue; il avait eu à conférer avec ses hommes, à visiter ses voitures, ses animaux, enfin à s'occuper de beaucoup de choses.

Don Stéphano était de ceux qui pensent que pour être bien servi, un maître doit faire souvent lui-même et tout voir de ses yeux.

Mais dès que les voitures se furent remises en marche, Stéphano se retira dans sa cabine et se mit aussitôt en devoir de lire la lettre qui avait fortement excité sa curiosité. Il la lut lentement, avec une grande attention, sans s'interrompre, sans exclamation, mais non sans être singulièrement ému.

C'est que cette lettre lui révélait d'étranges choses et lui causait une surprise à laquelle il ne s'attendait certainement pas.

Quoi, cette jeune femme qu'il avait prise d'abord pour une pauvresse, une vagabonde, et à qui plus que jamais il voulait rendre la vie, cette jeune femme était la comtesse de Verdraine, la femme de cet homme odieux, de ce misérable dont la danseuse Flora s'était emparé, qu'elle torturait et poussait vers un abîme sans fond pour venger sa sœur flétrie, déshonorée et morte de douleur, de désespoir et de honte !

Et, surprise plus grande encore, la malheureuse

comtesse de Verdraine était cette charmante et jolie personne qu'on appelait autrefois la belle Paule et qu'il avait vue un jour, à Saint-Amand-les-Vignes, sur la place publique.

Mais comment ne l'avait-il pas reconnue? Il s'en étonnait, car il avait une prodigieuse mémoire.

— Oh! s'écria-t-il, comme il y a des choses étonnantes dans la vie! Comme certaines destinées sont étranges! Comme il y a d'incroyables fatalités!

Si le saltimbanque savait que la danseuse Flora frappait sans pitié le comte de Verdraine et avait juré sa perte pour venger sa sœur Dolorès, il n'ignorait pas combien était grande et même exagérée la reconnaissance de Mercédès d'Argélias envers l'ancien sergent Pierre Rouget et tous les siens, pour un service rendu en Espagne, en temps de guerre, à la senora Inès Ramon.

— Je connais Mercédès, se disait-il, je la connais comme je me connais moi-même, comme si elle était née de mon sang et ne m'eût jamais quitté. Elle est fanatique de son devoir et même de ce qu'elle s'imagine être son devoir. Sa mère lui a dit : Il existe un Français appelé Pierre Rouget, qui a pris part aux combats du Trocadéro, aie pour ce vieux soldat la reconnaissance et le respect que tu dois à un homme qui a sauvé ta mère, et si Pierre Rouget a des descendants, que ta reconnaissance et ton respect se reportent sur eux.

Or, poursuivit Stéphano, il me paraît certain que Mercédès ignore que le comte de Verdraine est marié, et si elle est instruite de la chose, elle ne sait pas que le comte a pris pour femme une paysanne de Saint-Amand-les-Vignes et que la comtesse de Verdraine n'est autre que la belle Paule, la petite-fille de l'ancien soldat Pierre Rouget.

Don Stéphano se mit gravement à réfléchir encore, et la conclusion de ses dernières réflexions fut qu'il devait écrire à Mercédès d'Argélias, sinon immédiatement, mais pas plus tard que le lendemain; car il était important d'instruire la danseuse des choses dont il supposait qu'elle n'avait point connaissance et de lui apprendre comment il avait recueilli la comtesse, après l'avoir trouvée sur un chemin presque morte.

Mais Stéphano était un homme prudent, qui ne se serait point pardonné de commettre une erreur, même trompé par les apparences. Il fallait avant tout qu'il s'assurât que la malade était bien réellement la comtesse de Verdraine, la belle Paule, c'est-à-dire la personne qui avait écrit ce qu'il venait de lire, la lettre de la comtesse ayant pu, en effet, se trouver dans la poche d'une étrangère.

— Si c'est elle, je la reconnaîtrai, se dit le saltimbanque.

Et il se rendit dans la cabine où la comtesse dormait toujours, mais d'un sommeil qui n'avait plus rien de léthargique, d'un sommeil causé par l'épuisement complet des forces et qui semblait promettre un bon réveil.

— C'est elle, prononça tout bas don Stéphano, oui, voilà bien la belle Paule que Mercédès a embrassée sur la place de Saint-Amand; comment ne l'ai-je pas tout de suite reconnne? Il est vrai que c'était la nuit; et puis elle était si pâle... elle l'est encore, du reste. Enfin maintenant je ne doute plus, c'est elle.

Une idée vint au saltimbanque et elle fut aussitôt suivie d'une résolution.

Il ne déclarerait point à l'autorité qu'il avait trouvé sur la route une femme mourante et l'avait recueillie ; et, jusqu'à nouvel ordre, personne ne saurait que cette malheureuse était la comtesse de Verdraine. Avant de prendre une détermination sur ces deux points, il attendrait les instructions qui lui seraient données par Mercédès.

En conséquence, il n'emmènerait pas la comtesse jusqu'à Belley pour la faire entrer dans un hôpital ou un hospice, comme il en avait eu d'abord l'intention ; il la laisserait en passant au village de Bellombe, à quatre lieues de Belley, où il avait un ami, un ancien saltimbanque retiré du métier, sur qui il pouvait compter et à la femme duquel il pouvait en toute sûreté confier la malade.

Ces résolutions définitivement arrêtées, Stéphano rassembla son personnel et sans entrer dans des explications, que d'ailleurs on ne lui demandait pas, il donna l'ordre à ses gens de garder le silence le plus absolu sur l'événement de la nuit précédente.

Chacun promit de garder le secret, et le patron, content de son monde et de lui-même, regagna sa cabine afin de penser à la lettre qu'il allait écrire à la danseuse Flora.

Nous ajouterons encore quelques mots à ce que nous avons déjà dit sur l'Espagnol don Stéphano.

Depuis que nous l'avons vu sur la place publique de Saint-Amand-les-Vignes, fumant sans gêne sa vieille pipe culottée et débitant son boniment avec cette emphase et cette verve blagueuse particulière aux saltimbanques, un grand changement s'était fait dans sa situation : il était devenu le maître et le propriétaire d'un matériel important, d'une véritable ménagerie composée d'une vingtaine de bêtes, sans compter les douze chevaux, le tout représentant une somme assez considérable.

L'âne d'autrefois, les caniches, le singe, la pie et la vieille femme étaient morts. Le chameau était toujours le même chameau et Stéphano lui avait donné pour compagnon un éléphant ; l'ours était entré dans la ménagerie.

Ali, le mulâtre, et Ajax, le bossu, avaient quitté Stéphano, avec son agrément, bien entendu, pour aller servir Mercédès, et nous savons s'ils la servaient fidèlement, et jusqu'à quel point ils lui étaient dévoués.

Don Stéphano n'avait pas été pour Mercédès ce que l'on appelle un maître, mais un ami, mieux encore qu'un ami, un père. Arrivée à la célébrité, à la fortune, la jeune fille, dont nous connaissons le grand cœur, voulut agir vis-à-vis de son vieil ami comme une fille reconnaissante. Elle lui avait dit :

— Quittez ce métier de saltimbanque, si peu digne de vous, je vous ferai une pension et vous pourrez retourner en Espagne et y vivre tranquillement.

Mais Stéphano aimait la France et ne voulait pas s'en éloigner ; mais Stéphano aimait le métier de saltimbanque, car il était saltimbanque dans l'âme, et ne voulait pas l'abandonner.

Il fit part à Mercédès de ses projets, de ses ambitions, et la jeune fille, en plusieurs dons successifs, lui donna l'argent qui lui était nécessaire pour acheter les voitures, les chevaux, les fauves.

C'était là toute la fortune de don Stéphano; en dehors de son matériel, de ses chevaux et de ses pensionnaires en cages, il ne possédait absolument rien; il n'était guère plus riche, en somme, que huit ans auparavant et vivait un peu au jour le jour comme en ce temps-là. Assez souvent même, Stéphano était gêné : alors il avait encore recours à Mercédès et c'était la danseuse, dans les jours de pénurie, qui alimentait la caisse du saltimbanque. Mais, disons-le à la louange de Stéphano, il n'abusait pas et faisait même ses demandes avec une grande discrétion. Plus d'une fois aussi, après un ou deux mois de bonnes recettes, il avait rendu à la jeune fille une partie des sommes avancées. Selon lui, l'argent qu'il avait reçu et recevait de la danseuse était des prêts qu'il devait rembourser.

Enfin don Stéphano n'était pas riche, et cependant il ne croyait pas qu'il y eût au monde une position plus agréable que la sienne et qui pût lui être préférée. Pour lui, il n'y avait rien au-dessus des saltimbanques et il se considérait comme en étant le roi. Les Pezon, les Bidel et autres n'étaient que des petits princes, ses sujets.

Il aimait le grand air, la liberté, les routes à perte de vue; toutes étaient à lui, la France entière était son domaine. Et quand il contemplait ses bêtes repues, bien portantes, joyeuses, ou qu'il les entendait rugir, il s'estimait le plus heureux des hommes.

Certes, il n'aurait pas changé sa souveraineté contre celle du plus puissant potentat.

Sur un champ de foire, au milieu du bruit assourdissant des tambours, des grosses caisses, des instruments de cuivre de ses confrères, il admirait la foule se pressant devant les baraques, jubilait de voir les bousculades, éprouvait une infinité de jouissances inconnues.

Et quand sous sa tente, ayant son habit noir et sa cravate blanche, il se promenait gravement devant les cages de ses bêtes, il était plus fier et se trouvait plus grand que le premier ministre de la reine de toutes les Espagnes.

Don Stéphano était né saltimbanque; aurait-il été propriétaire de la plus riche mine d'or du Pérou qu'il serait resté saltimbanque.

Dans l'après-midi, un peu avant la halte du soir, la comtesse se réveilla ; mais elle était dans un état de faiblesse extrême. Elle avait toujours les yeux égarés et l'on devinait que dans son cerveau tout était vague et que, certainement, elle ne se rendait encore compte de rien. Sa peau était brûlante, elle avait la fièvre.

Claire, qui ne la quittait pas d'un instant, essaya de la faire parler ; ce fut impossible. Les lèvres de la malade remuaient, mais aucun son ne sortait de sa gorge. Son regard indécis, flottant, sa figure sans expression, sans vie, indiquaient qu'elle n'entendait pas ou ne comprenait point ce qu'on lui disait.

— C'est peut-être une étrangère qui ne comprend pas la langue française, pensait la jeune caissière.

Cependant, elle parvint à faire boire à la malade un demi-bol de bouillon chaud et à lui faire manger deux biscuits trempés dans un verre de vieux vin.

Pendant la halte, Stéphano vint faire une visite à la comtesse. Elle ne s'était pas rendormie, mais elle était dans une immobilité effrayante. Ce pauvre corps épuisé, plus encore peut-être par les tortures morales que par la fatigue, et dont l'âme semblait s'être séparée, n'était plus qu'une masse de chair inerte.

La pauvre jeune femme avait la respiration courte, précipitée, difficile, ce qui indiquait un engorgement des poumons.

Don Stéphano lui adressa deux ou trois questions qui restèrent sans réponse.

On aurait pu croire que les sens de la malheureuse avaient tous perdu la sensibilité.

Le saltimbanque la regarda longuement et très ému, car il avait des larmes dans les yeux.

— Elle est bien malade, murmura-t-il.

Il dit à Claire :

— Il faut la soigner comme si elle était votre mère, vous et moi nous ne pouvons trop faire pour cette malheureuse. Si elle n'était pas d'une constitution robuste, elle serait morte... Mais la sauverons-nous ? Tant qu'il existe chez un moribond un souffle de vie, on a le droit d'espérer. Espérons donc ! Claire, il faut que cette jeune femme vive, il le faut pour elle et pour nous. Si elle mourait, ce serait un malheur, un grand malheur, dont je ne pourrais pas me consoler.

Dans la nuit, la voix revint à la comtesse ; mais la fièvre ayant augmenté, elle avait le délire. Elle prononçait des paroles aussi étranges qu'incohérentes ;

c'étaient des bouts de phrases hachés, des mots auxquels il était impossible de rien comprendre. A toutes ses divagations, se trouvaient jetés pêle-mêle les noms de MM. de Miray, de Georges, d'Édouard, d'Isabelle, de Maxime, de madame de Broguiès, d'Étienne, de Mélie, de son père, de sa mère et de son grand-père.

Elle continuait, sans doute, ou recommençait dans le délire de la fièvre un horrible rêve qui avait dû précédemment hanter son sommeil.

L'expression de sa physionomie et de son regard étincelant trahissait la terreur, l'épouvante; elle poussait par instants des cris rauques, étranglés; des spasmes violents la secouaient, elle se débattait, jetait ses bras à droite, à gauche, en avant, comme si elle eût voulu repousser quelque hideux fantôme.

Et quand l'accès de fièvre se calmait, ses yeux se fermaient à demi et elle retombait subitement dans son immobilité, dans son insensibilité apparente.

Quatre fois en quelques heures elle eut la même crise. Alors, il semblait que ce pauvre corps brisé, sans force, fût soumis à une puissante action galvanique.

Stéphano était fort triste, et bien qu'il affectât une grande tranquillité d'esprit, il ne parvenait pas à cacher complètement aux deux femmes l'inquiétude qui le dévorait.

Le jour venu, au premier village où l'on arriva, le patron donna l'ordre de s'arrêter.

A un paysan qui se trouva devant lui, le saltimbanque demanda s'il y avait un médecin dans le village. On lui répondit oui, et immédiatement il envoya chercher le médecin. Celui-ci répondit en toute hâte à l'appel qui lui était fait, et il fut introduit auprès de la malade, à ce moment dans une immobilité qui avait succédé à la dernière crise.

Le docteur constata l'état de faiblesse de la jeune femme, déclara qu'elle avait une forte fièvre et que toutes ses forces étaient épuisées, ce que don Stéphano savait aussi bien que lui. Bref, le diagnostic du médecin fut que la malade était anémique au dernier degré. Le brave docteur était enchanté de parler de l'anémie, une maladie fort à la mode depuis une vingtaine d'années, et il en parla en médecin de village, qui ne s'était jamais trouvé, dans sa clientèle, en présence d'une femme ou d'une jeune fille anémique.

Cependant, après avoir ausculté la malade, car il tenait à faire les choses en conscience, il rassura un peu don Stéphano, en disant qu'il était convaincu, — et cela le surprenait beaucoup, — qu'aucun des organes essentiels à la vie n'était atteint par le mal.

— Donc, ajouta-t-il, avec des soins, de grands soins, de l'air et du soleil, cette jeune femme peut reprendre ses forces, se rétablir, se guérir.

Il indiqua la nourriture qui convenait le mieux à la malade, les boissons qu'il fallait lui donner, les médications à employer et il écrivit son ordonnance, ce qui fut particulièrement agréable à don Stéphano, car il ne se dissimulait pas qu'en cas de mort il encourait une certaine responsabilité.

Croyant avoir affaire à une femme de la troupe, le médecin ne fit au saltimbanque aucune question embarrassante.

Don Stéphano le remercia d'avoir bien voulu se déranger et lui mit un louis dans la main. Étonné d'une pareille largesse, le médecin voulut refuser, disant que ce n'était point là le prix d'une visite de médecin de village.

— Si, si, monsieur le docteur, acceptez, dit l'Espagnol, prenant ses grands airs.

— Enfin, puisque vous le voulez... Mais un mot encore, monsieur; c'est un conseil : votre camarade n'est pas bien dans cette voiture, il faut une chambre bien aérée, un bon lit; des soins assidus et une grande tranquillité, c'est-à-dire autour d'elle le calme et le silence. Vous vous rendez à Belley?

— Oui.

— Eh bien, si vous m'en croyez, vous la placerez à l'hôpital.

— Merci, monsieur le docteur.

Le médecin s'éloigna enchanté de don Stéphano, émerveillé de ses belles manières de gentilhomme et se demandant si cet Espagnol n'était pas un grand seigneur faisant le métier de saltimbanque pour son plaisir.

Cette journée et la nuit suivante n'apportèrent aucune amélioration dans l'état de la malade. Enfin, le lendemain, avant midi, — c'était le troisième jour que la comtesse était avec les saltimbanques, — on arriva à Bellombe, où l'on allait faire une halte de quatre heures.

Don Stéphano, qui dès la veille avait écrit à Mercédès, se rendit chez son ami, l'ancien saltimbanque, qu'il avait prévenu de son passage à Bellombe et qui l'attendait pour déjeuner. Mais, avant tout, Stéphano parla de sa malade et du désir qu'il avait de la confier aux soins de madame Gaspard.

C'était une femme de cinquante-sept ans, de dix

ans moins âgée que son mari, et très alerte encore, malgré son embonpoint.

Stéphano avait rendu autrefois plus d'un service aux époux Gaspard, on lui en était reconnaissant et l'on n'avait rien à lui refuser. D'ailleurs, Stéphano laisserait une provision de cent francs à madame Gaspard et il promettait une récompense pour les bons soins qui seraient donnés à la malade, qu'il présentait comme lui étant inconnue.

Le mari et la femme se consultèrent simplement du regard, après quoi ils déclarèrent qu'ils acceptaient, heureux de donner à don Stéphano ce témoignage de leur amitié.

La plus belle chambre de la maison fut aussitôt préparée pour recevoir la malade.

Alors Stéphano dit :

— Mes amis, nous pouvons déjeuner.

On prenait le café lorsqu'un homme de la troupe vint demander les ordres du patron. Un quart d'heure après, la voiture dans laquelle était la comtesse Paule s'arrêtait devant la maison de maître Gaspard, et la malade, enlevée de sa cabine par les bras solides de don Stéphano et d'un de ses hommes, était transportée dans sa nouvelle chambre, puis doucement couchée dans le lit, bassiné, par madame Gaspard aidée de mademoiselle Claire et de madame Auguste.

— Je crois avoir fait ce que je devais, se dit le saltimbanque; maintenant attendons les ordres de la senora Mercédès.

III

LA LETTRE DU SALTIMBANQUE

La Papillonne avait vengé sa sœur! oh! trop bien vengée! Elle n'avait pas seulement conduit le comte à la ruine, elle l'avait fait descendre, d'échelon en échelon, aussi bas que possible; elle l'avait écrasé, jeté à terre, roulé dans la boue du ruisseau. Le comte Maxime de Verdraine, si brillant, si fier, si beau naguère, n'était plus que l'ombre de lui-même, un sombre fantôme dont ceux qui avaient été ses amis s'éloignaient, une espèce de spectre errant qui inspirait en même temps la pitié et la terreur.

La danseuse avait vengé sa sœur, et elle était épouvantée du mal qu'elle avait fait. En apprenant que la comtesse de Verdraine, mère de deux enfants, était la belle Paule, et en voyant la douleur profonde du vieux père Rouget, elle avait reçu au cœur une blessure cruelle, blessure qu'elle garderait longtemps, peut-être toujours. Elle souffrait, et dans sa souffrance il y avait des regrets, des remords.

Elle pensait constamment aux trois innocentes

victimes qu'elle avait aveuglément et injustement frappées.

Le vieux Pierre Rouget était resté huit jours à Paris; il lui avait fallu ce temps pour reprendre ses forces. La veille de son départ, il avait reçu la seconde visite annoncée de la danseuse, et celle-ci, avec beaucoup de peine, était parvenue à lui faire accepter une nouvelle somme de huit mille francs.

— Flora la Papillonne ne doit pas exister pour vous, lui avait-elle dit; ne voyez en moi que Mercédès d'Argélias, Mercédès, la fille d'Inès Ramon, qui veut réparer autant qu'il lui est possible le mal que la danseuse Flora a fait à votre petite-fille.

Je connais votre situation, monsieur Rouget, vous êtes pauvre et votre gendre et votre fille sont encore plus pauvres que vous; la comtesse de Verdraine et ses enfants vont avoir besoin de votre aide; sans argent, vous ne pourriez rien faire et vous ne voudriez pas que votre petite-fille et ses enfants tombassent dans la misère. Je vous en prie, prenez cet argent qui va vous être si nécessaire.

Bref, après une assez longue résistance, le père Rouget s'était laissé convaincre et Mercédès avait mis les liasses de billets de banque, avec les deux bourses d'or, dans le sac de cuir.

Depuis la première visite qu'elle avait faite à Pierre Rouget, Flora n'avait pas revu le comte de Verdraine; elle avait donné à ses serviteurs une consigne sévère, et quand le comte se présentait, ce qui arrivait tous les jours et jusqu'à trois ou quatre fois dans la même journée, on lui répondait: Mademoiselle est sortie ou mademoiselle est sérieusement indisposée et il lui est impossible de recevoir monsieur le comte. Un jour, Flora avait une migraine épouvantable ; le lendemain elle souffrait d'un mal de gorge qui l'empêchait de parler ; le jour suivant elle avait des étouffements et l'on redoutait une fluxion de poitrine. Enfin, ou la danseuse était réellement sortie ou elle se rendait invisible, sous un prétexte quelconque toujours prêt pour congédier M. le comte.

Celui-ci ne pouvait même pas voir son idole au théâtre, soit sur la scène, soit en l'attendant à la sortie, car, sans qu'elle l'eût demandé, un congé de trois mois avait été gracieusement accordé à la danseuse. La direction tenait à la ménager. On profitait de l'été, où les spectateurs n'affluent pas à l'Opéra, pour lui donner un repos qu'on jugeait nécessaire, et l'on s'occupait déjà de lui préparer une brillante rentrée au commencement de la saison d'automne.

Quand, avenue du Bois-de-Boulogne, on répondait au comte de Verdraine : « Mademoiselle est sortie », on lui disait la vérité. Flora sortait tous les jours ; elle avait des rendez-vous avec un notaire, qui était même venu plusieurs fois chez elle accompagné d'un de ses premiers clercs. Dans le cabinet de l'officier ministériel, lui et la danseuse avaient de longues et secrètes conférences.

Que se passait-il ? Nous le saurons plus tard.

C'était le dimanche, dans l'après-midi, que Flora avait fait sa seconde visite à Pierre Rouget, et le vieillard avait quitté Paris le lundi matin. Le lendemain, à la quatrième distribution, Flora reçut la lettre de don Stéphano.

Elle reconnut sur l'enveloppe l'écriture du saltimbanque et sourit.

— Les affaires ne sont pas devenues brillantes malgré la belle saison, murmura-t-elle, et mon vieil ami Stéphano me demande de vouloir bien combler le déficit de sa caisse. Pauvre Stéphano! que de peine il se donne, quand il pourrait être si tranquille! Enfin, c'est son idée; chacun a ses goûts, et puisqu'il trouve là son bonheur, je n'ai qu'à le laisser aller et à lui venir en aide.

Elle déchira l'enveloppe, ouvrit la lettre et fut tout d'abord très étonnée en voyant quatre pages écrites; car lorsque le saltimbanque lui écrivait, ce n'était jamais qu'une lettre de douze à quinze lignes.

La lettre de don Stéphano contenait le récit complet des faits que nous connaissons, et, certes, la danseuse ne s'attendait guère à ce qu'elle allait lire.

Elle commença sa lecture et au bout d'un instant, elle poussa une exclamation, qui était un cri de douleur arraché de son âme.

— Mon Dieu! mon Dieu! gémit-elle.

Mais elle n'avait lu que la première page. Pâle, frémissante, la poitrine oppressée, le cœur serré comme dans un étau et les yeux noyés de larmes elle continua.

Don Stéphano lui disait ses craintes au sujet de la malheureuse comtesse et lui annonçait que, ne pouvant garder la pauvre jeune femme plus longtemps dans sa voiture, il la laisserait à Bellombe chez son ami Gaspard. Enfin, il demandait à Mercédès, sa protectrice, de lui répondre à Belley par le retour du courrier, de lui donner ses ordres ou tout au moins de lui indiquer ce qu'il devait faire.

Quand elle eut fini, la danseuse se dressa d'un bond.

— Mais je suis donc une misérable, un monstre vomi par l'enfer ! s'écria-t-elle d'une voix rauque, étranglée. Ah ! malheur, malheur à moi !

Pendant un long instant, en proie à un violent désespoir, elle se tordit convulsivement les bras. Puis elle se mit à marcher d'un pas saccadé, nerveux, s'irritant contre elle, tournant autour du salon comme une lionne furieuse dans sa cage de fer.

— C'est horrible, c'est horrible ! s'écriait-elle en se frappant la poitrine avec une sorte de rage.

Elle jetait de tous les côtés des regards éperdus, elle faisait entendre des plaintes, des gémissements, et à chaque instant elle répétait :

— Mon Dieu, mon Dieu !

Elle était comme folle.

Et ce n'était pas seulement contre elle qu'elle était furieuse, mais aussi contre le comte de Verdraine, ce misérable, ce lâche, ce monstre qui avait abandonné sa femme et ses enfants, les avait plongés dans la misère et condamnés à errer sur les routes en vagabonds, en mendiants !

Si, à ce moment, le comte se fût présenté devant elle, elle se serait précipitée sur lui comme une furie et elle n'aurait pas eu assez de ses ongles pour le déchirer, assez de ses dents pour le mordre !

C'était de l'exaltation, une sorte de délire causé par une violente irritation nerveuse.

Peu à peu, cependant, les nerfs se détendirent et la fureur s'apaisa.

Alors Flora s'affaissa lourdement sur un siège et

éclata en sanglots. Sa poitrine gonflée avait besoin de ce soulagement.

Devenue plus calme, il lui fut possible de réfléchir.

La lettre de don Stéphano était claire et précise dans ses détails ; malgré cela Flora ne se trouvait pas suffisamment instruite ; elle ne comprenait pas comment la comtesse de Verdraine avait pu être rencontrée mourante sur une route, au milieu de la nuit, à plus de vingt lieues de Grenoble. M. de Miray, l'acquéreur des Bergères où la comtesse résidait, l'avait-il donc expulsée, chassée de son dernier asile ? C'ét[illegible]ossible. Mais elle n'avait pas abandonné ses enfants, comme leur père, elle avait dû les emmener. Pourquoi [illegible]vait-on trouvée seule sur la route ? Qu'étaient donc devenus les enfants ?

Comme on le pense, la danseuse était dans une grande perplexité, et plus elle réfléchissait, plus elle sentait augmenter ses inquiétudes.

Après avoir vu Pierre Rouget, elle avait fait écrire à Grenoble par son notaire et la réponse ne s'était pas fait attendre. Elle savait que le comte, contrefaisant l'écriture et la signature de M. de Miray, avait commis un faux et que pour sauver son mari d'un procès criminel la comtesse avait vendu ses diamants, sa dernière ressource.

Or, selon les apparences, la malheureuse Paule avait dû s'éloigner à pied des Bergères parce qu'elle n'avait pas d'argent pour voyager autrement.

Mais Flora en revenait toujours à se demander !

— Que sont donc devenus les enfants ?

A la fin, elle s'adressa cette question :

— Que vais-je faire ?

Elle resta un instant pensive, la tête dans ses mains, puis elle bondit sur ses jambes et agita le cordon d'une sonnette.

La femme de chambre parut aussitôt,

— Augustine, lui dit Flora, nous allons quitter cet hôtel; il faut que dans deux heures nous soyons tous rentrés dans ma petite maison des Batignolles; vous allez envoyer le valet de pied prévenir Ajax. Cet ordre donné, vous vous mettrez en devoir de faire des paquets de mes robes, de mes autres objets de toilette et de mon linge. Faites bien attention, surtout, que je ne veux emporter d'ici que ce que j'y ai apporté et ce qui m'appartient personnellement. Vous ne chercherez pas les bijoux que M. de Verdraine m'a donnés; depuis trois jours ils ne sont plus dans le coffret où ils étaient serrés.

Jusqu'à nouvel ordre, le cocher restera ici pour soigner ses chevaux et garder l'hôtel avec le concierge. Avez-vous bien compris, Augustine ?

— Oui, mademoiselle.

— Allez donc prévenir vos camarades, et ensuite, sans perdre de temps, vous ferez ce que j'ai dit.

La femme de chambre, qui connaissait sa maîtresse, fut à peine surprise. Elle se retira silencieusement.

La danseuse descendit pour dire elle-même au cocher de lui aller chercher une voiture de remise.

— Mais, objecta-t-il, pourquoi mademoiselle ne me dit-elle pas d'atteler? Depuis quelques jours mademoiselle ne se sert plus de ses chevaux et de ses voitures; les pauvres bêtes s'ennuient à l'écurie.

— Je prends des voitures de place ou de remise parce que cela me convient, répliqua froidement

Flora ; si les chevaux s'ennuient à l'écurie, faites-les sortir ; votre devoir est de les bien soigner et de les conserver en bonne santé. Je ne vous empêche pas d'atteler n'importe à quelle heure et d'aller vous promener au bois.

Sur ces mots la jeune femme remonta dans sa chambre pour s'habiller, ce qui fut vite fait, car vingt minutes plus tard elle descendait rapidement l'avenue des Champs-Elysées.

Rue de Rivoli, sa voiture s'arrêta devant un bureau des télégraphes. Elle y entra et écrivit le télégramme suivant : « Je pars ce soir. Serai demain à » Belley. Descendrai dans un hôtel et vous ferai » prévenir. Ai besoin de causer avec vous.

» Mercédès. »

La dépêche était ainsi adressée :

« Stephano montreur de bêtes, champ de foire Belley (Ain).

La danseuse remonta dans sa voiture et se fit conduire chez son notaire, avec lequel elle resta plus d'une heure. La conférence ne fut pas moins secrète que les précédentes ; nous pouvons dire cependant que la jeune femme apposa sa signature : « Mercédès d'Argélias » au bas de plusieurs feuilles de papier timbré.

La danseuse passa ensuite à l'Opéra, vit le directeur et ensuite le caissier qui, contre un reçu, lui remit vingt mille francs.

Ses visites terminées, elle se rendit à sa maison des Batignolles. Ce fut Ajax qui lui ouvrit. Le nain bossu se mit à pleurer en la voyant, et saisit une de ses mains gantées sur laquelle il colla respectueusement ses lèvres.

La Papillonne revenait chez elle ; elle avait quitté le superbe hôtel de l'avenue du Bois-de-Boulogne pour n'y plus rentrer.

Les ordres donnés à Augustine avaient été promptement exécutés. Le déménagement était fait. Les malles et les paquets étaient dans le salon et dans la chambre de Flora, et déjà Augustine s'ccupait du déballage. La cuisinière avait allumé son fourneau et inspectait sa vaisselle et sa batterie de cuisine. Le maître d'hôtel et le valet de pied étaient en devoir de nettoyer partout.

— C'est très bien, dit Flora à sa femme de chambre, merci, ma bonne Augustine. Maintenant, je vous annonce que je vais faire un petit voyage.

— Mademoiselle sera longtemps absente.

— Peut-être huit jours, je ne peux pas dire au juste.

— Puis-je demander à mademoiselle où elle va?

— Dans le département de l'Ain.

— Et quand mademoiselle part-elle ?

— Ce soir. Vous pouvez préparer ma valise de voyage. Une seule robe très simple me suffira. Augustine, l'hôtel de l'avenue du Bois-de-Boulogne est fermé ; demain, très certainement, le comte de Verdraine se présentera ici ; vous le verrez et lui direz que j'ai été forcée de m'absenter de Paris, mais qu'il sera averti de mon retour et que le jour même je le recevrai.

— Bien, mademoiselle.

La Papillonne fit sa toilette de voyage, dina, et elle se trouvait prête à partir quand on vint lui annoncer que la voiture qui devait la conduire à la gare de Lyon l'attendait.

Le lendemain, vers deux heures de l'après-midi, le comte de Verdraine vint à l'hôtel de l'avenue du Bois-de-Boulogne avec l'espoir qu'il serait enfin reçu par la danseuse : mais sa surprise fut grande quand il vit toute les persiennes fermées, et cette surprise se changea en stupéfaction, en hébétement à la vue de deux grandes affiches jaunes collées sur chaque pilastre de la grille.

Pâle comme un mort, tremblant comme un fiévreux, la bouche béante, écarquillant les yeux, il lut :

« Vente publique par le ministère de Me X., notaire, assisté de M. P., commissaire-priseur.

» Très riche mobilier : tapisseries anciennes, tentures, tapis, meubles de luxe, tableaux de maître ; des marbres, des bronzes ; vases, potiches, porcelaines et faïences rares, nombreux objets d'art. Glaces, miroirs, lustres, appliques argent doré, pendules, etc., etc.

» Chevaux, voitures.

» Vins de grands crus en bouteilles.

Le comte lisait ou plutôt parcourait l'affiche, sautant des mots, des lignes, étourdi, affolé, ayant comme un nuage rouge devant les yeux.

Il laissa échapper une sorte de grognement sourd et sonna à la petite porte. Le concierge ouvrit, et sans attendre que le comte l'interrogea, il lui dit gravement :

— Comme monsieur le comte peut le voir, l'hôtel est fermé, et dans quelques jours tout va être vendu. Mademoiselle Flora et ses domestiques sont partis hier soir. Je reste seul avec le cocher, lui pour soigner ses chevaux, moi pour répondre aux visiteurs et en même temps pour garder l'hôtel.

Le comte tourna brusquement le dos au portier et courut comme un fou jusqu'aux Batignolles.

— Ah ! c'est monsieur le comte, dit Ajax quand il eut ouvert ; j'attendais monsieur le comte.

— Je veux voir ta maîtresse, il faut que je la voie !

— Cela n'est pas possible, monsieur le comte, mademoiselle n'est pas à Paris.

— Tu mens, tu mens !

— Non, monsieur le comte : mademoiselle est partie hier soir pour plusieurs jours.

— Oh ! partie, partie !

— Mademoiselle ne m'a chargé d'aucune commission pour monsieur le comte ; mais monsieur le comte peut voir Augustine qui a, je crois, quelque chose à lui dire de la part de mademoiselle.

De Verdraine pénétra dans la maison et se précipita dans le salon où la femme de chambre entra presque en même temps que lui.

Sans commentaire et sans y rien ajouter, Augustine répéta simplement au comte les paroles de sa maîtresse.

— Mais pourquoi ce voyage ? demanda-t-il.

— Je l'ignore ; une affaire grave, sans doute.

— Sera-t-elle longtemps absente ?

— Peut-être huit jours, a-t-elle dit.

— Mais où est-elle allée ?

— Dans le département de l'Ain.

— Est-ce qu'elle connaît quelqu'un dans ce pays ?

— Je ne sais pas.

Le comte essaya d'adresser d'autres questions à la femme de chambre, mais celle-ci y coupa court en disant :

— Mademoiselle ne m'a fait connaître aucune de ses intentions, aucun de ses projets ; elle nous a fait venir ici hier soir sans que nous sachions pourquoi ; je ne sais rien, absolument rien.

— Enfin je la verrai à son retour ?

— Mademoiselle m'a chargé de vous le dire, et je répète à monsieur le comte qu'elle vous fera prévenir aussitôt arrivée.

Voyant qu'il ne pouvait rien savoir de la servante, le comte se retira. Il était dans un état pitoyable, le malheureux. Il sentait que la danseuse lui échappait ; il commençait à comprendre qu'elle s'était jouée de lui, et ses poings se crispaient, et ses dents mordaient ses lèvres de rage.

Il était ruiné; et, quand il aurait dépensé le dernier louis des quelques milliers de francs qui lui restaient sur la vente des bijoux de madame de Brogniès, il serait aux abois; et c'était maintenant, parce qu'il ne pouvait plus entretenir son luxe, satisfaire ses fantaisies, que Flora le quittait brutalement.

Et, chose horrible à constater, Flora, cette fille sans cœur et vénale, vendait le mobilier, les chevaux, les voitures et tous les objets précieux qu'il lui avait donnés !

Mais pourquoi, ayant tout accepté de lui, ayant même passé aux yeux du monde pour être sa maîtresse, pourquoi Flora avait-elle comme pris à tâche de le martyriser ? Pourquoi l'avait-elle poussé dans le gouffre où il se trouvait englouti ?

Depuis longtemps, le comte de Verdraine ne pensait plus à la pauvre Dolorès, une de ses victimes, et il ne soupçonnait point qu'il fût frappé par une main vengeresse.

IV

LES HYPOTHÈSES

Il pouvait être dix heures du matin lorsque Flora arriva à Belley. Elle descendit à l'*Hôtel des Voyageurs*, qu'on lui avait indiqué comme étant le meilleur de la ville, et où une chambre convenable put lui être donnée ; il n'y avait pas à choisir, car l'ouverture de la foire et des fêtes avait lieu le lendemain, et bien que Belley eût encore sa physionomie habituelle de petite ville de province, les étrangers y affluaient de tous les côtés et l'Hôtel des Voyageurs était plein.

Dès qu'elle fut installée dans sa chambre, la danseuse fit appeler le maître de l'hôtel.

— Monsieur, lui dit-elle, il y a sur le champ de foire une ménagerie.

— Oui, en effet ; les bêtes sont arrivées hier soir et l'on en parle déjà dans toute la ville.

— Eh bien, monsieur, le maître de ces animaux se nomme Stéphano ; j'ai besoin de parler à cet homme et vous m'obligerez infiniment en le faisant prévenir qu'une dame venant d'arriver à Belley l'attend à l'Hôtel des Voyageurs.

— C'est bien, madame, je vais envoyer de suite un de mes garçons sur le champ de foire.

— J'ai encore une prière à vous adresser, monsieur.

— Je suis à vos ordres, madame.

— Je ne suis pas venue dans votre ville pour assister à vos fêtes, et j'ai l'intention de quitter Belley dans quelques heures, quand je me serai restaurée et reposée. Quelle distance y a-t-il de Belley à Bellombe ?

— Quatre bonnes lieues, madame.

— Il me faut une voiture pour me rendre à Bellombe ; pourrez-vous me la procurer?

— Certainement, madame ; nous avons à l'hôtel des chevaux et des voitures constamment au service des voyageurs.

— Oh! alors! tout est pour le mieux.

— Quand madame voudra partir, elle n'aura qu'à me prévenir dix minutes avant.

— C'est entendu. Ah! vous porterez sur ma note cinq francs pour la course que va faire un de vos garçons.

Le maître de l'hôtel s'inclina, saisi d'un profond respect, puis se retira, persuadé que cette jeune dame, si incomparablement belle, était pour le moins une princesse déguisée.

Vingt minutes plus tard, don Stéphano entrait dans la chambre de Mercédès.

— Ah! senora, senora, ma chère bienfaitrice! s'écria-t-il en lui baisant les mains, que je suis donc heureux de vous voir!

— Moi aussi, Stéphano. Vous avez reçu ma dépêche?

— Oui, senora.

— Votre lettre m'a fait quitter Paris précipitamment. Comme vous m'en avez informée, vous avez laissé la comtesse de Verdraine à Bellombe?

— Oui, senora, chez les Gaspard, que vous avez connus, des amis.

— Dans quel état se trouvait la malade?

— Ni mieux, ni plus mal.

— Qu'avez-vous fait de cette lettre inachevée que vous avez trouvée dans la poche de la comtesse?

— Je l'ai précieusement mise dans mon portefeuille, et la voici, senora.

Mercédès prit la lettre et dit:

— Je la garde.

Après un moment de silence, elle reprit:

— Stéphano, la comtesse de Verdraine a deux enfants, deux petits garçons, un de six ans et demi, l'autre âgé seulement de quatre ans et quelques mois; elle devait les avoir avec elle; Stéphano, si l'état de la petite-fille de Pierre Rouget me cause de poignantes appréhensions, je suis dans une très vive inquiétude au sujet des deux enfants; Stéphano, où sont les enfants de la comtesse?

— Mais je ne sais pas, balbutia le saltimbanque, j'ignorais que la comtesse de Verdraine eût des enfants.

— Alors, Stéphano, je n'ai pas à vous reprocher d'avoir continué votre route sans avoir pris des informations, après avoir recueilli madame de Verdraine dans une de vos voitures. Ce que vous avez fait, mon vieil ami, je l'approuve et je vous en remercie.

Ah ! si vous n'aviez pas eu pitié de cette femme inconnue que vous trouviez sur la route presque morte, si, par votre faute, cette malheureuse eût perdu la vie, vous m'auriez causé une immense douleur et je ne vous aurais jamais pardonné !

Stéphano, Stéphano, où sont les enfants, que sont devenus les enfants ? Il ne faut pas que la comtesse de Verdraine meure, et il faut que les enfants soient retrouvés !

— Mercédès, que dois-je faire ? Je suis à vos ordres.

— Ce qu'il y a à faire, Stéphano, c'est moi qui le ferai. Il faut que je sache, avant tout, si la comtesse a quitté les Bergères, où elle demeurait, accompagnée de ses enfants.

— Oui, senora, cela est utile à savoir. Mais je dois vous apprendre qu'on fait en ce moment d'actives recherches pour retrouver la comtesse.

— Ah !... Comment le savez-vous ?

— On a supposé, fort justement, que c'était moi qui avais trouvé la malheureuse sur la route et qui l'avais emmenée ; j'ai donc été désigné à la gendarmerie et les gendarmes ont reçu l'ordre de m'interroger au sujet de la jeune femme.

— Ne vous interrompez pas, Stéphano, je vous écoute.

— Quand on est venu m'annoncer votre arrivée dans cet hôtel, je causais avec un maréchal des logis accompagné d'un gendarme ; ces messieurs avaient déjà questionné plusieurs de mes hommes qui, se conformant à ma volonté, à mes ordres, avaient répondu qu'ils ne savaient rien, qu'ils n'avaient aucune connaissance de ce qu'on leur disait.

— Et vous, Stéphano, qu'avez-vous répondu aux gendarmes?

— Que je n'avais pas rencontré sur ma route la jeune femme dont ils me parlaient.

— Un mensonge, Stéphano, un mensonge!

— Serais-je un Espagnol si je ne savais pas mentir?

La jeune femme ne put s'empêcher de sourire.

— D'ailleurs, ajouta le saltimbanque, j'attendais vos ordres.

— Je vous comprends, mon ami; mais il faut que je sache pourquoi l'on cherche la comtesse, que je sache qui a ordonné les recherches dont elle est l'objet. Je veux voir les gendarmes qui vous ont interrogé; sans perdre une minute, Stéphano, allez trouver ces messieurs, et priez-les, de la part de Mercédès d'Argélias, de vouloir bien venir avec vous à l'Hôtel des Voyageurs.

Don Stéphano partit aussitôt et se rendit en courant à la gendarmerie.

Mercédès attendit une demi-heure. Enfin, le montreur de bêtes reparut. Il ne venait pas avec les deux gendarmes, mais était accompagné de leur chef, un lieutenant de gendarmerie.

—Monsieur, lui dit la jeune femme avec sa grâce séduisante, je vous remercie d'avoir bien voulu vous rendre à ma prière et je vous prie de m'excuser du dérangement que je vous cause. J'ai besoin de certains renseignements auxquels j'attache un très-grand prix, et j'espère les obtenir de vous.

— De quoi s'agit-il, madame?

— Vous êtes à la recherche d'une jeune femme au sujet de laquelle don Stéphano a été interrogé ce matin par deux gendarmes.

— Oui, madame. Mais avant de répondre aux questions que vous pourrez m'adresser, permettez-moi de vous demander à qui j'ai l'honneur de parler.

— Je suis Espagnole, monsieur, je me nomme Mercédès d'Argélias; mais je suis mieux connue à Paris sous le nom de Flora; je suis danseuse, première danseuse à l'Opéra. Du reste, j'ai là mon engagement et d'autres pièces que je peux vous faire voir.

— Oh! c'est inutile, mademoiselle, j'ai eu le plaisir de vous voir sur la scène de l'Opéra et je vous reconnais.

— Alors, monsieur, nous pouvons causer comme de vieilles connaissances?

— Oui, mademoiselle. Nous ne sommes pas chargés de découvrir ce qu'est devenue cette jeune femme dont vous venez de parler; on nous a signalé le passage d'une troupe de saltimbanques, d'une ménagerie dans les environs de Charnay, commune du département du Rhône, voisine du département de l'Ain; on a pensé que cette troupe pourrait fournir des renseignements au sujet d'une femme disparue, et comme on était à peu près certain que la ménagerie se rendait à Belley, nous avons reçu l'ordre d'interroger les personnes de la troupe.

— C'est ce qui a été fait; seulement, monsieur, don Stéphano n'a pas dit la vérité aux gendarmes qui l'ont interrogé.

— Quoi, fit l'officier d'un ton sévère, en se retournant vers le saltimbanque, vous savez quelque chose?

— Don Stéphano n'est pas un grand coupable, dit vivement Mercédès; ses intentions étaient bonnes, et c'est un sentiment honnête qui l'a fait agir. Il a trouvé la jeune femme au milieu de la nuit, sur la route, ne donnant plus signe de vie, et a pu croire, tout d'abord, qu'elle était morte. Il l'a relevée, l'a placée dans une de ses voitures, lui a fait donner des soins et il est parvenu à ranimer la malheureuse.

Monsieur, savez-vous le nom de cette jeune femme?

— Non, mademoiselle.

— Eh bien, c'est à cause de ce nom que don Stéphano n'a pas cru devoir prévenir les autorités et ne voulait rien dire avant de m'avoir vue.

J'ai quitté Paris hier soir en toute hâte. La jeune femme dont nous nous occupons est mon amie, c'est pour elle que je suis ici; don Stéphano l'a laissée à Bellombe, très malade, chez des amis à lui; ce soir je serai près d'elle pour la soigner, et s'il y a des moyens à employer pour la sauver, elle vivra... il faut qu'elle vive.

Vous voilà renseigné, monsieur, au sujet de cette jeune femme que l'on cherche. Vous ignorez qui elle est; je ne crois pas commettre une indiscrétion en vous faisant connaître son nom. Cette femme, monsieur, cette femme aujourd'hui si malheureuse, est la comtesse de Verdraine.

— Ce nom ne m'est pas inconnu, mademoiselle; je me rappelle un drame qui s'est passé il y a quelques années au château de Verdraine, près de Grenoble : une enfant, une petite fille jetée dans une pièce d'eau et l'assassin découvert plus tard par un chien.

— Oui, monsieur, oui, découvert par le fidèle

Miro, le chien de la comtesse de Verdraine et l'ami de ses enfants; car la comtesse avait trois enfants; mais deux lui restent, deux petits garçons, et je n'ai pas à vous le cacher, je suis dans une mortelle inquiétude au sujet de ces pauvres petits.

Je suis presque convaincue qu'ils étaient avec leur mère, et don Stéphano n'a trouvé que la comtesse sur la route. Que sont devenus les enfants, où sont-ils? Ah! si je le savais, si je pouvais être tranquillisée sur leur sort, malgré le triste état dans lequel se trouve leur mère, je bénirais le ciel.

En prononçant ces derniers mots, des larmes, qu'elle ne pouvait plus retenir, jaillirent des yeux de Mercédès.

Après un court silence, elle reprit :

— Ah! il y a dans la vie des malheurs bien épouvantables, et les plus grands, les plus complets frappent trop souvent, hélas! ceux qui ne les ont pas mérités.

Monsieur, ne savez-vous donc rien concernant les enfants? Est-ce que dans les instructions que vous avez reçues, il n'est pas question des enfants?

— Nullement question, mademoiselle.

— Mon Dieu, mon Dieu! Mais qui donc fait chercher la mère?

— Je l'ignore, mademoiselle.

— Et pourquoi la cherche-t-on, dans quel but?

— Écoutez-moi, mademoiselle, et peut-être verrons-nous poindre une clarté. L'ordre que j'ai reçu m'est arrivé de Lyon, ce matin; voici ce qui m'est dit :

« Une jeune femme inconnue jusqu'à présent a disparu; des saltimbanques voyageant avec une ménagerie et faciles à reconnaître, car ils ont encore avec eux un éléphant, un chameau et plusieurs gros chiens de montagne, ont passé sur la route où devait se trouver la jeune femme; on ne les accuse pas d'un enlèvement, mais on pense qu'ils out trouvé la femme et l'ont emmenée avec eux. Il y a lieu de croire que cette troupe de saltimbanques se dirigeait vers Belley où des fêtes vont avoir lieu. Vous aurez à interroger ou à faire interroger ces hommes, et vous donnerez communication des renseignements obtenus directement à M. le maire de la commune de Charnay (Rhône).

— Alors, monsieur, ce serait le maire de Charnay qui ferait chercher la comtesse de Verdraine?

— Je le crois, mademoiselle.

— Vous aviez raison, monsieur, il y a là une clarté, peut-être un espoir.

— C'est à quelque distance de Charnay que M. Stéphano a trouvé la jeune femme mourante; or, si elle voyageait avec ses enfants, nous avons le droit de supposer que ceux-ci ont été également trouvés sur la route ou sont arrivés seuls à Charnay.

Deux enfants étrangers, seuls, deux enfants perdus, sans compter qu'ils devaient pleurer bien fort, attirent vite l'attention. Naturellement, on les a interrogés et ils ont parlé de leur mère qu'ils avaient perdue, que peut-être ils croyaient morte, s'il l'ont vue tomber sur la route, à l'endroit où M. Stéphano l'a trouvée.

Bref, le maire, comme c'était son devoir, s'est occupé des enfants, leur a trouvé momentanément un asile et s'est adressé à la gendarmerie pour retrouver la mère, après l'avoir cherchée et fait chercher lui-même aux environs de sa commune, ce qui est parfaitement indiqué par ces mots : « Une jeune femme inconnue a disparu. » En effet, pour dire qu'une personne a disparu, il faut qu'on l'ait vainement cherchée où l'on espérait la trouver.

Et ce qui indique mieux encore que le maire s'est livré à de sérieuses recherches, c'est qu'il a signalé le passage de forains, en supposant, avec raison, que la jeune femme avait été trouvée et emmenée par eux.

— Tout cela me paraît parfaitement logique, monsieur; mais si les enfants ont été recueillis à Charnay et s'ils ont été interrogés, ils ont fait connaître le nom de leur mère, et cependant c'est une femme inconnue que cherche le maire de Charnay.

— Oui, il y a là quelque chose qui ne s'explique pas, et je ne peux pas répondre comme je le voudrais à votre objection, mademoiselle. Je ne connais pas le maire de Charnay, mais l'on pourrait deviner à quel sentiment de haute convenance et de respect il a obéi en cachant le nom de la comtesse de Verdraine, en la désignant comme une jeune femme inconnue.

— Mais vous avez parfaitement répondu à mon objection, monsieur.

— Malheureusement, je ne peux m'appuyer que sur des hypothèses; mais j'ajoute que, dans tous les cas, pour être renseigné au sujet de la mère des deux enfants, le maire n'avait nullement besoin de faire connaître son nom; avec les indications précises qu'il donnait, la jeune femme était suffisamment désignée.

— C'est vrai. Ainsi, monsieur, vous pensez, vous

croyez que les enfants ont été recueillis à Charnay?

— Oui, mademoiselle.

— Je voudrais partager entièrement votre idée, mais j'ai un doute.

— Ah!

— Mais si la mère, qui s'est évidemment mise en route à pied, n'avait pas ses enfants avec elle?

— C'est une autre hypothèse; alors je ne m'explique plus l'intervention du maire de Charnay, et je me demande d'abord comment et par qui il a appris qu'une jeune femme inconnue avait disparu, et ensuite dans quel but il a provoqué les recherches dont elle est l'objet.

— Vous tenez à votre idée, monsieur, et je vous en remercie; vous voyez mon anxiété, mes inquiétudes, et vous voulez me rassurer sur le sort des enfants et me donner bon espoir. Merci, merci!... Ah! si les pauvres petits sont à Charnay, je serai tranquillisée; encore un poids énorme que j'aurai de moins sur la poitrine.

Elle poussa un long soupir et poursuivit :

— Vous allez répondre au maire de Charnay, monsieur, pour l'informer que la jeune femme inconnue à laquelle il s'intéresse, a été, en effet, trouvée mourante sur la route par les hommes dont il a signalé le passage non loin de sa commune; vous lui ferez savoir que la jeune femme, malade d'épuisement, est à Bellombe, chez les époux Gaspard, où les meilleurs soins lui sont donnés.

Je vais aussi lui écrire, avant de quitter Belley, et demain dans la journée ou au plus tard après-demain matin, je recevrai, je l'espère, sa réponse à Bellombe.

Et tendant gracieusement sa main à l'officier :

— Encore une fois merci, monsieur, dit-elle.

Le lieutenant de gendarmerie se retira.

Alors don Stéphano, qui s'était tenu à l'écart, s'approcha de la danseuse, qui était restée debout, la tête inclinée, pensive.

— Ah! oui, mon ami, mon brave Stéphano, lui dit-elle tristement, je vous oubliais. Eh bien, qu'avez-vous à me dire ?

— Rien, senora; c'est moi qui ai à vous demander si vous n'avez pas quelques ordres à me donner.

— Pour le moment, non; mais, dans quelques jours, peut-être aurai-je besoin de vous.

— Je me tiens à la disposition de ma chère bienfaitrice.

— Oui, je sais combien vous m'êtes dévoué.

— A donner ma vie pour vous, senora.

— Est-ce que vous n'avez pas besoin d'argent?

— Non, senora.

— Alors vous êtes riche aujourd'hui ?

— J'ai fait à Lyon d'excellentes recettes, et j'ai bon espoir de les continuer ici. Décidément, je commence à croire que je finirai par devenir riche.

— J'en serai heureuse, Stéphano.

— La senora Mercédès ne viendra-t-elle pas voir ma ménagerie ?

— Ce serait avec plaisir, mon ami, bien que je n'aie pas une profonde admiration pour les bêtes féroces; mais je ne peux pas me rendre à votre désir; il faut que j'écrive une ou deux lettres et je tiens à partir de bonne heure afin d'arriver à Bellombe avant la nuit. J'ai hâte d'être auprès de notre malade, Stéphano.

— Alors, senora, je vous laisse.

— Oui, mon ami, j'ai besoin d'être seule.

Mercédès tendit sa main au saltimbanque, qui la porta à ses lèvres.

— A bientôt, senora.

— Oui, Stéphano, à bientôt. Il est probable que je vous reverrai ici, à Belley.

Le montreur de bêtes s'inclina, puis sortit.

Un instant après, le maître de l'Hôtel frappa à la porte de la chambre.

La danseuse, qui ne s'était pas encore assise, lui ouvrit.

— Madame a-t-elle entendu la cloche? demanda-t-il.

— Oui, j'ai entendu sonner; qu'est-ce que c'est?

— Le déjeuner.

— Quelle heure est-il donc?

— Midi.

Mercédès se tourna vers la pendule.

— Oh! elle ne marche pas, fit l'homme avec un sérieux comique; vous savez, dans les hôtels les pendules ne servent qu'à orner les cheminées. Voyant que madame ne descendait pas, j'ai pensé qu'elle ne voulait pas manger à la table d'hôte, et je viens demender à madame si je dois lui faire monter son déjeuner dans sa chambre.

— Oui, je mangerai ici.

— Qu'est-ce que madame désire? Nous avons...

Mercédès l'interrompit.

— Faites-moi servir un potage, du poisson ou des œufs et un légume.

— Cela seulement?

— Oui.

— Et comme dessert?

— Ce que vous voudrez.

— Oh ! madame n'est pas une mangeuse.

— C'est vrai.

— Quel vin ?

— De votre meilleur.

— Une bouteille de vieux Médoc, alors ?

La danseuse ébaucha un sourire.

— Une demi-bouteille me suffira, monsieur.

— Madame prendra-t-elle du café?

— Oui, mais à cette condition qu'il me sera servi chaud et bon.

— Oh ! madame, croyez bien que tout ce que nous avons à l'Hôtel des Voyageurs est excellent, exquis.

— J'en suis convaincue. Vous voudrez bien avoir l'obligeance de me faire monter aussi du papier, de l'encre, une plume ; j'ai à écrire.

— Très bien, madame.

Le patron de l'hôtel disparut après avoir fait, pour un instant, diversion aux sombres préoccupations de la jeune femme.

On ne manquait pas d'activité à l'Hôtel des Voyageurs. On ne tarda pas à servir le déjeuner de la voyageuse. Mercédès avait faim ; elle mangea avec appétit et se convainquit une fois de plus que pour bien manger et trouver bon ce que l'on mange, il faut avoir faim.

V

LA DÉPÊCHE

Le maître de l'hôtel avait apporté lui-même à Mercédès tout ce qu'il lui fallait pour écrire, un cahier de papier à lettres, des enveloppes et jusqu'à des timbres-poste.

Cet homme avait décidément pour la voyageuse une considération toute particulière, bien qu'elle ne fît chez lui qu'une modeste dépense ; mais elle était si jolie, si charmante, et puis son air de grande dame... D'ailleurs, elle ne pouvait être qu'une femme d'un haut rang, puisque M. le lieutenant de gendarmerie, qu'elle avait fait prévenir de son passage à Belley par le directeur de la ménagerie, était venu tout de suite lui rendre visite.

Enfin, par la grâce et le charme de sa parole, Mercédès avait séduit l'hôtelier, et il se serait mis en quatre pour elle.

Mercédès écrivit sa lettre au maire de la commune de Charnay.

Elle lui demandait comment il avait appris qu'une jeune femme avait dû être trouvée sur la route, non loin de Charnay, par des saltimbanques qui l'avaient emmenée avec eux.

Elle parlait ensuite des deux enfants, qui peut-être voyageaient avec leur mère, au sujet desquels elle était très inquiète, que l'on supposait avoir été recueillis à Charnay, et suppliait le maire de ne mettre aucun retard à lui donner les renseignements qu'elle demandait.

Elle lui apprenait que la mère des deux enfants, — elle ne disait pas son nom, — avait été laissée malade au village de Bellombe et confiée aux soins des époux Gaspard par le montreur de bêtes Stéphano.

Elle ajoutait qu'elle allait se rendre auprès de la pauvre femme dont elle se ferait la garde-malade. En conséquence, elle priait M. le maire de Charnay de lui répondre à Bellombe, chez M. Gaspard.

Enfin elle annonçait au maire qu'il recevrait de Belley, du lieutenant de gendarmerie, une réponse concernant les recherches dont il avait pris l'initiative.

Elle signa sa lettre : Une amie de la mère et des enfants.

Mais malgré tout ce que l'officier de gendarmerie avait dit à Mercédès pour justifier ses hypothèses, donner raison à ses suppositions, la jeune fille n'était pas encore absolument convaincue que la comtesse de Verdraine eût quitté les Bergères, emmenant avec elle ses enfants.

Ils étaient si jeunes ! Est-il possible que la malheureuse mère ait pu se résoudre à leur imposer des fatigues au-dessus de leurs forces, à leur faire partager ses souffrances, sa misère ?

— Pourtant, se disait aussi Mercédès, je ne comprendrais pas non plus que la comtesse de Verdraine se fût séparée de ses enfants.

Elle était très perplexe.

Mais elle n'avait qu'à attendre la réponse du maire de Charnay pour être fixée.

Oui, sans doute ; seulement la réponse du maire ne lui arriverait probablement que le surlendemain, et tourmentée comme elle l'était, c'était tout de suite qu'elle aurait voulu savoir si les enfants étaient à Charnay où si leur malheureuse mère les avait laissés aux Bergères.

Le désir de Mercédès était de réunir le plus vite possible la mère et les enfants, pensant bien que ceux-ci contribueraient puissamment à la guérison de leur mère, si, comme elle voulait l'espérer, la malade pouvait recouvrer la santé.

En déjeunant, elle avait lu, non sans verser des larmes, la lettre de Paule. Elle avait appris que la comtesse avait renoncé à demander de l'argent à sa mère, et que l'argent lui manquant pour prendre le chemin de fer, elle avait follement entrepris de se rendre à pied en Bourgogne.

Mais la comtesse de Verdraine ne pouvait pas être si dépouillée de tout qu'elle n'eût ni linge ni effets d'habillement; elle avait donc laissé toutes ces choses aux Bergères, et, jusqu'à présent, rien ne prouvait que les deux petits garçons ne fussent pas restés à la ferme. Mercédès, elle aussi, ne pouvait faire que des suppositions, et il y avait bien des choses qu'elle ne parvenait pas à comprendre, qu'il lui était impossible de s'expliquer. Un fait réel existait : la comtesse de Verdraine avait été trouvée mourante sur un chemin, à plus de vingt lieues de Grenoble.

Pour la danseuse, tout le reste était mystérieux, se noyait dans l'obscurité.

Elle ne pouvait pas deviner que la comtesse s'était enfuie des Bergères avec ses enfants et pour quelle cause.

Aussi, plus elle réfléchissait moins elle comprenait et plus ses pensées devenaient flottantes ; et elle s'enfonçait et se perdait dans le vague.

— Voyons, se dit-elle, en se frappant le front, pourquoi n'enverrais-je pas une dépêche aux Bergères ? Comme cela je puis savoir dès ce soir... Oui, oui, une dépêche... Où donc ai-je la tête, mon Dieu ? En vérité, n'est-ce pas à cela que je devais penser tout d'abord ?

Elle prit une feuille de papier et écrivit le télégramme que voici :

Au fermier des Bergères, commune de Plogny (Isère).

» Faites savoir par dépêche si la comtesse de Verdraine est partie des Bergères avec ses enfants.

» Adressez votre télégramme ainsi :

» Gaspard, à Bellombe (Ain).

» Réponse payée.

Mercédès mit son chapeau, descendit, se fit indiquer le bureau des postes et télégraphes et s'y rendit rapidement. Elle mit sa lettre au maire de Charnay dans la boîte, puis entra dans le bureau pour faire expédier la dépêche.

L'employé auquel elle s'adressa déclara qu'il ne pouvait pas recevoir le télégramme ; il y avait bien un fil télégraphique à Plogny, comme il y en avait un à Bellombe, mais il ignorait où se trouvaient les Bergères ; enfin, il parlait de toutes sortes de difficultés.

Mercédès, impatientée et voulant malgré tout expédier sa dépêche, demanda à parler au receveur qui, prévenu, sortit de son cabinet. On parlementa.

— Je ne me refuse pas à verser la somme que l'on me demandera, monsieur, dit Mercédès ; ce que je veux, c'est que ma dépêche arrive à destination, n'importe à quel prix, et que la réponse soit ce soir à Bellombe. Si vous pensez qu'une recommandation particulière à votre collègue de Plogny, soit nécessaire, faites, monsieur, faites.

On m'objecte que l'on ne sait pas quelle sera la surtaxe des deux télégrammes ; eh bien, voilà un billet de cent francs.

— Mais, madame...

— Prenez, monsieur, prenez, je le veux ; ce qui restera sera donné en gratification aux employés qui m'auront servie. Comme je vous l'ai dit, monsieur, ajoutez ce qu'il vous plaira à ma dépêche ; je vous en prie, faites que la réponse soit ce soir à Bellombe. Si les Bergères sont loin de Plogny, qu'on fasse porter la dépêche par un exprès, à cheval s'il le faut.

— Madame, répondit le receveur, on fera tout pour vous être agréable tout ce qui sera possible.

— Merci, monsieur.

Mercédès, satisfaite, se retira, et un instant après le télégramme était expédié avec recommandation spéciale du receveur.

La danseuse revint à l'hôtel des Voyageurs, prévint l'hôtelier qu'elle était prête à partir, paya ce qu'elle devait, la voiture comprise dans la note, et vingt minutes plus tard elle était déjà loin de la ville.

Pendant que la jeune femme se dirigeait vers Bellombe, moins rapidement qu'elle ne l'aurait voulu, mais avec toute la vitesse que pouvaient donner les jambes du cheval, qui était loin d'être un coureur, un *buveur d'air*, comme disent les Arabes dans leur langage imagé, la dépêche télégraphique arrivait à la ferme des Bergères, apportée par un exprès aux jarrets solides qui, allant au pas gymnastique, n'avait pas mis plus de vingt minutes à faire le trajet.

Le papier bleu des télégraphes fut remis au fermier, plié et cacheté.

— Tiens, tiens, fit Verdret après avoir lu, et en se grattant l'oreille, voici du nouveau; mais pourquoi me demande-t-on cela?

— Je ne comprends pas non plus, dit la fermière, qui lisait par-dessus l'épaule de son mari.

— C'est signé Gaspard, murmura le fermier.

— Je vois bien, mais nous ne connaissons pas; qu'est-ce que c'est que Gaspard?

— Je l'ignore comme toi.

— Vas-tu répondre?

— Dame... oui. Ça ne nous coûtera rien, puisque la réponse est payée.

— Oui, la réponse est payée, dit le messager; vous n'avez qu'à l'écrire et je l'emporterai; je suis autorisé à la recevoir.

— C'est bon, dit la fermière; mais je crois bien,

Jérôme, que tu dois montrer cette dépêche à notre maître.

— Je suis de ton avis.

M. de Miray était à ce moment aux Bergères ; du reste, il s'était installé dans le pavillon abandonné par la comtesse Paule et il était plus souvent maintenant à la ferme qu'à Grenoble et au château de Verdraine.

— Eh bien, Jérôme, reprit la fermière, va voir le maître ; en t'attendant ce brave garçon va se rafraîchir.

— Ma foi, ma bonne dame, dit l'homme, c'est pas de refus.

— Vous avez chaud, et, bien sûr, une grande soif.

— La dépêche était pressée et il paraît que la réponse l'est encore plus ; j'ai couru tout le long du chemin.

Verdret, ayant le télégramme en main, se rendit auprès de son maître.

— Hein, qu'est-ce que c'est que cela ? demanda M. de Miray.

— Une dépêche qu'un exprès vient d'apporter de Plogny.

— Et que dit-elle cette dépêche ?

— Voyez, monsieur, lisez.

De Miray prit le papier et le parcourut rapidement du regard.

— Oh! oh ! fit-il.

Puis après un silence, il murmura :

— Voilà qui est singulier, qu'est-ce que cela signifie ?

— Monsieur de Miray veut-il me dire ce qu'il faut répondre ?

— L'homme qui a apporté cette dépêche est encore là ?

— Oui, il attend en buvant un coup.

— Fort bien.

Et de Miray se mit à réfléchir.

— Parbleu, se dit-il au bout d'un instant, du moment que le nommé Gaspard veut savoir si la comtesse de Verdraine est partie des Bergères avec ses enfants, c'est que, par suite d'un événement quelconque, la mère a été séparée de ses petits, les a perdus et qu'on ignore ce qu'ils sont devenus.

Mais, reprit-il, si la comtesse réclame ses enfants, les cherche, on sait qu'elle les a emmenés avec elle ; alors je ne comprends plus rien à cette dépêche. Décidément, c'est étrange...

La dépêche est expédiée de Belley, et la réponse doit être adressée à Bellombe. Pourquoi à Bellombe ? Voici le dixième jour que la comtesse a quitté les Bergères, où est-elle, maintenant ?... Et ce Gaspard, qui est-il ? Comment sait-il que la comtesse de Verdraine demeurait aux Bergères et n'y est plus ? Quel intérêt peut-il avoir à s'occuper des deux enfants ? Du diable si je m'explique la moindre chose de tout cela.

Enigme, énigme !

Ce qui me paraît certain, c'est que le sieur Gaspard pourrait me renseigner au sujet de la comtesse, qui a su échapper aux trois hommes que j'ai lancés à sa recherche. Tous trois sont revenus à Grenoble sans avoir rien pu découvrir. Les maladroits ! Je les payais bien et je vois qu'ils m'ont mal servi... Comme s'il était impossible de se mettre sur la piste d'une femme qui court les grandes routes à pied, traînant deux enfants à ses jupes !

Ah ! ce qu'ils ont fait, je le devine ; ils se sont réunis et, en se moquant de moi, ils ont bu et mangé mon argent dans quelque cabaret.

C'est bien, j'en trouverai d'autres qui mettront plus de dévouement, plus de cœur à me servir. Certes, il ne manque pas d'individus à la ville toujours prêts à faire n'importe quelle besogne pour quelques pièces d'or.

Je vais partir pour Grenoble, et ce soir j'aurai trouvé un homme sûr, habile, intelligent, qui se mettra immédiatement en route pour Bellombe. A n'importe quel prix il faut que je sache ce qui se passe, que j'aie l'explication de cette dépêche ; il faut surtout que je la retrouve !

Allons, allons, la belle comtesse n'est pas encore perdue pour moi !

Ayant ainsi raisonné et décidé ce qu'il allait faire, de Miray prit une feuille de papier sur laquelle il écrivit la réponse à la dépêche ;

« La comtesse de Verdraine est partie il y a dix jours, emmenant ses deux enfants.

Et il signa « Verdret, fermier des Bergères. »

— Voilà la réponse, dit-il, en remettant le papier à Verdret. Je vous ai évité la peine de l'écrire.

— Merci bien, monsieur.

— Et puisqu'elle est si pressée, ajouta de Miray, que le messager reprenne bien vite le chemin de Plogny.

*
* *

Lorsque Mercédès arriva à Bellombe, six heures sonnaient à l'horloge de la paroisse. Elle fit arrêter la voiture à l'entrée du village, mit pied à terre, donna dix francs de pourboire au cocher et le congédia.

Sur le pas de la porte d'une maison, un paysan d'une vingtaine d'années, ayant les mains dans ses poches, contemplait la voyageuse, comme en extase.

Le cocher avait fait tourner son cheval et s'éloignait au petit trot, non sans avoir beaucoup remercié la belle dame inconnue,

Mercédès appela le jeune paysan par ces mots :

— Monsieur, veuillez, je vous prie, venir jusqu'à moi.

Le paysan sortit ses mains de ses poches, se découvrit et s'approcha d'un air assez embarrassé.

— Monsieur, lui dit Mercédès, voulez-vous m'être agréable et gagner en même temps cette pièce de cinq francs ?

— Eh ! tout de même, madame.

— En ce cas, mon ami, voici d'abord la pièce de cinq francs.

Le gars prit la pièce timidement, puis, plus crânement, la glissa dans sa poche.

— Maintenant, reprit Mercédès, vous allez prendre ma valise qui est un peu lourde pour mes bras et mes mains, et vous me conduirez à la demeure de M. Gaspard.

— Ah ! le père Gaspard, je le connais bien ; c'est moi qui lui ai défriché une pièce de terre qu'il a achetée au mois de mars et où il a planté des pommes de terre qui sont superbes ; c'est un bon zig, le père Gaspard ; nous l'appelons le père Rigolo, parce qu'il a toujours le mot pour rire ; ah ! en voilà un qui a toujours à tirer de son sac des histoires drôles.

La jeune femme ébaucha un sourire.

— Eh bien, mon ami, dit-elle, veuillez me conduire.

Le paysan prit la valise, que ses bras musculeux, habitués à piocher la terre, trouvèrent peu lourde, et se mit en marche.

Au bout de dix minutes, il s'arrêta devant la maison de l'ancien saltimbanque et cria du dehors :

— Hé, monsieur Gaspard, hé, c'est une visite qui vous arrive.

La porte de la maison s'ouvrit presque aussitôt et Gaspard, écarquillant de grands yeux étonnés, s'avança à la rencontre de la voyageuse, qui lui tendit sa main en disant :

— Bonjour, monsieur Gaspard.

— Bonjour, madame, répondit-il.

Le brave homme était tout interloqué.

Mercédès prit la valise des mains du jeune paysan.

— Mon ami, lui dit-elle, je vous remercie, je n'ai plus besoin de vous, vous pouvez vous en aller.

— Merci, madame, répondit le gars.

Il remit ses mains dans ses poches, tourna les talons et s'en alla en se dandinant.

Mercédès entra dans la maison, suivie de Gaspard toujours aussi étonné, laissa tomber sa valise dans un coin, puis, se plaçant devant le vieillard :

— Voyons, monsieur Gaspard, dit-elle, est-ce que vous ne me reconnaissez pas ?

— Mais non, madame ; et pourtant si... il me semble...

— Allons, regardez-moi bien, et rappelez vos souvenirs.

— Mercédès, Mercédès! s'écria aussitôt le vieillard. Ah! mon Dieu, quelle surprise, quelle agréable surprise! Vous, mademoiselle Mercédès, vous ici, chez le vieux Gaspard! Oh! comme ma femme va être heureuse!

Il s'était emparé des mains de la jeune fille, les pressait dans les siennes et les couvrait de baisers.

— Mais, continua le vieillard, qui n'en pouvait encore croire ses yeux, comment se fait-il que vous soyez à Bellombe?

— Je vous le dirai, mon cher Gaspard.

— Nous avons vu Stéphano dernièrement; nous avons beaucoup parlé de vous; il vous porte aux nues, ce bon Stéphano... Mais nous savions déjà que vous êtes aujourd'hui une grande danseuse. Dans tous les journaux on parle de la belle Flora, la Papillonne, l'admirable danseuse... Enfin voilà votre beau rêve d'autrefois réalisé, vous avez la célébrité, la fortune... Vous êtes heureuse, n'est-ce pas?

— Je pourrais l'être, mon ami, mais je ne le suis pas.

— Ah!

— Où est votre femme?

— Nous avons ici une malade, Mercédès, une jeune femme inconnue que Stéphano a trouvée sur son chemin et qu'il nous a confiée.

— Je sais cela.

— Ah! vous savez?..

— Oui. Mais votre femme, mon vieil ami, j'ai hâte de la voir.

— Elle est auprès de notre malade, je vais l'appeler.

— Attendez; comment va-t-elle en ce moment, votre malade?

— Heu, heu, toujours de même; cependant le médecin nous assure que les forces commencent à revenir; mais c'est la tête qui ne marche pas du tout; il y a là-dedans un désordre effrayant; c'est toujours des divagations à n'en plus finir, navrantes... un cerveau troublé, vide.

Mercédès resta un instant pensive, laissa échapper un soupir et dit :

— Mon cher Gaspard, voyez si Annette peut quitter la malade un instant.

Le vieillard ouvrit une porte, traversa une chambre à coucher, ouvrit une seconde porte et entra doucement dans la chambre qui avait été donnée à la comtesse et où il y avait deux lits.

— Eh bien? fit Gaspard, interrogeant sa femme.

— La crise est passée, répondit-elle, elle vient de retomber dans son immobilité, tu vois.

— Oui; eh bien! laisse-la reposer et viens; nous avons une visite.

Sans en dire plus, Gaspard se retira et sa femme acheva d'arranger les draps et les couvertures de la malade.

VI

LA VEILLÉE

A la vue de Mercédès, Annette Gaspard eut un vif mouvement de surprise ; mais elle reconnut aussitôt la jeune fille, se jeta à son cou et l'embrassa en pleurant de joie.

La danseuse rendit à la vieille Annette ses baisers, et, après ce premier moment d'effusion, elle prit la parole.

— D'abord, mes amis, dit-elle, asseyons-nous.

Maintenant, continua Mercédès, je commence par vous remercier de tout cœur de l'accueil affectueux que vous me faites. Je ne vous rends pas une visite en passant ; je suis venue à Bellombe avec l'intention de rester quelques jours chez vous.

— Quel bonheur ! exclamèrent en même temps le mari et la femme.

— J'ai quitté Paris après avoir reçu une lettre de Stéphano, et je viens à Bellombe, Annette, pour vous soulager, c'est-à-dire pour prendre ma part des soins que vous donnez à la malade que Stéphano vous a confiée, ma part des veilles que vous lui consacrez.

Mes amis, poursuivit Mercédès dont les yeux se voilèrent de larmes, je viens ici pour remplir les fonctions d'une garde-malade ou si vous aimez mieux d'une sœur de charité.

Je lis dans vos yeux votre étonnement, je devine les interrogations qui sont sur vos lèvres; mais ne me demandez pas pourquoi je fais cela, ne me demandez rien, je ne pourrais pas vous répondre; plus tard, vous saurez tout. Sachez seulement aujourd'hui que la pauvre malade ne me serait pas plus chère si elle était ma propre sœur.

Il faut qu'elle guérisse, mes bons amis, il faut que la santé lui soit rendue, il le faut! Elle est bien jeune encore, n'est-ce pas? Eh bien, en quelques années elle a souffert plus que dix femmes, prises parmi les plus malheureuses, n'ont pu souffrir dans toute leur existence. Elle a enduré toutes les tortures de l'âme et du cœur; elle est une victime, elle est une matyre! Ah! si vous saviez, si vous saviez!... Non, jamais un malheur plus grand, plus complet n'a existé dans la vie!

Il faut qu'elle guérisse, il faut qu'elle vive, non plus pour être heureuse, elle ne peut plus l'être, hélas! mais parce que, après tant de souffrances, après avoir connu toutes les douleurs, la tranquillité lui est due; parce qu'elle a encore de grands devoirs à remplir; enfin parce que ma vie à moi est attachée à la sienne!

Annette, pourrez-vous me donner près d'elle, dans sa chambre, un fauteuil, un lit de sangle ou simplement une paillasse sur laquelle je pourrai me reposer?

— Mercédès, il y a un second lit dans la chambre; mais vous ne pouvez pas...

— Qu'est-ce que je ne peux pas ?

— Coucher près de la malade, qui vous empêcherait de dormir.

— Est-ce que j'ai l'intention de me coucher ? Est-ce que je pense à dormir? Je veux m'installer à son chevet et ne pas la quitter d'un instant. Je suis forte, Annette, je suis forte! Si, cependant, la fatigue avait parfois raison de mes forces, je me jetterais sur le lit un instant. Ne craignez rien pour moi; je ne suis pas facile à dompter, à briser; il y a en moi un souffle puissant qui m'anime, c'est comme une force divine. Je marche vers un but ; pour l'atteindre, ce but, rien ne peut m'arrêter, rien, si ce n'est la foudre de Dieu! Mais je sens que Dieu et sa providence sont avec moi!

Mercédès essuya ses yeux pleins de larmes, puis laissa tomber sa tête dans ses mains et parut s'absorber dans une méditation profonde.

A ce moment, la porte s'ouvrit, un facteur du télégraphe entra et remit à Gaspard une dépêche.

— Une chose rare chez nous, murmura le vieillard.

Il ouvrit le pli et lut.

— Mais il y a erreur, dit-il aussitôt au facteur, cette dépêche, à laquelle je ne comprends absolument rien, n'est pas pour moi.

— Mais si vraiment, monsieur Gaspard, elle vous est bien adressée.

Mercédès avait relevé la tête.

— Mon ami, dit-elle au vieillard, donnez un franc pour moi à ce jeune homme.

Gaspard s'empressa d'obéir et le facteur se retira.

— Mon ami, reprit la danseuse, cette dépêche qui vous est adressée n'est pas pour vous, en effet; mais elle est pour moi. Veuillez la lire à haute voix.

L'ancien saltimbanque lut :

« La comtesse de Verdraine est partie il y a dix jours, emmenant ses enfants.

» VERDRET, fermier des Bergères. »

Oh! les pauvres petits! s'écria Mercédès en joignant les mains; mon Dieu, ayez pitié d'eux!

Et elle se remit à pleurer.

Mais elle sortait d'une cruelle incertitude. L'officier de gendarmerie ne s'était pas trompé, les enfants devaient être à Charnay, sous la protection du maire de ce village. Maintenant elle n'avait plus qu'à attendre la réponse qui serait faite à sa lettre. Elle se sentit relativement tranquillisée.

— Mes bons amis, dit-elle, s'adressant à la femme et au mari, la jeune femme que Stéphano a confiée à vos soins, et dont il n'a pas cru devoir vous dire le nom, n'est plus pour vous une inconnue; c'est la comtesse de Verdraine.

— Ah! dit Annette, je comprends maintenant pourquoi, dans le délire de la fièvre, à travers tout ce qu'elle dit, elle prononce souvent les noms de Verdraine, de Miray, de Georges, d'Edouard, d'Etienne.

— Annette, répondit Mercédès, Georges et Édouard sont les noms de ses enfants, dont elle a été séparée par un événement que je ne connais pas encore. Très inquiète au sujet des pauvres petits, j'ai télégraphié de Belley aux Bergères où demeurait madame de Verdraine; voilà la réponse du fermier : « La mère est partie emmenant ses enfants. » Où sont-ils? Demain soir ou après-demain j'espère le savoir.

En attendant, écoutez bien ce que je vais vous dire : Pour des raisons que je n'ai pas à vous expliquer, je désire que personne ne sache que la jeune femme malade, amenée chez vous par Stéphano, est la comtesse de Verdraine; elle doit rester inconnue.

— C'est entendu, dit Gaspard.

— Le secret sera gardé, ajouta Annette.

— Ecoutez encore, reprit la jeune fille : demain, à Bellombe, tout le monde saura qu'une jeune femme venant de Belley est arrivée ce soir chez vous, et l'on cherchera à savoir qui je suis.

— Oh! ça, c'est sûr.

— A ceux qui vous questionneront, vous répondrez que je suis la sœur de la malade.

— Mais alors, Mercédès, objecta Annette, comment pourrons-nous dire encore que la malade est une femme inconnue?

— Cela vous sera facile, en répondant simplement que vous ne connaissez pas mon nom.

— Et, d'ailleurs, fit Gaspard, il n'y a qu'à dire aux curieux : « Cela ne vous regarde pas; occupez-vous de vos affaires. » Et, s'ils ne sont pas contents, on les envoie promener et on leur tourne le dos.

— Mais oui, fit Annette, et c'est encore ce qu'il y a de mieux et de plus simple à faire.

— Maintenant, Annette, dit la danseuse en se levant, je désire voir la malade; veuillez me conduire près d'elle.

— Oui, Mercédès, venez.

— Moi, dit Gaspard, je vais m'occuper du souper.

La Papillonne suivit madame Gaspard, et, vivement émue et recueillie, elle entra dans la chambre de la comtesse comme dans un sanctuaire. Mais n'était-ce pas réellement un sanctuaire, cette chambre où gisait sur un lit une femme martyre?

Lentement, les yeux fixés sur la comtesse, Mercédès s'approcha du lit et contempla le visage pâle et amaigri de la malade avec une expression de tristesse infinie.

La comtesse était calme; elle avait la bouche légèrement ouverte et respirait faiblement, mais avec facilité; ses yeux étaient fermés, et cependant elle ne dormait pas; un de ses bras maigres, dont les veines bleuâtres tranchaient sur le blanc mat, était pendant hors du lit.

Avait-elle entendu qu'on s'approchait d'elle? Oui, peut-être. Dans tous les cas, elle n'avait pas fait un mouvement, même des paupières. Toujours inconsciente, elle paraissait insensible à tout ce qui se passait autour d'elle.

— Je la reconnais, pensait Mercédès; oui, malgré sa pâleur, voilà bien cette figure aux traits délicats qui m'a si vivement frappée autrefois. Malgré les chagrins, les larmes versées, la maladie, elle n'a presque rien perdu de sa beauté. Pas un pli sur son front que j'ai vu éclairé de l'espoir de l'avenir, où l'intelligence rayonnait. Elle a toujours ses cheveux superbes et ses dents admirables. Il semblerait que le malheur a passé sur elle, en respectant son corps pour ne toucher qu'à son cœur et à son âme.

Pauvre femme, pauvre femme! Qu'avait-elle donc fait pour souffrir comme elle a souffert?

Et la voilà, la voilà inerte, insensible comme si, déjà, l'esprit qui anime la matière l'avait pour toujours abandonnée.

Pauvre femme, pauvre femme! Où est-il, cet avenir de joie et de bonheur que tu avais rêvé et auquel tu avais le droit de prétendre? Mais non, mais non, tout n'est pas fini pour toi, Dieu ne peut pas le vouloir!

Tu vivras pour tes fils, bonne mère; ils sècheront tes larmes, ils grandiront près de toi; ils sauront ce que tu as souffert et ils t'aimeront, te vénéreront; ils te rendront l'avenir et le bonheur perdus, car ils seront ta joie et ton orgueil!

Mercédès pleurait silencieusement et les larmes coulaient sur ses joues.

Elle s'agenouilla devant le lit, et pieusement, comme elle l'eût fait pour une sainte, elle prit la main pendante de la comtesse sur laquelle elle colla ses lèvres.

Comme si le contact eût été magnétique, la malade eût une sorte de frémissement, s'agita, poussa un soupir et ramena son bras sur sa poitrine en murmurant :

— Mes enfants, mes enfants!

Alors ses yeux s'ouvrirent tout grands et se fixèrent sur le visage de Mercédès toujours agenouillée. Mais elle voyait sans doute au travers d'un nuage, car sa physionomie restait sans expression.

La jeune fille anxieuse, haletante, attendait une parole ou seulement un geste, un éclair du regard, un mouvement des lèvres. Mais rien, rien. Et au bout d'un instant la comtesse referma ses yeux, comme fatigués déjà de revoir la lumière, et redevint immobile. Cependant elle prononça distinctement le nom de Georges et celui d'Edouard, mais si doucement que Mercédès put à peine entendre.

— Mercédès, dit tout bas madame Gaspard, vous devez avoir besoin de prendre quelque chose ; venez maintenant, notre souper doit nous attendre, et il faut que vous mangiez.

La jeune fille se releva, essuya ses yeux, jeta un long regard sur la malade, murmura une fois encore :

— Pauvre femme !

Et la tête inclinée sur sa poitrine, les bras ballants, elle sortit de la chambre.

Après avoir mangé un peu et ayant pris connaissance des ordonnances du médecin, Mercédès, ainsi qu'elle l'avait dit, s'installa au chevet de la malade. A l'heure indiquée, elle lui fit boire les trois cuillerées prescrites d'une potion préparée avec soin par le docteur lui-même, et dont il espérait beaucoup.

Dans l'état où se trouvait la comtesse, elle ne pouvait opposer aucune résistance à ce que l'on exigeait d'elle. Elle se laissait faire. Ce n'était plus, hélas ! qu'une sorte de machine que l'on faisait mouvoir. Telle une poupée articulée livrée aux mains d'une fillette. C'était seulement dans ses instants de délire que les forces lui revenaient subitement ; mais alors c'était la fièvre qui la secouait et tous les nerfs qui étaient mis en mouvement par des contractions violentes.

Mercédès avait déclaré qu'elle ne se coucherait pas, qu'elle voulait veiller toute la nuit ; cependant, malgré tous ses efforts pour repousser le sommeil, la fatigue de la nuit précédente et celle de la journée eurent le dessus sur sa volonté. Ses paupières lourdes voilèrent ses yeux, sa tête vacillante finit par tomber sur le bord du lit, et elle s'endormit.

Il pouvait être minuit.

A deux heures, elle fut réveillée en sursaut par des éclats de voix. C'était la comtesse qui parlait et semblait, dans le délire de la fièvre, s'adresser à des fantômes.

Elle était sur son séant; ses cheveux dénoués tombaient sur ses épaules en une masse épaisse et couvraient l'oreiller; elle agitait ses bras avec une sorte de fureur, et de ses yeux brillants et hagards, aux reflets d'acier, jaillissaient des lueurs étranges.

La danseuse ne put s'empêcher de frissonner et resta un instant frappée de terreur. Cependant elle écouta.

La comtesse disait :

— Monsieur de Miray, vous êtes un lâche, un infâme ! Je vous hais, entendez-vous, je vous hais, vous me faites horreur ! Laissez-moi, laissez-moi ! Ah ! ne m'approchez pas !... Je suis la comtesse de Verdraine, monsieur, et vous, vous êtes M. de Miray, un misérable, l'homme le plus vil et le plus odieux qu'il y ait au monde !

Laissez-moi, laissez-moi ! Vous me faites horreur; vous m'épouvantez, vous dis-je... Tenez, entendez-vous ? C'est le bruit du tonnerre; c'est la foudre qui éclate, la foudre du ciel qui va tomber sur vous et vous écraser !... Arrière, misérable, arrière ! Ne m'approchez pas !

Et, avec ses bras, elle semblait repousser le fantôme qu'elle croyait dressé devant elle.

Elle reprit d'une voix étranglée :

— Vous avez acheté le château de Verdraine et vous n'en avez pas eu honte ; vous avez aussi acheté la ferme des Bergères afin de m'y retenir prisonnière... Ah ! il veut me séquestrer, l'infâme ! Non, non, je ne veux pas, je ne veux pas ! Il me fait peur, cet homme... Ah ! le monstre, il est capable de me tuer, de tuer mes enfants ! Mais je me sauverai, la nuit, la nuit... avec Georges, avec Edouard... Ah ! ah ! ah ! nous lui échapperons !... Mes chers petits, mes chéris, il nous cherche, cachons-nous bien !

En disant cela, soulevant la couverture, elle avait couvert sa tête.

L'image de M. de Miray avait disparu.

Moins agitée et avec un accent douloureux, la comtesse continua :

— Pauvre petite Isabelle, elle est morte... Je l'ai trouvée dans le vivier sous les feuilles de nénuphar ; je l'ai tenue dans mes bras, glacée, raide, sans vie ; elle n'a plus rouvert ses jolis yeux, sa bouche n'a plus dit : maman, maman ! Et on l'a mise dans la terre ; et à cause de cela son père m'a abandonnée. Il n'aimait plus sa femme, il n'aimait pas ses fils, il n'aimait que sa fille !... C'est l'autre, c'est madame de Broguiès qui a volé leur père à mes enfants ! Oh ! cette femme, cette femme !

Pendant un instant, elle eut dans la gorge comme des sanglots ; puis tout à coup, d'une voix éclatante :

— Georges ! Edouard ! appela-t-elle. Mes enfants, mes enfants, où êtes-vous ? C'est la nuit, je n'y vois plus, tout est noir... Mon Dieu, où sont mes enfants ?

Et d'une voix déchirante elle s'écria :

— J'ai perdu mes enfants ! On m'a volé mes enfants !

Comme on le voit, c'étaient quelques-unes des scènes les plus douloureuses de sa vie qui se représentaient à la malade dans son délire, et déjà, malgré le trouble de l'esprit, les images prenaient corps et les idées s'enchaînaient.

Mercédès avait écouté avec une indicible angoisse et toute palpitante d'émotion. Si vagues que fussent pour elles la plupart des paroles prononcées par la malade, elle avait facilement compris qu'elles étaient l'écho de sombres et terribles souvenirs.

La comtesse était retombée sur son lit, comme une masse ; elle ne bougeait plus ; mais ses yeux restaient grands ouverts et n'avaient rien perdu de leur éclat.

— La crise est passée, se dit Mercédès.

Elle se trompait.

Soudain la comtesse se redressa ; ses traits et son regard exprimaient l'épouvante.

Le fantôme qui représentait à ses yeux M. de Miray venait de reparaître.

— Le voilà, le voilà !... s'écria-t-elle affolée, il me guettait... il sort de l'ombre... Là, là, il s'approche... Oh ! son regard... ses yeux sont de feu, ils me brûlent !... Ah ! il bondit sur moi, il m'emporte... je suis perdue ! A moi, à moi ! au secours !

Elle eut l'air de soutenir une lutte corps à corps, et en se débattant ses yeux se fixèrent sur Mercédès qui, pâle et toute tremblante, se tenait debout près du lit, prête à porter secours à la malheureuse, si la violence de la crise l'exigeait.

L'irritation nerveuse de la malade s'apaisa subitement; elle jeta ses bras autour du cou de la danseuse en criant :

— Sauvez-moi ! sauvez-moi !

Mercédès l'étreignit à son tour, l'embrassa comme une mère embrasse son enfant et lui dit de sa plus douce voix :

— Oui, Paule, oui, mon amie, ma sœur, je vous sauverai ! Rassurez-vous, vous n'avez rien à craindre... Paule, Paule, revenez à vous, reprenez vos esprits égarés.

La comtesse tressaillit violemment, ses bras lâchèrent prise, elle se jeta en arrière et dressa la tête comme si un bruit étrange eût tout à coup frappé son oreille.

Son visage avait changé d'expression et l'égarement de ses yeux avait presque disparu. C'était une sorte de transfiguration qui venait de s'opérer comme par enchantement. Et Mercédès revoyait la belle Paule telle qu'elle l'avait vue huit ans auparavant sur la place de Saint-Amand.

— Mon Dieu, soupira-t-elle, si c'était la fin de la fièvre et du délire, si c'était l'annonce de la guérison !

Et son regard caressant, où rayonnait une bonté divine, enveloppait anxieusement la malade.

Celle-ci était toujours en proie au délire ; mais les images effrayantes s'étaient effacées, et son nom de jeune fille, ce nom de Paule, qui venait de retentir à ses oreilles, éveillait d'autres souvenirs.

— Paule, murmura-t-elle presque à voix basse et se parlant à elle-même, Paule, Paule... Qui donc a parlé ici de Paule ? Est-ce que quelqu'un se souvient encore de cette petite paysanne si fière, si orgueilleuse, que l'on appelait la belle Paule ?

Elle continua en haussant la voix :

— Où est-elle , la belle Paule ? Qu'est-elle devenue la belle Paule? On en a fait une comtesse, une grande dame !... Ah ! ah ! ah ! une comtesse... C'était bien la peine... Ah ! la malheureuse, elle aurait mieux fait de rester toujours Fanchon-la-Princesse !... Fanchon, Fanchon, la comtesse redeviendra Fanchon ! Trop tard... Le soleil d'autrefois s'est éteint, les fleurs de la prairie sont fanées, il n'y a plus de joyeuses chansons dans les bois, les cœurs sont morts !... Y a-t-il encore de la lumière ? Non, c'est la nuit, toujours la nuit...

« — Prends garde, Paule, prends garde ! lui disait sa marraine.

Elle n'a pas écouté sa marraine.

Elle voulait être comtesse !

Et Etienne l'aimait, et Etienne pleurait !

— « Prenez garde, Paule, prenez garde, lui disait Mélie la bossue.

Elle n'a pas écouté Mélie la bossue. Elle a répondu à Mélie :

— « Il faut que ma destinée s'accomplisse !

Elle voulait être comtesse !

Et Etienne l'aimait, et Etienne pleurait !

Etienne lui avait dit :

— Je vous aime, soyez ma femme, vous serez adorée !

C'était le bonheur qui s'offrait à elle. Elle a repoussé le bonheur.

Elle voulait être comtesse !

Et elle a été comtesse. Et qu'est-elle maintenant?

Plus rien. Elle n'est plus la belle Paule, elle n'est même plus Fanchon-la-Princesse. Sa destinée s'est accomplie. Oh! quelle destinée!

Après une douleur, une autre, toutes les souffrances!

Dieu l'a punie, Dieu l'a punie! Et pour que son châtiment soit complet, ce n'est plus son mari qu'elle aime, c'est celui qu'elle a autrefois repoussé, c'est Etienne. Elle aime Etienne! Oh! la malheureuse! C'est épouvantable! C'est horrible!

Elle couvrit son visage de ses mains, et pour la seconde fois Mercédès put croire qu'elle allait éclater en sanglots. Mais ce n'était qu'un gonflement de la poitrine, une sorte d'étranglement, de râle dans la gorge.

— Que vient-elle de dire, mon Dieu? pensait la danseuse stupéfaite; elle aime maintenant celui qu'elle a autrefois dédaigné, repoussé... La malheureuse, la malheureuse! Oh! oui, c'est épouvantable, c'est horrible!

La crise avait pris fin, mais les forces de la malade étaient complètement épuisées, et au bout d'un instant elle retomba sur le lit anéantie, brisée.

— Ses yeux se sont fermés, se dit Mercédès, elle va dormir.

Elle lui fit avaler les trois cuillerées de la potion du docteur, puis arrangea l'oreiller sous sa tête et ramena sur sa poitrine le drap et la couverture.

— Repose, pauvre femme, pauvre mère, repose, murmura Mercédès; que le sommeil te fasse oublier tes douleurs, qu'il t'apporte l'apaisement, qu'il calme ta fièvre et chasse le trouble de ton esprit!

La comtesse de Verdraine dormait.

VII

LA LETTRE DU MAIRE.

Le reste de la nuit s'était passé tranquillement; la malade avait dormi jusqu'à six heures; mais elle n'avait donné, à son réveil, aucun signe de lucidité; elle était restée dans son immobilité et comme engourdie. Cependant, quand le médecin vint faire sa visite du matin, à huit heures, il parut satisfait. Il constata que la fièvre avait diminué d'intensité, enfin que l'amélioration dans l'état général de la malade était sensible.

Et quand Mercédès lui eut dit qu'il n'y avait eu dans la nuit qu'une seule crise, il répondit :

— Si le calme de ce moment continue, si la journée se passe sans délire, sans surexcitation nerveuse, tout ira bien et nous pourrons espérer.

— Ne craignez-vous pas, monsieur, une affection cérébrale difficile à guérir? demanda Mercédès.

— C'est ce que j'ai le plus redouté tout d'abord; mais il n'existe en réalité qu'un affaiblissement momentané du cerveau. La forte constitution de la malade la sauvera. La fièvre ne l'a pas tuée et, je vous le répète, nous pouvons espérer.

— Mon Dieu, monsieur, j'ai peur... si elle restait folle!

— Ma science ne va pas jusqu'à pouvoir vous rassurer complètement, madame; mais, comme je viens de vous le dire, je ne crois qu'à un affaiblissement des forces cérébrales. Oui, sans doute, le trouble du cerveau est inquiétant; mais d'où vient-il? Il est la conséquence de quelque secousse terrible ou d'émotions violentes successives, la conséquence surtout de l'épuisement complet des forces physiques. Si nous rendons au corps sa vigueur, le cerveau rentrera dans l'équilibre et reprendra ses fonctions normales. Tel est mon espoir, madame.

— Vous me le faites partager, monsieur, merci.

La journée fut bonne; dans l'après-midi, la malade eut un instant de grande agitation; on croyait voir l'approche de la crise, on se trompait. Et quand le docteur vint à cinq heures et qu'on lui eut rendu compte de ce qui s'était passé, son visage s'épanouit et il dit:

— Bien, très bien.

Il vit ensuite la malade et trouva que la fièvre avait encore sensiblement diminué. Il répéta ses paroles du matin:

— Tout ira bien, nous pouvons espérer.

Devant lui, Mercédès fit manger à la malade du bouillon de bœuf chaud dans lequel elle avait mêlé du blanc de poulet haché fin.

— Vous continuerez à lui faire boire toutes les deux heures les cuillerées de la potion, dit le médecin, et deux fois dans la nuit la même quantité de bouillon avec viande hachée. Nous verrons demain si nous devrons lui donner autre chose à manger.

A sept heures, la dernière distribution des lettres ayant été faite, et Mercédès n'ayant rien reçu, elle se dit :

— Comme je l'avais pensé, c'est demain matin que je recevrai la lettre du maire de Charnay.

On soupa, et après, sur les instances de madame Gaspard, Mercédès consentit à se coucher tout habillée. Elle avait réellement grand besoin de se reposer. Elle dormit deux heures.

Gaspard était sorti après le repas pour faire une promenade dans le village et voir en même temps quelques amis. Quand il rentra, Mercédès venait de se réveiller.

— Mon mari a quelque chose à vous apprendre, vint lui dire Annette.

Elle se leva aussitôt et se rendit auprès du vieillard.

— Vous reposiez, Mercédès, lui dit Gaspard, est-ce que ma femme vous a réveillée ?

— Non, mon ami, quand elle est entrée dans la chambre je ne dormais plus.

— A la bonne heure.

— Vous avez quelque chose à me dire ? De quoi s'agit-il ?

— C'est assez drôle, ça ne signifie peut-être rien du tout ; mais j'ai pensé que cela pouvait vous intéresser.

— Alors, mon cher Gaspard, parlez, je vous écoute.

— Dans l'après-midi, un étranger, un homme qui

ne payait pas de mine et dont les allures parurent suspectes à plusieurs personnes, arriva à Bellombe. Il avait l'air d'un ouvrier sans ouvrage cherchant à se caser ; mais mal habillé, et ayant avec cela une mauvaise figure, une barbe sale et des cheveux mal peignés, il ressemblait à quelque gueux échappé depuis peu d'une maison centrale.

Il entra à l'auberge, se fit servir un repas copieux et mangea en affamé, en buvant sec deux bouteilles de vin cacheté.

Il avait si bien l'air d'un gueux que l'aubergiste était inquiet et se demandait si son homme pourrait payer la dépense qu'il faisait.

Il y avait dans la salle, à une table, quatre hommes du pays qui jouaient aux cartes et avaient la même pensée que l'aubergiste.

Cependant quand l'homme eut mangé tout son saoul et pris son café, fortement arrosé d'eau-de-vie, il appela la servante de l'auberge et jeta une pièce de 20 francs sur la table en disant :

— « Payez-vous, ma belle.

Il n'avait pas sur lui que cette seule pièce de vingt francs, car on en avait entendu plusieurs autres sonner dans sa poche.

La servante lui rapporta sa monnaie qu'il mit dans sa poche, moins deux francs qu'il donna à la fille.

Naturellement, celle-ci se confondit en remerciements ; il y avait de quoi ; c'était la première fois qu'elle rencontrait une pareille aubaine.

Ce que je vous raconte là, Mercédès, ne vous intéresse pas beaucoup, mais attendez.

La servante s'éloignait, l'homme la rappela.

Après quelques paroles dites tout bas par l'étranger, la servante, une fille qui n'est pas bien maline, s'assit à côté de lui et ils se mirent à converser à voix basse.

Quand ils eurent fini, l'homme se leva, mit son chapeau, prit son bâton et s'en alla.

Alors on questionna la servante :

— « Vraiment, tu as fait là une jolie conquête ; qu'est-ce qu'il a pu te dire ? Est-ce qu'il t'a confessée ? Après tout, c'est peut-être un prêtre déguisé. »

La fille ne voulait pas parler, l'homme lui avait certainement fait promettre de garder le silence. Mais on sut si bien la pousser à bout, qu'elle finit par sortir de son mutisme.

Elle dit donc que l'étranger lui avait demandé si elle connaissait M. Gaspard ; s'il y avait longtemps qu'il était dans le pays ; ce qu'il faisait ; à quel endroit du village il demeurait. Il avait parlé ensuite d'une jeune femme à laquelle M. Gaspard s'intéressait beaucoup et avait demandé si cette jeune femme n'était pas venue depuis peu dans le pays.

Alors, la servante, la buse, — il y a toujours des gens qui ont trop de langue, — lui avait raconté ce qu'elle savait : qu'il y avait chez le père Gaspard, depuis quatre jours, une jeune femme malade, très malade, qui avait été amenée à Bellombe par des saltimbanques.

— Vous avez bien fait de m'apprendre cela, mon ami, dit Mercédès, car, en effet, ce n'est pas sans intérêt pour moi. Mais qu'est-ce que cela veut dire ? Je ne comprends pas. Qui peut être cet homme ? D'où vient-il ? Quel intérêt a-t-il à savoir ce que la maladroite servante lui a appris? Évidemment, il y a là-dessous quelque mystère.

— Mais rien qui soit de nature à nous effrayer, n'est-ce pas?

— Rien, mon ami, rien; soyez tranquille. Néanmoins, il est bon que nous sachions qui est cet homme et ce qu'il veut; est-il encore à Bellombe?

— Je l'ignore.

— S'il n'a pas déjà quitté le pays ou s'il y reparaît, il faut le faire interroger, au besoin par le maire.

— Il est un peu tard ce soir pour que je puisse savoir s'il est resté à Bellombe.

— Demain, mon ami, demain.

— La servante n'a pas parlé de vous, Mercédès; elle n'avait pas connaissance de votre arrivée à Bellombe.

— Oh! cela importe peu!

— On ne sait pas, Mercédès.

— Peut-être, mon cher Gaspard; dans tous les cas, ce que je tiens absolument à cacher, c'est mon nom.

La nuit, pour la malade, se passa aussi tranquillement que la journée. Pas de crise nerveuse, pas de délire. C'était de bon augure. Toutefois la pauvre Paule restait dans son immobilité, caractère principal de sa maladie, et paraissait toujours ne rien voir et ne rien entendre. On aurait dit qu'elle n'avait plus aucun sens, qu'il y avait paralysie des organes.

Dès qu'il fut levé, Gaspard se rendit chez le maire et lui exposa l'objet et le but de sa visite.

— Cela me paraît fort singulier, dit le maire, et

vous faites bien de me prévenir. Pour peu que le gaillard en question me fasse l'effet d'avoir quelque chose sur la conscience, je le fais arrêter et le livre aux gendarmes.

Immédiatement le maire mit en campagne le garde champêtre et le tambour de ville ; mais l'homme fut introuvable. Il avait disparu. On acquit même la certitude qu'il n'avait pas passé la nuit à Bellombe.

Gaspard vint rendre compte à Mercédès de ce qu'il avait fait.

— C'est bien, mon ami, dit-elle, et puisque cet homme a disparu, ne nous occupons plus de lui.

Cependant, elle resta préoccupée et comme inquiète jusqu'à dix heures. C'était l'heure du passage du facteur. Il parut. Il apportait la lettre si impatiemment et si anxieusement attendue.

C'était fini, Mercédès ne pensait plus à l'homme de mauvaise mine qui avait questionné et fait parler la servante d'auberge.

Elle rentra dans la chambre de la malade, qui était aussi la sienne, et alla s'asseoir près de la fenêtre, qui ouvrait sur le jardin.

Depuis la visite du médecin, Paule dormait.

La lettre portait le timbre du bureau de poste de Saint-Gallais et était adressée ainsi :

« Monsieur Gaspard, propriétaire à Bellombe (Ain), pour remettre à madame X... »

Mercédès la tenait entre ses doigts, relisant la suscription pour la dixième fois peut-être ; on aurait dit qu'elle n'osait pas, qu'elle avait peur de déchirer l'enveloppe. Elle était prise d'une nouvelle anxiété. Allait-elle apprendre ce qu'il lui importait de savoir? Cette lettre ne contenait-elle pas, au contraire, une cruelle déception?

Enfin, après un dernier instant d'hésitation, craintive, et si émue que ses mains tremblaient, elle rompit le cachet, sortit la lettre de l'enveloppe et la déplia.

Dès qu'elle eut lu les premières lignes, son visage devint rayonnant, elle poussa un long soupir de soulagement et murmura :

— Seigneur, je vous remercie! Ah! ce sont les cœurs faibles, les âmes sans foi, qui peuvent douter de la Providence divine!

Voici ce que le maire de Charnay écrivait :

« Madame,

» En même temps que votre lettre, j'ai reçu celle du lieutenant de gendarmerie de Belley, que vous m'annonciez.

» Vous signez : Une amie de la mère et des enfants.

» Oui, vous êtes leur amie, puisque vous vous intéressez à eux. Soyez donc rassurée sur le sort des deux petits garçons. Trouvés sur la route, à une heure avancée de la nuit, par un brave cantonnier de Charnay, ils ont été amenés dans ma commune, ainsi que vous, madame, et l'officier de gendarmerie l'avez supposé. Les pauvres petits étaient dans un état pitoyable, mouillés, crottés, transis de froid et mourant de faim et de soif. Mais, à la louange du cantonnier et de sa femme, je puis vous dire qu'ils ont reçu les meilleurs soins.

» Le lendemain ils m'ont été amenés ; j'ai interrogé le petit Georges ; mais il m'a été impossible de lui faire dire qui ils étaient et d'où ils venaient. Il m'apprit toutefois qu'ils étaient avec leur mère; que tous trois étant très fatigués, ils étaient entrés dans un bois, s'étaient couchés et endormis au pied d'un arbre.

» Georges et son frère se réveillèrent un peu avant la nuit. Leur mère dormait toujours et ils cherchèrent inutilement à la faire sortir de son sommeil. Alors ils prirent peur, se mirent à appeler au secours, sortirent du bois, coururent sur la route, espérant rencontrer quelqu'un, et, la nuit étant venue, ils se perdirent. »

Le maire racontait ensuite les recherches qui avaient été faites dans le bois de la Feuillade et comment le sac de la mère, contenant deux pièces d'or et de la menue monnaie, avait été trouvé sous le châtaignier où la jeune femme et les enfants s'étaient couchés.

Il continuait en disant :

» La disparition de la mère me parut d'abord fort étrange; mais j'appris que des saltimbanques, conduisant une ménagerie, étaient passés sur la route, dans la nuit, entre Saint-Gallais et Charnay.

» — Ces gens, me dis-je, ont trouvé la mère comme le cantonnier a trouvé les enfants et ils l'ont emmenée avec eux.

» Sans perdre de temps, je signalai les saltimbanques à la gendarmerie, en demandant qu'ils fussent interrogés au sujet de la jeune femme, qui était encore pour moi une inconnue.

» Dans votre lettre, madame, pour une cause que je n'ai pas à connaître, mais que je crois respectable, vous ne me dites pas le nom de la jeune femme trouvée mourante sur la route par le montreur de bêtes Stéphano, et qu'il a laissée à Bellombe, en la confiant aux soins des époux Gaspard ; mais je sais, je savais avant de recevoir votre lettre que la mère de Georges et d'Edouard était madame la comtesse de Verdraine. »

A cet endroit, la lettre du maire contenait le récit de l'arrivée d'Etienne Denizot à Charnay, accompagné du chien Miro, et de ce qui s'était passé dans la maison du cantonnier.

Le maire ajoutait :

« M. Etienne Denizot et les enfants ont quitté Charnay hier soir, et à l'heure où je vous écris Georges et Edouard doivent être à Saint-Amand-les-Vignes, dans la famille de leur mère. »

Mercédès porta la lettre à ses lèvres, puis la remit dans son enveloppe, la glissa dans le corsage de sa robe et alla s'agenouiller près du lit de la comtesse. Pendant un long instant, elle pria, en pleurant à chaudes larmes.

Elle se releva, essuya ses yeux et alla s'asseoir à une table où elle avait placé elle-même de l'encre, du papier, une plume.

La malade dormait toujours et son sommeil était tranquille.

Mercédès écrivit rapidement quelques lignes de remerciements au maire de Charnay, qu'elle signa, cette fois, Mercédès d'Argélias.

Ensuite, à l'adresse de Pierre Rouget, elle traça la dépêche télégraphique suivante :

« Votre petite-fille est malade, mais va un peu » mieux, je suis auprès d'elle. Ayez confiance et

» soyez tous rassurés. Embrassez pour moi Georges
» et Edouard.

» Mercédès. »

Cela fait, tenant la lettre et la dépêche qu'elle venait d'écrire, elle sortit de la chambre sans bruit.

— Eh bien ? fit Gaspard, l'interrogeant avidement du regard.

— Je n'ai plus aucune inquiétude au sujet des enfants.

— Ah ! oui, cela se voit sur votre visage ; mais vous avez pleuré, Mercédès.

— Oui, j'ai pleuré, j'ai pleuré de joie, mon ami.

La façon dont la jeune fille avait dit cela fit venir aux yeux du vieillard deux larmes qu'il essuya furtivement.

— Mon bon Gaspard, reprit Mercédès, voici une dépêche pressée, très pressée.

— Je cours au télégraphe, répondit-il.

— En même temps vous mettrez cette lettre dans la boîte.

L'excellent homme mit vite son chapeau et sortit en disant :

— Mercédès, vous aimez beaucoup les fruits rouges, je rapporterai des cerises et des fraises.

— Merci, mon ami, répondit la jeune fille.

Elle le suivit un instant des yeux et murmura :

— Encore un qui m'est dévoué et ferait tout pour moi et ceux que j'aime. Simple et bon, âme grande et cœur d'or !... Et ce n'était qu'un saltimbanque.

VIII

LE RÉVEIL

Le lendemain, vers trois heures de l'après-midi, Mercédès était à sa place habituelle, assise dans un fauteuil près du lit de la malade et à demi cachée par le rideau de cretonne à grandes fleurs sur fond jaune.

La dernière nuit n'avait pas été moins bonne pour la malade que la précédente. Le médecin avait dit, après sa visite du matin, que la fièvre avait presque complètement disparu. Dès lors il n'y avait plus à redouter les transports au cerveau ; mais on ne pouvait pas savoir si la malade serait privée longtemps encore de ses facultés intellectuelles.

Elle avait mangé à une heure, sans avoir prononcé un mot, sans que Mercédès eût pu voir dans ses yeux noyés d'ombre, une lueur, un mouvement indiquant la présence de la pensée, le réveil de l'esprit, puis elle s'était assoupie.

Or, à trois heures elle se réveilla, s'agita et fit entendre plusieurs gémissements.

Mercédès inquiète se dressa debout.

— Mon Dieu, se dit-elle, le médecin s'est trompé, c'est une crise qui va venir !

La comtesse était assise sur le lit et promenait lentement ses regards autour d'elle, comme cherchant à reconnaître les objets qui s'offraient à sa vue. Ses yeux étaient pleins de clarté, mais n'avaient plus cet éclat que leur donnait la fièvre ; ils n'étaient plus hagards comme les jours précédents, ils exprimaient l'étonnement.

— Où suis-je, mais où suis-je donc ? prononça-t-elle tout bas, comme si elle eût peur d'entendre le bruit de sa voix.

Mercédès, qui s'était avancée, et dont le cœur battait à se briser, fit un pas en arrière et se dissimula derrière le rideau.

La malade avait laissé tomber sa tête dans ses mains et pressait fortement son front sur lequel perlaient de grosses gouttes de sueur.

Évidemment la mémoire lui revenait peu à peu, et l'on voyait qu'elle faisait de violents efforts pour fixer sa pensée indécise et rappeler à elle ses souvenirs fugitifs.

La danseuse avait avancé la tête et regardait la comtesse, ne perdant aucun de ses mouvements et étudiant sa physionomie avec une indicible angoisse.

Tout à coup la malade redressa brusquement la tête et, de nouveau, promena ses regards autour de la chambre.

Elle laissa échapper comme un cri de détresse, puis aussitôt s'écria encore :

— Où suis-je, mais où suis-je donc ?

— Vous êtes dans une maison où vous n'avez

rien à craindre, car il n'y a près de vous que des personnes qui vous aiment, répondit Mercédès toujours cachée, et de sa plus douce voix.

La comtesse tressaillit et se retourna vivement.

Alors Mercédès écarta le rideau du lit, fit un pas en avant et se trouva devant la malade, en pleine lumière.

Celle-ci arrêta son regard sur le visage de la jeune fille et parut plutôt surprise qu'effrayée de cette apparition.

— Madame, qui êtes-vous? demanda-t-elle au bout d'un instant.

— Une amie, une amie sincère et dévouée de madame la comtesse de Verdraine, qu'on appelait autrefois la belle Paule.

La malade eut un nouveau et violent tressaillement.

Elle passa à plusieurs reprises ses mains sur son front et regardant toujours fixement la danseuse :

— Une amie, murmura-t-elle comme se parlant à elle-même, est-ce que j'ai encore des amies ?

— Oh ! oui, madame, croyez-le ; oui vous avez encore des amies et encore des amis. Ah ! il n'existe pas que des méchants sur la terre !

— Vous dites que vous êtes mon amie, et je ne vous connais pas.

— Si, si, vous me connaissez ; regardez moi, madame la comtesse, regardez-moi bien, et souvenez-vous ! Tenez, je vais aider votre mémoire : Il y a huit ans de cela, à Saint-Amand-les-Vignes, — c'était un dimanche et vous étiez accompagnée de M. Pierre Rouget, votre grand-père, — vous avez donné votre main à une jeune fille, qui faisait partie d'une troupe de saltimbanques, pour qu'elle vous dise la bonne aventure.

Une sorte de tremblement nerveux secoua la comtesse et elle s'écria :

— Je me souviens, je me souviens !

— Madame la comtesse, cette jeune fille, cette saltimbanque, c'était moi,

— Mercédès la gitana ! exclama la malade.

— Ah ! vous vous êtes rappelé mon nom ! s'écria à son tour la danseuse, vous êtes sauvée, vous êtes guérie !

— J'ai donc été malade ?

— Oh ! oui, bien malade, et j'ai craint pour votre vie.

— Pour ma vie ? répéta la comtesse pensive.

Au bout d'un instant, elle reprit :

— Pourquoi êtes-vous ici, près de moi ?

— A Saint-Amand, devant vous, j'ai dit à votre grand-père : M. Pierre Rouget, si un jour vous ou l'un des vôtres avait besoin de moi, au premier appel qui me serait fait j'accourais. Eh bien, madame, vous aviez besoin de moi et je suis accourue.. Là, à votre chevet, j'ai veillé les trois dernières nuits.

— Ah !... Oui, il me semble que je me rappelle... Je dormais ; tout à coup je me suis réveillée, toutes sortes de sombres fantômes m'entouraient, s'acharnaient après moi, me faisaient horriblement souffrir...Mais une voix céleste se fit entendre et tous les fantômes disparurent, et il ne resta plus près de moi qu'un ange que je crus avoir vu descendre du ciel... La céleste apparition, l'ange c'était vous !

— Vous vous souvenez, madame la comtesse,

vous vous souvenez ! Que Dieu soit loué ! Il a entendu mes prières, vous nous êtes rendue !

La malade saisit le bras de Mercédès.

— Pourquoi m'appelez-vous madame la comtesse ? dit-elle. Je ne suis plus la comtesse, je ne suis plus rien... Donnez-moi le nom que j'avais autrefois.

Baissant la voix, elle ajouta :

— Appelez-moi Paule ou Fanchon.

— Eh bien, oui je vous appellerai Paule.

La malade devint tout à coup songeuse.

— C'est vrai, murmura-t-elle, j'ai été comtesse...

Il y eut un assez long silence.

Soudain la comtesse eut un long frémissement, ses traits se contractèrent et elle laissa échapper une plainte sourde.

— Mes enfants, mes enfants ! s'écria-t-elle.

Et elle se mit à appeler d'une voix déchirante :

— Georges, Georges ! Edouard, Edouard !

Mercédès s'empara de ses deux mains.

— Calmez-vous, Paule, calmez-vous, lui dit-elle, et soyez sans inquiétude au sujet de vos enfants ; vous les reverrez bientôt, je vous le promets.

Où sont-ils, mon Dieu, où sont-ils ?

— Je vais vous le dire ; mais je vous le répète, soyez sans inquiétude, rassurez-vous et écoutez-moi : vous vous étiez mise en route avec Georges et Edouard, c'était bien imprudent... deux enfants si jeunes !... Mais la Providence veillait sur les chers petits.

Paule, souvenez-vous qu'un jour, très fatiguée, n'en pouvant plus, vous êtes entrée dans un bois avec vos enfants et vous êtes endormie au pied d'un arbre.

— Oui, oui, je me souviens.

— Votre sommeil fut étrange. Causé par l'épuisement complet de vos forces, il a dû être léthargique. C'était le commencement de la maladie qui nous a inspiré de si vives inquiétudes. Vos enfants s'étaient couchés près de vous et endormis aussi. Quand ils se réveillèrent, la nuit approchait ; ils firent tout ce qu'ils purent, les pauvres petits, pour vous faire rouvrir les yeux, pour vous ranimer. Ils vous couvrirent de larmes, vous appelèrent, vous tirèrent les bras, vous secouèrent. Inutiles efforts ; ils ne parvinrent pas à vous réveiller, ni même à vous faire faire un mouvement.

Comme je viens de vous le dire, la nuit venait ; les pauvres mignons furent saisis par l'épouvante, appelèrent au secours et sortirent du bois pour se mettre à la recherche d'une personne pouvant leur venir en aide. Mais la route et la campagne étaient désertes : une fatalité. La nuit était venue, un orage était près d'éclater ; Georges et Edouard s'égarèrent et ne purent retrouver leur chemin pour revenir près de vous. Jugez de leur douleur, de leur désespoir.

Enfin, un homme vint à passer : il trouva les enfants serrés l'un contre l'autre, pleurant et sanglotant. Ils lui dirent sans doute que vous étiez dans le bois ; mais à quel endroit ? L'homme renonça à vous chercher et emmena les enfants au village de Charnay, où il demeure.

La comtesse, comme suspendue aux lèvres de la danseuse, écoutait haletante, respirant à peine, et en proie à une émotion qui allait toujours croissant.

Mercédès continua :

— Vous, Paule, vous avez dû dormir encore plusieurs heures. Vous êtes enfin sortie de votre sommeil. Ne voyant plus vos enfants près de vous, ne les entendant pas, vous les avez sans doute appelés et cherchés sous la pluie, les éclairs et la foudre.

— Oui, oui, c'est cela ; la pluie, les éclairs, le tonnerre, je me souviens ! s'écria la comtesse ; j'ai appelé et cherché mes enfants de tous les côtés. Pendant combien de temps ? Je ne saurais le dire. J'étais comme folle !

Tout à coup, je sentis que mon cœur cessait de battre ; il me sembla que je recevais un choc violent en pleine poitrine, à mes oreilles retentit comme un formidable coup de tonnerre, un nuage rouge se plaça devant mes yeux, puis je ne vis plus rien et... et... je ne me souviens plus.

— Eh bien, Paule, vous étiez tombée sur la route sans connaissance et vous êtes restée là étendue, sans mouvement, ne donnant plus signe de vie, mouillée jusqu'à la peau, glacée, le corps engourdi, les membres raides. Pendant combien de temps ? Je l'ignore.

Des hommes qui conduisaient une ménagerie, qui venaient de Lyon et se rendaient à Belley, passèrent sur la route où vous étiez. Heureusement, ils vous virent, s'arrêtèrent et crurent d'abord que vous étiez morte. Mais, morte ou vivante, ils ne pouvaient pas vous laisser sur la route ; ils vous relevèrent et vous mirent dans une de leurs voitures où tous les soins que réclamait votre état vous furent donnés.

Je n'ai pas à vous dire quelle fut la joie de ces braves gens quand ils eurent acquis la certitude que vous viviez encore.

Paule, ne vous souvenez-vous pas du nom de don Stéphano ?

— Don Stéphano ? répéta la comtesse, interrogeant sa mémoire.

— Vous avez vu don Stéphano sur la place de Saint-Amand ; il était le chef de la petite troupe de saltimbanques dont je faisais alors partie.

— Ah ! oui, je crois me rappeler.

— Eh bien, don Stéphano est actuellement le propriétaire de la ménagerie dont je viens de vous parler, et c'est à lui que vous devez la vie ; car si, convaincu que vous n'existiez plus, il vous eût abandonnée sur la route, vous n'aviez peut-être pas une heure à vivre encore.

La comtesse ne pût s'empêcher de frissonner.

Mercédès poursuivit :

— C'est don Stéphano, qui, ne voulant pas vous emmener jusqu'à Belley, où il aurait été obligé de vous faire transporter à l'hôpital, vous a laissée ici, à Bellombe, vous confiant aux soins de M. et madame Gaspard, ses amis.

Don Stéphano avait trouvé dans une des poches de votre robe une lettre inachevée que vous aviez eu l'intention d'adresser à votre mère, et il avait ainsi découvert que la comtesse de Verdraine était la petite-fille de Pierre Rouget, de Saint-Amand-les-Vignes, l'ancien sergent du Trocadéro.

Connaissant le service rendu autrefois à Inès Ramon, ma mère, par l'ancien soldat Pierre Rouget, et sachant que j'ai voué à votre grand-père et à tous les siens une reconnaissance éternelle, don Stéphano s'est empressé de m'écrire pour m'apprendre comment il vous avait trouvée mourante sur la route et me prévenir qu'il vous laisserait à Bellombe, chez les époux Gaspard.

Maintenant, Paule, vous comprenez comment je suis ici. Aussitôt que j'eus reçu la lettre de don Stéphano, je suis accourue près de vous, voulant vous soigner moi-même, disposée à appeler près de vous les plus grands médecins de Paris, si le caractère de votre maladie les eût réclamés. Je paye comme je le peux la dette de reconnaissance contractée par ma mère envers votre aïeul.

Baissant la tête et la voix elle ajouta avec un accent de tristesse profonde :

— Et puis, hélas ! j'ai beaucoup de choses à me faire pardonner, madame la comtesse.

La malade ne releva point ces dernières paroles ; peut-être ne les avait-elles pas entendues. La clarté qui venait d'éclairer subitement son esprit était encore faible et les pensées qui envahissaient son cerveau étaient pour la plupart dans une demi-obscurité.

A ce moment, elle pensait à Georges et à Édouard ; c'étaient ses enfants qui la préoccupaient.

De nouveau elle prit la main de Mercédès.

— Où sont mes enfants ? demanda-t-elle avec l'accent de la prière.

— Ils sont à Saint-Amand-les-Vignes, répondit la danseuse.

— A Saint-Amand ! exclama la comtesse.

Et elle regarda la jeune fille avec une expression d'étonnement qui semblait dire :

— Je ne comprends pas. Ne me trompez-vous point ?

— Oui, dit Mercédès, depuis hier, probablement,

vos enfants sont arrivés à Saint-Amand ; ils sont dans les bras de votre mère, de votre père et de votre grand-père ; ils ne doivent plus vous causer aucune inquiétude. Paule, Paule, ne pensez plus maintenant qu'à retrouver vos forces afin de pouvoir bientôt rejoindre vos enfants.

— Ils sont à Saint-Amand ! prononça doucement la malade.

Après un court silence, elle reprit :

— Je vous crois, Mercédès, car vous ne voudriez pas me tromper, me mentir... Mais comment se fait-il que mes enfants soient à Saint-Amand ?

— Je vais vous l'apprendre, car il faut que vous sachiez tout : Georges et Edouard ont été retrouvés au village de Charnay par votre chien, le fidèle Miro, qui cherchait sa maîtresse et ses jeunes maîtres depuis plusieurs jours. Miro était accompagné d'un jeune homme qu'il avait rencontré sur son chemin et qui, lui aussi, était à la recherche de la comtesse Paule et de ses enfants. C'est à ce jeune homme, envoyé par vos parents, madame la comtesse, que le maire de Charnay a confié vos enfants et c'est lui qui les a emmenés à Saint-Amand.

— Mais ce jeune homme, qui est-il ?

— Vous n'avez peut-être pas oublié son nom, madame la comtesse, répondit gravement Mercédès, il se nomme Étienne Denizot.

La malade éprouva dans tout son être une commotion violente.

— Étienne ! Étienne ! s'écria-t-elle.

Elle joignit les mains, tourna les yeux vers le ciel et resta ainsi un instant comme en extase.

— Pauvre femme, se disait Mercédès, elle l'aime! Et voilà son plus dur châtiment.

— Ainsi, reprit la comtesse, M. Etienne Denizot avait été envoyé à ma recherche par mes parents?

— Oui. Mais je ne saurais vous donner les explications que vous pourriez me demander. J'ignore ce qui s'est passé entre vos parents et M. Étienne Denizot; je ne sais que ce que je viens de vous dire.

— Merci, dit la comtesse.

Elle prit sa tête dans ses mains et resta silencieuse. Elle songeait.

Au bout de quelques minutes, Mercédès lui dit:

— Vous êtes fatiguée, Paule; nous avons abusé de vos forces, je le vois, et peut-être avez-vous besoin de dormir; allons, il faut vous coucher et vous bien reposer.

— Oui, répondit faiblement la malade.

Elle se laissa aller en arrière et sa tête tomba sur l'oreiller.

Une heure s'écoula; la comtesse avait les yeux fermés, mais elle ne dormait pas; elle s'entretenait avec ses pensées.

Comme tous les soirs, le médecin vint à cinq heures. Mercédès lui annonça joyeusement que la malade avait repris possession d'elle-même, qu'elle avait retrouvé à peu près complètement ses facultés mentales.

— Je suis très agréablement surpris, répondit le docteur, car je n'attendais pas sitôt ce réveil de la raison; il y a dans ce fait quelque chose de miraculeux. Mais il est des influences qu'on ne peut connaître ni prévoir, des phénomèmes physiologiques qui mettent constamment en défaut la science, même des plus illustres savants. Enfin, acceptons le bien qui nous arrive, sans en vouloir trop chercher les causes, et, dans le cas présent, nous n'avons qu'à nous en réjouir.

L'âme est rentrée dans ce pauvre corps épuisé ; nous n'avons plus maintenant qu'à rendre au corps les forces qu'il a perdues.

— Monsieur le docteur, croyez-vous pouvoir répondre de sa vie ?

— A moins d'une rechute que je ne crois point possible, je vous réponds avec assurance : Oui.

— Dans combien de temps pensez-vous qu'elle pourra quitter Bellombe pour se rendre en Bourgogne ?

— Oh ! pas avant quinze jours ou trois semaines.

Le médecin adressa quelques questions à la malade, qui répondit avec lucidité, et il se retira en disant :

— Une belle cure ! La guérison de cette femme aura son retentissement dans la contrée et me fera grand honneur.

Pendant que le docteur était dans la chambre de la malade, une dépêche était arrivée à l'adresse de Mercédès. Elle lui fut remise par madame Gaspard.

La dépêche était signée Pierre Rouget et contenait ces mots :

« Nous étions dans la douleur, votre dépêche » nous a consolés. Merci, merci ! Les enfants sont » arrivés avant-hier soir, tard dans la nuit. On les » embrasse pour leur mère et pour vous. Ecrivez-» moi une longue lettre pour nous rassurer complè-» tement au sujet de ma petite-fille. Nous atten-» dons avec anxiété. »

Mercédès s'approcha du lit de la malade.

— Madame la comtesse, dormez-vous ! demanda-t-elle doucement.

Paule ouvrit les yeux et leva légèrement la tête.

— Je viens de recevoir une dépêche de votre grand-père, continua Mercédès.

La comtesse se redressa brusquement, vit la dépêche et tendit vivement la main.

— Est-ce que vous voulez la lire ! demanda la jeune fille.

— Oui.

— Vous pourrez ?

— Oui.

Mercédès mit le télégramme dans la main de Paule. La jeune femme la lut rapidement, la porta à ses lèvres, la relut une seconde fois, puis une troisième et éclata en sanglots.

Elle prit la main de la danseuse et la serra avec une certaine force.

— Vous allez écrire ? fit-elle.

— Oui.

— Quand?

— Ce soir même.

— Je ne vous recommande pas de dire qu'on ait bien soin de mes enfants et qu'on les aime, c'est inutile ; mais n'oubliez pas d'écrire que j'embrasse de tout mon cœur ma mère, mon père, mon grand-père et mes chers petits.

— Je n'oublierai pas.

— Dites-leur aussi que je veux être vite guérie et que la pensée de les revoir bientôt hâtera ma guérison.

— Ne devrai-je pas mettre aussi quelque chose pour Etienne Denizot?

La comtesse laissa échapper un soupir, et, après être restée un moment silencieuse et hésitante, elle répondit :

— Vous direz que je le remercie.

Mercédès fit prendre à la malade son repas du soir, composé d'aliments ordonnés par le médecin. Ensuite, elle mangea elle-même en compagnie des époux Gaspard ; et quand elle revint dans la chambre, la comtesse s'était endormie.

Alors elle écrivit la lettre que lui demandait l'ancien sergent.

Elle commençait par expliquer comment elle se trouvait à Bellombe auprès de la malade; comment elle avait appris, par la lettre du maire de Charnay, que Georges et Edouard, emmenés par Etienne Denizot, devaient être arrivés à Saint-Amand.

Elle racontait ensuite comment la comtesse avait été trouvée sur la route par don Stéphano, donnait des détails sur sa maladie et parlait de son état présent de façon à calmer toutes les inquiétudes.

« ..... Toutefois, ajouta-t-elle, ce n'est pas avant quinze jours ou trois semaines que la malade aura recouvré assez de forces pour qu'on puisse songer à la faire voyager. C'est l'opinion du médecin. »

Elle continuait sa lettre en disant que, étant forcée de retourner à Paris, elle ne resterait plus que trois ou quatre jours à Bellombe ; mais qu'on pouvait être absolument tranquille au sujet de la malade. Pour les soins à lui donner, on pouvait se reposer sur madame Gaspard, qui méritait qu'on eût en elle la plus entière confiance.

M. Gaspard écrirait tous les deux ou trois jours pour donner des nouvelles de la comtesse, et dès qu'elle serait en état de partir et que le médecin aurait déclaré qu'il ne redoutait pas pour sa malade la fatigue du voyage, on pourrait venir la chercher.

A cet endroit de sa lettre, la danseuse consacrait un alinéa à Etienne Denizot, se gardant bien, naturellement, de ne rien dire qui pût faire soupçonner que la comtesse l'aimât.

Elle ajoutait :

« M. Etienne Denizot fera bien de s'abstenir maintenant de toutes démonstrations; dans l'intérêt même de madame la comtesse de Verdraine, il ne doit pas venir à Bellombe. C'est à madame Pérard à venir chercher sa fille, et elle pourrait se faire accompagner par mademoiselle Mélie. »

Mercédès termina sa lettre en se faisant l'interprète de Paule auprès de ses parents et de ses enfants.

IX

DEUX AMIES

La comtesse se réveilla entre dix et onze heures, ayant dormi quatre bonnes heures.

Sa lettre écrite, Mercédès s'était jetée sur son lit pour prendre un peu de repos.

Comme toutes les nuits, une lampe placée sur la table éclairait faiblement la chambre.

La malade se souleva et regarda autour d'elle, cherchant Mercédès des yeux.

— Elle est couchée, elle dort, murmura-t-elle.

Paule se trompait, la danseuse ne dormait pas.

Voyant la malade réveillée et paraissant inquiète, Mercédès glissa aussitôt à bas du lit.

— Est-ce que vous avez besoin de quelque chose? demanda-t-elle.

— Non merci. Vous reposiez et je vous ai réveillée!

— Vous ne m'avez pas réveillée, Paule, je ne dormais pas. Est-ce que vous avez quelque chose à me dire?

— Ah! j'aurais beaucoup de choses à vous dire.

Elle soupira et reprit:

— Si vous saviez comme j'ai la tête pleine de pensées, les unes presque riantes, les autres lugubres.

— Il ne faut pas vous arrêter à celles-ci.

— Je le voudrais, mais c'est impossible. Une fatalité terrible, inexorable, m'a constamment poursuivie; le malheur s'est acharné sur moi et m'a frappée sans relâche. Non, pas un instant de répit; une déception succédait à une autre, après une torture, une torture nouvelle... Que de douleurs et de souffrances, mon Dieu!

— Oui, pauvre Paule, vous avez souffert, beaucoup souffert; oui, le malheur ne vous a fait grâce d'aucun de ses coups... Je connais en partie les causes de vos douleurs et mon cœur saigne avec le vôtre.

— Le cœur! le cœur! prononça Paule tristement; c'est par lui que l'on souffre... Ah! il faut que la femme prenne garde à son cœur, qu'elle se méfie de son cœur; celle qui n'en a pas ne peut point savoir ce que c'est que de souffrir.

Mon malheur est grand et il sera sans fin; pour moi, l'avenir reste sombre; il ne montre à mes yeux aucun rayon d'espoir, il ne me fait aucune promesse de paix.

— Madame la comtesse, ayez moins d'amertume dans l'âme... Non, non, vous n'êtes pas sans espoir, vous avez vos enfants!

— Oui, j'ai mes enfants... Mais si je ne les avais pas, je ne voudrais plus vivre! Si j'oublie un instant mes peines et si je ne vois pas que tout est désolation, c'est que je pense à mes enfants... Ils sont à Saint-Amand, je remercie Dieu d'avoir veillé sur eux, de les avoir protégés, et je lui demande de leur donner une destinée qui n'ait rien de semblable à la mienne.

— Dieu a entendu votre prière.

— Je l'espère. Ah! puissent toutes les larmes que j'ai versées et que je verserai encore se changer en sourires pour mes chers petits!

Il y eut un assez long silence. La comtesse réfléchissait, concentrée en elle-même.

— Paule, reprit doucement Mercédès, à quoi pensez-vous? A votre mari?

La comtesse sursauta et ses yeux prirent une expression presque farouche.

— Non, répondit-elle, je ne pense pas à M. de Verdraine, je ne pense plus à lui; pour moi, le père de mes enfants est mort.

— Ainsi, vous l'avez complètement chassé de votre cœur?

— Oui.

— Et c'est un autre que vous aimez?

— Que dites-vous? s'écria la comtesse avec un mouvement d'effroi.

— Paule, ne vous effrayez point; il y a des choses que vous pouvez confier sans crainte à une amie comme moi. Vous avez regretté le passé; abandonnée par votre mari, abreuvée de toutes les amertumes, écrasée sous les outrages, vous vous êtes souvenue de Saint-Amand, vous avez pensé au bonheur que vous auriez pu y trouver, et malgré vous, retirant votre affection, votre amour à celui qui n'en était plus digne, vous avez aimé M. Étienne Denizot, qui n'avait pu se consoler de vous avoir perdue.

— Taisez-vous, Mercédès! ah! de grâce, taisez-vous! Comment savez-vous ce qui se passe dans mon âme? Mais vous avez donc le pouvoir de deviner mes plus secrètes pensées ?

— Paule, l'autre nuit, des paroles que vous avez prononcées dans votre délire m'ont révélé votre secret, et aujourd'hui, quand je vous ai parlé de M. Étienne, l'expression de votre physionomie et votre attitude vous ont une seconde fois trahie.

— Eh bien, oui, c'est vrai, dit la comtesse avec un accent de douleur navrant, je l'aime! je l'aime! C'est épouvantable, n'est-ce pas ?

— Je vous plains,

— Voilà ce qui rend mon malheur complet, voilà pourquoi je suis à jamais condamnée à la souffrance! Et mes enfants près de moi, sous mes yeux, n'ont pu me défendre contre cet amour défendu! Et vainement j'ai essayé de lui fermer mon cœur! Ah! j'ai honte de moi-même! Suis-je assez punie, mon Dieu, de mon fatal orgueil!... Il m'aime toujours, lui, je le sais... Pourquoi ne m'a-t-il pas oubliée! Pourquoi ne s'est-il pas marié? Hélas! s'il eût été marié, je ne l'aurais pas aimé! Mais je n'avais pas assez de mes autres souffrances! Ah! Mercédès, qu'il ne sache pas, qu'il ne sache jamais!...

— Je garderai votre secret.

— Vous voyez, Mercédès, vous voyez jusqu'à quel point je suis maudite! Est-ce que je ne vous fais pas horreur maintenant?

La danseuse eut un regard d'une douceur et d'une bonté inexprimables.

— Paule, mon amie, ma sœur par le cœur, répondit-elle d'une voix vibrante, sur la place publique de Saint-Amand, je vous ai embrassée deux fois, permettez-moi de vous embrasser ici une troisième fois.

La comtesse se laissa aller dans les bras de Mercédès. Elles s'étreignirent, s'embrassèrent et, toujours enlacées, se mirent à pleurer, mêlant leurs larmes.

— Vous êtes mon amie! disait la comtesse, toutes les femmes ne sont pas haineuses, méchantes... Et c'est vous, que je n'avais vue qu'une fois, vous qui ne me connaissiez pas, qui êtes venue à moi pour me faire entendre de douces paroles et pleurer avec une malheureuse! Oh! Mercédès, Mercédès! Mais qu'ai-je donc fait pour que vous ayez ainsi pitié de moi?

— Vous avez souffert, répondit Mercédès; et puis je paye une dette de reconnaissance.

— Oui, vous êtes reconnaissante envers mon grand-père; mais je ne vous ai rendu aucun service, moi; je ne peux pas dire, pourtant, que je vous avais oubliée, car bien souvent, dans mes longs jours d'angoisses et de douleurs, j'ai pensé à vous, Mercédès; je ne saurais douter de votre amitié pour la pauvre Paule; elle est sincère, je le vois, je le sens; mais une pareille amitié ne peut pas être inspirée par la reconnaissance que vous avez vouée à Pierre Rouget. Mercédès, avouez qu'il y a autre chose.

— Eh bien, oui, il y a autre chose.

— Quoi? dites.

— Vous le saurez plus tard.

— Pourquoi pas en ce moment?

— Parce que j'ai des raisons pour garder le

silence. Plus tard, Paule, plus tard. Si vous n'apprenez pas par votre grand-père ce que je vous cache aujourd'hui, ce sera moi qui vous le dirai.

— Alors mon grand-père sait ?...

— Oui, il sait tout.

— C'est bien, je ne vous interroge plus.

— Moi, Paule, il y a une chose qui n'est pas sans intérêt pour moi et que je désire savoir de vous.

— De quoi s'agit-il, Mercédès ?

— Dans cette nuit où pendant plus d'une heure vous avez eu le délire, vous n'avez pas seulement parlé de vos enfants, de votre mari et de M. Étienne Denizot; votre pauvre esprit troublé était surtout hanté par le fantôme d'une autre personne qui vous causait une grande terreur; vous le repoussiez avec violence, ce fantôme, et vous vous défendiez contre lui avec fureur, en prononçant des paroles qui m'ont moi-même effrayée. Paule que vous a donc fait M. de Miray ?

Un double éclair jaillit des yeux de la comtesse, et sa physionomie prit une expression terrible.

— Ah ! s'écria-t-elle, ne me parlez pas de cet homme, de ce misérable, de cet infâme !

— Paule, le nom de M. de Miray ne m'est pas inconnu; je sais qu'il a été l'ami de M. de Verdraine et le vôtre.

— Oh ! mon ami, fit la comtesse sourdement.

— Je sais, continua Mercédès, qu'il a acheté le domaine de Verdraine et la ferme des Bergères. Paule, que vous a fait cet homme ? j'ai besoin de le savoir.

— Ah ! vous avez besoin de savoir... Eh bien, écoutez : M. de Miray, le baron de Miray, car il est baron, cet homme lâche et vil, a été le mauvais génie du comte de Verdaine, c'est lui qui a poussé le père de mes enfants dans cette vie de désordre où il a englouti les fortunes réunies du marquis de Verdraine et de la baronne de Bressac. Cet homme, Mercédès, est mon implacable ennemi, un ennemi lâche et féroce.

Les sauvages des contrées lointaines, encore inconnues, les lions, les tigres du désert, et toutes les autres bêtes des forêts seraient moins redoutables pour moi que cet homme!

— Est-ce donc lui qui, sans pitié pour votre malheur, vous a chassée des Bergères avec vos enfants?

— Non, non; il ne m'a pas chassée! Je me suis sauvée, Mercédès, je me suis enfuie des Bergères pour échapper à ce monstre que je sais capable de tout, même de me tuer dans un accès de fureur sauvage, même d'égorger mes enfants!

— Oh! fit Mercédès.

— Oui, continua la comtesse, je me suis enfuie la nuit, à pied, n'ayant plus assez d'argent pour prendre une voiture, le chemin de fer, traînant mes pauvres petits, m'égarant volontairement sur des chemins déserts, souvent impraticables, tellement je craignais de tomber dans quelque piège.

Et si vous tenez à savoir pourquoi M. de Miray est devenu pour moi un ennemi terrible et a juré de me perdre, je vais vous le dire : il voulait faire de la comtesse de Verdraine sa maîtresse, et j'ai repoussé avec indignation, avec mépris, avec dégoût ses odieuses propositions.

Le lendemain même de son acquisition, il vint aux Bergères, et avec cette importance et cette morgue d'un propriétaire qui se croit tout permis, il osa me parler insolemment de l'amour que, prétend-il, je lui ai inspiré. Dans ses paroles, Mercédès, j'ai deviné ses sinistres projets ; il n'aurait pas hésité à employer des moyens honteux, criminels, pour s'emparer de moi comme d'une proie.

M. de Miray m'avait dit : « Je reviendrai demain », et j'avais surpris dans son regard ce qu'il y avait de menaçant dans cette seconde visite. Ah ! il savait bien que je n'avais plus d'argent, le misérable ! Et il croyait me tenir à sa discrétion.

J'écrivais à ma mère pour qu'elle m'envoyât une centaine de francs dont j'avais besoin ; je n'ai pas achevé ma lettre, cette lettre que l'on a trouvée sur moi ; je ne pouvais plus attendre la réponse, car j'étais résolue à partir la nuit suivante.

Je ne pouvais pas rester un jour de plus aux Bergères ; je n'y étais plus chez moi et je sentais que je n'y étais plus en sûreté.

— Oui, dit Mercédès, je comprends.

Après un silence, la comtesse reprit la parole et raconta à sa nouvelle amie, rapidement, à grands traits, sa lamentable histoire. Et, quand elle eut fini, la danseuse l'embrassa et lui dit :

— Vous avez souffert plus encore que je ne me l'étais imaginé ; comme épouse et comme mère, vous avez connu toutes les douleurs de la femme ; vous êtes une martyre ! Maintenant, ma pauvre amie, Dieu vous doit une récompense. Que votre esprit se rassérène, et dites-vous que les mauvais jours sont passés. Courage donc, courage et espoir !

Un pâle sourire éclaira les lèvres de Paule, puis

elle secoua tristement la tête et un profond soupir s'échappa de sa poitrine.

La danseuse l'enveloppa d'un long regard en se disant :

— Pauvre femme ! elle ne voit aucune clarté dans l'avenir !

Mercédès resta quatre jours encore auprès de la comtesse.

Comme l'avait dit le médecin, l'âme était rentrée dans le corps de la malade, dont les forces avaient été complètement épuisées. L'affection cérébrale avait totalement disparu, et l'on n'avait plus aucune crainte de ce côté ; mais les forces physiques revenaient lentement, bien lentement, et d'un jour à l'autre l'amélioration était à peine sensible. Néanmoins, on avait le droit d'espérer que le rétablissement de la malade n'était plus qu'une affaire de temps.

Dès la veille de son départ, Mercédès avait prévenu la comtesse qu'elle allait la quitter, certaines affaires très importantes la rappelant à Paris.

Paule savait que la jeune fille demeurait à Paris ; c'était tout. La danseuse n'était entrée dans aucun détail sur son existence, et elle avait expressément recommandé aux époux Gaspard de ne pas prononcer une parole qui pût faire soupçonner à la comtesse qu'elle était la danseuse Flora.

Paule, du reste, ne cherchait pas à savoir ; elle était trop pénétrée de reconnaissance à l'égard de Mercédès pour lui adresser des questions sans y être invitée.

Les adieux furent touchants. Les deux jeunes femmes pleurèrent dans les bras l'une de l'autre.

— Je ne sais quelle influence mystérieuse vous exercez sur moi, disait Paule, et il me semble que c'est une partie de moi-même qui va m'abandonner.

— Vous penserez à moi comme je penserai à vous, et nous serons encore l'une près de l'autre par le cœur.

— Oui, mais ce ne sera pas la même chose.

— Les soins ne vous manqueront pas, madame Gaspard sera pour vous comme une mère; d'ailleurs, vous allez bien, maintenant, tout à fait bien, et, dans quinze jours, vous serez sur pied. Alors, comme c'est convenu, votre mère viendra vous chercher. Un peu de patience, bientôt vous reverrez vos enfants.

— Mes chers enfants !

— C'est pour eux et vos parents que vous devez guérir promptement, que vous devez vivre.

— Oui, je ne dois pas mourir. Mais vous, Mercédès, quand vous reverrai-je ?

— Je ne saurais vous le dire.

— Mercédès, vous êtes mon amie, mon unique amie maintenant... Ah ! j'ai peur de ne plus vous revoir.

— Paule, n'ayez pas cette crainte ; si, si, nous nous reverrons, je vous le promets.

Et la danseuse s'était séparée de la comtesse, avait fait à Gaspard et à sa femme toutes sortes de recommandations, et était montée dans la voiture qu'elle avait fait venir de Belley.

X

RETOUR D'ÉTIENNE

Dix heures du soir sonnaient à l'horloge de l'église de Saint-Amand-les-Vignes, lorsqu'une vieille calèche de remise, attelée de deux grands chevaux normands, s'arrêta à trente pas environ des premières maisons du village.

Un homme mit pied à terre, et, presque en même temps, un chien maigre et d'assez forte taille sauta sur la route. L'homme prit dans ses bras, l'un après l'autre, deux petits garçons, qu'il descendit de la voiture.

Le cocher, qui avait été payé d'avance, tourna bride aussitôt, sans qu'aucune parole eût été prononcée.

Alors, Etienne Denizot, que le lecteur a reconnu, prit Georges et Edouard par la main et marcha vers le village, où quelques points lumineux apparaissaient çà et là à travers les arbres.

Miro, à qui le silence avait été recommandé, suivait à deux pas de distance.

La nuit, sans lune et sans étoiles, était sombre.

Toutes les maisons étaient fermées. Personne dans les rues.

Un chien de garde, probablement enfermé dans une grange, aboyait furieusement, menaces impuissantes adressées à des chats qui se querellaient sur un toit et avaient sans doute troublé son sommeil.

A part cela, le bourg était silencieux et presque tous les habitants devaient être endormis.

Entendant les aboiements de son semblable, Miro s'était arrêté; puis, tranquillement, avait continué son chemin.

Etienne et les enfants traversèrent la place et s'enfoncèrent dans une large rue, où une fois déjà nous avons suivi le jeune homme pour assister à une conversation qu'il allait avoir avec Mélie la bossue, et qui devait avoir une si grande influence sur l'existence de la pauvre laide.

Bientôt, Etienne arriva devant sa maison. Les deux fenêtres de la grande salle du rez-de-chaussée étaient éclairées, ce qui indiquait que sa mère ou Mélie n'était pas encore couchée.

Il s'approcha d'une des fenêtres, et, à travers le rideau, il put voir à l'intérieur la silhouette de deux femmes agenouillées. C'étaient sa mère et Mélie qui priaient.

Celle-ci dressa brusquement la tête.

— Maîtresse, dit-elle, il m'a semblé qu'on marchait devant la porte.

— Comme toi, j'ai entendu des pas... Mélie, c'est lui! c'est mon fils! je le devine au battement de mon cœur.

— Oui, ma mère, c'est moi, répondit la voix d'Etienne.

Madame Denizot était déjà debout ; elle se précipita vers la porte, tira le verrou et ouvrit.

Etienne poussa doucement les enfants dans la salle.

— Dieu ! exclama la vieille femme en joignant les mains.

Derrière Etienne et les enfants, Miro s'était glissé dans la salle, sans que madame Denizot et Mélie l'eussent aperçu.

— Chère mère, dit le jeune homme après avoir refermé la porte, voilà les fils de la comtesse de Verdraine.

Madame Denizot embrassa son fils, puis entoura de ses bras les enfants et mit à chacun deux baisers sur les joues.

Mélie s'était approchée.

— Oh ! comme ils sont beaux ! fit-elle.

Les enfants ne disaient rien ; ils regardaient, un peu ahuris, la vieille femme et la bossue.

— Monsieur Etienne, demanda celle-ci, est-ce que je peux me permettre de les embrasser aussi ?

— Mais pourquoi donc ne les embrasserais-tu pas, Mélie ? répondit le jeune homme.

Déjà, Georges et Edouard tendaient leurs petits bras à la bossue.

— Oh ! les anges ! s'écria la pauvre fille, émue jusqu'aux larmes, ils ont le cœur de leur mère.

Elle étreignit les deux petits garçons et se mit à manger leurs joues de baisers.

— Ah ! mais oui, ils sont beaux, disait-elle, beaux comme le jour... Dieu ! comme on va les aimer ici !

Miro se tenait à l'écart, en chien bien élevé, et

regardait, comme ravi de l'accueil qui était fait à ses jeunes maîtres.

— Mon fils, dit madame Denizot, où donc est madame la comtesse de Verdraine?

— Je ne sais pas, ma mère.

— Tu ne sais pas? Mon Dieu, quelle affreuse chose vas-tu nous apprendre!

— De grâce, chère mère, ne vous tourmentez pas inutilement. Dans un autre moment, je vous apprendrai pourquoi je reviens avec les enfants seulement.

— Mais voyez donc comme ils sont gentils! s'écria Mélie affolée de joie, ils ne veulent déjà plus me quitter! Ils ne voient ni ma laideur, ni mes difformités!

— En toi, Mélie, dit gravement madame Denizot, ils ne voient qu'une chose : ta bonté.

La bossue se remit à embrasser les enfants pour qu'on ne vît point sa rougeur.

A ce moment, le regard de madame Denizot tomba sur Miro.

— Un chien, fit-elle avec surprise, qu'est-ce que c'est que ce chien? Comment est-il entré ici?

Et déjà elle se disposait à ouvrir la porte pour chasser l'animal.

— Arrêtez, ma mère, arrêtez, lui dit doucement Etienne. Ce chien est entré daus la maison avec moi et les enfants, et il est ici chez lui, s'il veut y rester.

Chère mère, continua le jeune homme d'une voix plus forte et prêt à pleurer, vous avez sous les yeux Miro, le bon chien qui a livré à la justice l'assassin de la petite Isabelle; Miro, l'ami fidèle et dévoué de la comtesse Paule et de ses enfants.

— Miro, c'est Miro! s'écrièrent en même temps madame Denizot et Mélie.

Miro, comprenant que le moment était venu pour lui d'entrer en scène, se dressa sur ses quatre pattes et à pas lents, la queue frétillante, s'approcha de madame Denizot.

— Oh! pauvre bête, dit-elle, et je voulais te chasser, toi qui vaux plus que certains hommes! Viens, Miro, viens, mon bon chien, que je t'embrasse!

Miro n'avait rien à refuser à ceux qui faisaient fête à ses jeunes maîtres; il reçut, en manifestant son contentement, les caresses de madame Denizot et aussi celles de Mélie, qui se décidait enfin à ne pas achever de manger les joues de Georges et d'Edouard.

— Maintenant, chère mère, dit Etienne, nous avons faim et soif.

— Tout de suite, mon ami. Mélie, vite, vite, allume la braise des réchauds, et mets les couverts sur la table après avoir changé la nappe.

— Mélie, dit Etienne, une bonne soupe au lait pour Miro.

— Soyez tranquille, monsieur Etienne, vous serez content, Miro aussi, et ça ne va pas être long.

— Oui, ajouta madame Denizot, car nous avons ici tout ce qu'il faut. Depuis quelques jours, mon cher enfant, je t'attendais à tous les instants, et chaque matin, vers neuf heures, je mettais le pot-au-feu afin d'avoir un bon bouillon à te servir. Aujourd'hui c'est une belle poule que Mélie a tuée et que nous avons mise au pot. Avec cela nous avons une fricassée de tendron de veau aux champignons, un plat de petits pois au beurre frais et un fromage de la ferme fait à point.

— C'est plus qu'il ne nous faut, chère mère.

Mélie était à la cuisine, madame Denizot alla l'y remplacer afin qu'elle pût s'occuper de la table.

En moins d'un quart d'heure, le souper des voyageurs fut prêt. Mélie fit le service. Madame Denizot, assise entre les deux enfants, coupait leur pain, leur viande, et les faisait boire. Et, tout en s'occupant des chers petits, qui mangeaient avec un appétit qu'on avait plaisir à voir, elle apprenait à son fils que le père Rouget et Mélie n'étaient revenus de Paris que l'avant-veille, assez tard dans l'après-midi.

— Mais pourquoi sont-ils restés si longtemps à Paris? demanda Etienne

— Mélie va te raconter ce qui s'est passé.

La bossue avait fini de servir. Appelée par Etienne, elle vint s'asseoir près de ses maîtres et fit clairement le récit qui lui était demandé, mais en ayant soin de ne pas prononcer une seule fois le nom du comte de Verdraine, à cause de la présence des enfants.

Pendant ce temps, Miro, qui avait mangé sa soupe au lait, était couché aux pieds de ses jeunes maîtres.

Quand Mélie eut cessé de parler, Etienne resta un long moment pensif, le coude appuyé sur la table et sa tête dans sa main.

— Peut-être, dit-il, Pierre Rouget n'aurait-il pas dû accepter l'argent de la danseuse.

— Oh! il ne voulait pas, répondit Mélie ; mais elle l'a tant prié, supplié, avec de grosses larmes dans les yeux, qu'il a fini par laisser mettre les billets de banque dans son sac.

— Cette Espagnole est une bien étrange fille! murmura Etienne.

Enfin, reprit-il après un court silence, avec ces dix mille francs Pierre Rouget paiera les dettes de son gendre et la comtesse et ses enfants ne seront pas complètement dans la misère.

— Etienne, dit madame Denizot, ces chers mignons ont sommeil, regarde, leurs yeux se ferment malgré eux.

— Oui, ma mère, ils ont grand besoin de repos.

— Et toi aussi, mon ami.

— Oh! moi, je suis dur à la fatigue. Mon intention était de conduire cette nuit même Georges et Edouard chez leur grand-père où ils auraient dormi dans le lit qui fut autrefois celui de leur mère, après l'incendie dont nous avons tous gardé le souvenir.

Mélie laissa échapper un soupir auquel on ne fit pas attention; il est vrai que ni madame Denizot ni Etienne ne savaient qu'elle avait été l'incendiaire.

— Mais, continua le jeune homme, j'ai réfléchi; le père Rouget est couché depuis longtemps et il est mal remis encore de ses fatigues; le déranger à cette heure, le forcer à se lever, en lui causant une forte émotion, pourrait avoir quelque conséquence fâcheuse. Les enfants passeront la nuit ici et demain matin je ferai ma visite au père Rouget avant le réveil de Georges et de son frère. Donc, ma mère, vous et Mélie allez coucher les enfants dans mon lit.

— Et toi, Etienne?

— Moi, je me coucherai près d'eux sur le canapé.

— Mais tu ne pourras ni dormir, ni bien te reposer.

— Ne craignez pas cela.

— La maîtresse a raison, dit Mélie, il faut que vous vous reposiez bien, monsieur Etienne, et je donne ma chambre et mon lit aux deux chéris.

— Non, Mélie, répliqua Etienne, garde ta chambre, et ma mère et toi veuillez faire ce que j'ai dit.

***

Jusque vers trois heures du matin, le ciel était resté couvert, puis quelques coups de vent avaient balayé les nuages et le soleil s'était levé radieux, annonçant une belle et chaude journée.

A six heures, Etienne était sorti de sa chambre sans bruit, après avoir un instant contemplé les deux frères, dormant dans les bras l'un de l'autre.

Etienne consacra une heure à visiter ses écuries, ses étables, à se faire rendre compte par les domestiques des travaux exécutés en son absence. On avait bien travaillé, le maître se montra satisfait. Il donna ses ordres, et comme huit heures sonnaient, il se dirigea vers la demeure de l'ancien sergent.

Un peu avant sept heures, madame Pérard était arrivée chez son père encore inquiète, car le vieillard avait raconté à son gendre et à sa fille que s'il était resté à Beaune plus de quatre ou cinq jours, c'était parce qu'il avait été assez gravement indisposé.

Madame Pérard trouva son père déjà levé, et crut devoir le gronder doucement. Mais Pierre Rouget l'interrompit en disant :

— C'est assez de rester au lit quand on y est forcé; je t'ai dit hier soir que ça allait bien; je ne t'ai pas trompée, car ce matin je ne me ressens plus de rien.

— Vous avez, en effet, tout à fait bonne figure.

— Et je me propose d'aller voir Jacques dans l'après-midi. Comment va-t-il?

— Le mieux continue, mon père; il a passé une bonne nuit, et le médecin nous fait espérer qu'avant un mois il sera complètement guéri. Malheureusement, nous sommes dans une inquiétude... Voici plus de trois semaines que nous n'avons pas reçu de lettres de Paule; comprenez-vous cela, mon père? Qu'est-ce que cela signifie? Oh! la chère enfant, il faut que quelque malheur lui soit arrivé!

Le visage de Pierre Rouget s'était couvert d'un nuage.

— Calme tes inquiétudes, ma fille, répondit-il; il ne faut pas se mettre ainsi martel en tête; je trouve comme toi que Paule est un peu oublieuse; mais elle a pu être très occupée dans ces derniers temps et ne pas trouver un instant pour écrire.

— Dix lignes, cinq lignes, mon père, c'est vite écrit.

— Sans doute.

— Quelque chose lui est arrivé; peut-être est-elle malade, mourante. Oh! si je pouvais aller là-bas!

— Ma fille, écoute ce que je vais te dire et ne le répète à personne, pas même à Jacques. Tu dois savoir qu'Étienne Denizot est parti en voyage.

— Oui, mon père.

— Quelqu'un sait-il à Saint-Amand où il est allé?

— Personne, excepté sa mère, probablement, et la Mélie, qu'il avait emmenée avec lui.

— Étienne n'avait pas emmené Mélie avec lui;

je sais où est allée Mélie et je sais où Étienne est allé. A ma prière, ma fille, Étienne, qui est resté notre ami, s'est rendu dans l'Isère. Il est allé à Grenoble et aux Bergères où il a vu Paule et ses enfants. Depuis son départ, il n'a écrit qu'une seule lettre à sa mère pour lui dire que certaines affaires importantes le retenaient et qu'elle ne soit pas inquiète s'il tardait un peu à revenir. Eh bien, quelque chose me dit qu'aujourd'hui ou demain Étienne sera de retour et nous donnera de bonnes nouvelles de Paule et des enfants. Et tiens, ma fille, j'ai dans l'idée qu'il y aura quelque chose de mieux.

— Que voulez-vous dire, mon père? fit madame Pérard, qui écoutait le vieillard avec une sorte d'ahurissement.

— Je veux dire qu'il est bien possible que le brave Étienne revienne avec ta fille et tes petits-fils.

— Ah! mon Dieu! si ce que vous dites était la vérité!

— Attendons, ma fille, attendons.

Madame Pérard quitta son père un peu rassurée, et, comme il faisait un beau soleil, Pierre Rouget, laissant ouverte la porte de sa maison, alla s'asseoir sur un banc de bois placé au pied du grand tilleul.

Il n'était pas là depuis longtemps, donnant libre cours à ses pensées plus ou moins sombres, lorsque tout à coup il vit apparaître Étienne.

Il poussa un cri de joie, se dressa tout tremblant sur ses jambes et ouvrit ses bras au jeune homme.

Ils s'embrassèrent avec effusion.

Le vieillard pleurait.

— Quand es-tu arrivé? demanda-t-il.

— Hier soir, après dix heures.

— Et Paule, et les enfants ?

— Les enfants sont dans mon lit, ils dorment encore.

Le vieillard leva ses mains tremblantes vers le ciel.

— Et Paule ? demanda-t-il encore.

— Je n'ai pas ramené madame la comtesse, répondit le jeune homme tristement.

— Pourquoi ?

— Je vous le dirai.

— Mais quand viendra-t-elle ?

— Je ne peux pas vous le dire.

— Ah !

— Père Rouget, vous sentez-vous assez fort, en vous appuyant sur moi, pour venir jusque chez ma mère ?

— Tu me demandes si je suis assez fort pour aller embrasser les enfants de ma petite-fille ! Oh ! Étienne, Étienne ! Mais je vais courir... Tu vas voir, mon garçon, tu vas voir.

Et sans même se servir de son bâton, le vieillard alla d'un pas assuré fermer sa porte dont il mit la clef dans sa poche. Ensuite il prit le bras du jeune homme et lui dit en souriant :

— Tu vois, Étienne, je n'y mets pas d'amour-propre, je prends ton bras tout de même.

Georges et Édouard s'étaient réveillés à sep heures et avaient appelé leur ami Étienne et Miro.

Madame Denizot et Mélie s'étaient empressées de monter dans la chambre, suivies du chien.

Entre celui-ci et ses jeunes maîtres, il y eut un long échange de caresses. Les deux frères embrassèrent aussi la mère d'Étienne et Mélie ; puis Georges dit :

— Quand donc viendra maman?

— Quand donc viendra maman? répéta Édouard.

— Demain, mes chéris, demain, répondit madame Denizot.

Ils avaient les yeux pleins de larmes. Ils les essuyèrent.

Et Georges, qui avait le cœur gros, dit à Édouard:

— Petit frère, nous ne devons pas pleurer, tu sais que ça ferait de la peine à maman.

— Oh! ne faisons pas de peine à maman, répondit Édouard.

Et tous deux renfoncèrent leurs larmes.

— Maîtresse, ce sont vraiment de petits anges! s'écria Mélie.

— Oui, répondit madame Denizot très émue, je les aime déjà comme s'ils étaient les enfants de mon fils; si Pérard et sa femme voulaient me les laisser, je les garderais; mais ils ne le voudront pas.

Madame Denizot s'empara de Georges, Mélie d'Edouard, et elles les habillèrent.

Ils étaient à table dans la grande salle, achevant de déjeuner, lorsque le père Rouget et Étienne entrèrent.

A la vue des deux enfants, l'ancien soldat se mit à trembler comme la feuille; une émotion indicible le saisit à la gorge, et il éclata en sanglots.

— Je les vois pour la première fois, dit-il d'une voix entrecoupée, et cependant je les reconnais.

— Georges, Édouard, dit Étienne, je vous amène votre grand-papa, Pierre Rouget, dont votre maman vous a tant de fois parlé; est-ce que vous n'avez rien à lui dire?

Les enfants furent aussitôt debout et s'élancèrent

vers le vieillard qui n'eut que le temps de se baisser pour les recevoir dans ses bras.

— Papa Rouget, dit Georges, maman Paule nous a dit qu'il fallait t'aimer beaucoup, beaucoup, et nous t'aimerons bien, va.

— Oui, papa Rouget, ajouta Édouard, nous t'aimerons bien et nous aimerons bien aussi papa et maman Pérard.

— Nous vous aimerons tous et nous aimerons tout le monde; maman Paule nous a dit que nous pouvions aimer tout le monde, surtout les pauvres.

— Vous les entendez, monsieur Rouget, vous les entendez ! s'écria Mélie en extase ; voyons, dites, est-ce qu'on ne les mangerait pas, ces amours d'enfants?

Le vieillard répondit à la bossue en couvrant de nouveaux baisers le front et les joues des deux mignons.

Au bout d'un instant il s'assit, prit les petits sur ses genoux et dit à Étienne :

— Ce matin, j'ai dit à ma fille que tu étais allé à Grenoble et aux Bergères et que peut-être tu reviendrais accompagné de Paule et de ses enfants ; elle est prévenue ; Mélie pourrait aller lui dire de venir ici, en lui apprenant que tu es arrivé hier soir avec Georges et Édouard.

— Ce que vous désirez sera fait, père Rouget, mais pas tout de suite ; avant tout, il faut que je cause avec vous.

— Comme tu voudras, mon ami.

— Mélie, reprit le jeune homme, prends les enfants et conduis-les au jardin ; ils ne doivent pas entendre ce que j'ai à dire.

— J'ai compris, monsieur Étienne.

La servante prit les enfants par la main et les emmena.

Miro, qui était couché dans un coin, se leva et suivit ses maîtres.

Madame Denizot allait aussi s'éloigner, mais son fils l'arrêta en lui disant :

— Restez, ma mère, je désire que vous sachiez aussi ce que j'ai à apprendre à M. Rouget.

Madame Denizot s'assit à côté du vieillard ; Etienne se plaça en face d'eux, et sans préambule, commença le récit mouvementé de son voyage de Grenoble à Saint-Gallais où il avait rencontré Miro, que les paysans voulaient mettre à mort, et au village de Charnay où il avait retrouvé Georges et Edouard.

Il avait parlé de ses déceptions, de ses perplexités, de ses angoisses, de ses douleurs.

Dès ses premières paroles, les deux vieillards avaient été comme suspendus à ses lèvres et l'avaient écouté, pâles, frémissants, la poitrine oppressée, haletante.

Vivement impressionnée, madame Denizot pleurait, son visage dans ses mains.

Pierre Rouget avait courbé la tête ; de sourds gémissements s'échappaient de sa poitrine ; il ne pleurait pas, le vieux brave, mais sa douleur n'en était pas moins profonde et navrante.

XI

LES BONNES GENS

Après un assez long silence, Etienne reprit la parole.

— Cette après-midi, dit-il, j'irai voir ce que l'on fait à la ferme; je passerai la journée de demain tout entière avec vous, chère mère, et après-demain matin je me mettrai en route pour Charnay. Je n'aurais pas la patience d'attendre la lettre du maire. Je vous ai amené les enfants, père Rouget; il faut que je sache maintenant ce que leur mère est devenue, il faut que je la retrouve et que je la ramène aussi à Saint-Amand.

Pierre Rouget saisit une des mains du jeune homme et la pressa silencieusement.

Madame Denizot prit l'autre main de son fils et lui dit :

— Oui, mon Etienne, tu dois achever de remplir la tâche que tu t'es imposée; fais ce que tu veux, mon fils, ta mère ne peut que t'approuver.

— Merci, chère mère.

— Je vous dis aussi merci, madame Denizot! s'écria Pierre Rouget, en regardant la mère et le fils avec une sorte d'admiration respectueuse.

— Père Rouget, reprit le jeune homme, vous ne devez pas vous tourmenter outre mesure au sujet de la comtesse Paule ; tout nous prouve qu'elle a été emmenée par ces saltimbanques dont le passage aux environs de Charnay a été signalé au maire. Nous ne tarderons pas à être complètement tranquillisés sur son sort, et elle-même le sera au sujet de ses enfants.

Mais il y a des choses que l'on ne doit pas savoir ici, et ce que je viens de vous apprendre doit rester un secret entre nous trois ; nous avons pu jusqu'à présent cacher la vérité, continuons donc à ne dire que ce que nous voudrons.

A tout le monde nous dirons qu'une affaire importante m'ayant appelé à Grenoble, j'ai été prié par vous, Jacques Pérard et sa femme, de faire une visite à la comtesse de Verdraine, et qu'elle m'a confié Georges et Edouard pour les amener à Saint-Amand.

A tout le monde et aussi à votre fille et à votre gendre, nous dirons que la comtesse est retenue pour quelques jours encore aux Bergères, mais que dès qu'elle le pourra elle s'empressera de rejoindre ses enfants.

— Oui, mon ami, oui ; mais si ma fille veut écrire à Paule?

— Vous trouverez le moyen de l'en empêcher, en lui disant, par exemple, que vous vous chargez d'écrire vous-même.

— Enfin, on verra.

— Dans tous les cas, s'il le fallait absolument,

vous apprendriez la vérité à votre fille, mais dans quelques jours, pour ne pas troubler la joie que va lui causer l'arrivée des enfants.

Maintenant, père Rouget, autre chose : vous avez rapporté de Paris les deux mille francs en or de la danseuse, puis huit autres mille francs qu'elle vous a également fait accepter.

— Bien malgré moi, je t'assure, Etienne.

— Qu'allez-vous faire de cet argent?

— Il est pour Paule et ses enfants ; quand ma petite-fille sera ici, je le lui remettrai.

— A mon avis, père Rouget, il y a mieux à faire ; je crois que la comtesse doit ignorer toujours que vous avez reçu dix mille francs de la danseuse.

— Je comprends ta pensée, Etienne, pourtant...

— Ecoutez, père Rouget : constamment et autant que vous l'avez pu, vous êtes venu en aide à votre gendre ; eh bien, quand votre petite-fille sera ici, ils auront plus que jamais besoin de recourir à vous, et sans que vous ayez à leur dire d'où il vient, vous aurez de l'argent à leur donner.

— Décidément tu as raison, mon garçon, et je ferai comme tu dis. D'ailleurs, rien ne m'empêchera de raconter à Jacques et à sa femme que je suis rentré dans une vieille créance que je croyais depuis longtemps perdue.

— Tout de même, dit le jeune homme, dans la situation où nous nous trouvons, il nous est permis de mentir.

Père Rouget, votre gendre a des dettes, savez-vous quel en est le chiffre ?

— Les malheureux doivent près de cinq mille francs.

— Une bien grosse somme pour eux ; et les tourments que cette dette, qu'il ne peut payer, a causés à votre gendre, n'ont pas été pour rien dans sa maladie.

— C'est vrai, Etienne.

— Eh bien, père Rouget, si aujourd'hui même vous donniez cinq mille francs à Jacques Pérard pour payer d'un seul coup toutes ses dettes, je crois que cela ne serait point nuisible à sa guérison.

— Sans doute ; seulement...

— Une idée en fait naître une autre. Pourquoi ne diriez-vous pas à votre fille et à votre gendre que ces cinq mille francs, envoyés pour eux par la comtesse, vous ont été remis par moi ?

— Bien trouvé, Etienne, ton idée est excellente.

— Alors, papa Rouget, faites cela.

Le vieillard resta un instant silencieux, puis secouant la tête :

— Très bien, fit-il ; mais si je donne cinq mille francs à Jacques pour payer ses dettes, il ne restera plus que cinq mille francs pour la comtesse et ses enfants, et il faut les élever, les pauvres petits.

— Père Rouget, répliqua gravement le jeune homme, n'ayez aucune inquiétude sur ce point ; le jour où j'ai retrouvé Georges et Edouard j'ai fait un serment. J'ai juré que je n'abandonnerais jamais les enfants de la comtesse Paule ; j'ai juré que j'aimerais les fils du comte de Verdraine comme s'ils étaient les miens, qu'ils seraient élevés selon leur rang et leur naissance afin de pouvoir un jour occuper dans le monde la place à laquelle ils ont droit ; enfin, père Rouget, je me suis promis de prendre à ma charge tous les frais de leur éducation et de leur instruction.

L'ancien sergent stupéfait, sans voix, ouvrit de grande yeux.

— Oh! Etienne, mon Etienne, s'écria madame Denizot; c'est bien! c'est bien! Oui, Georges et Edouard seront nos enfants; grâce à Dieu, mon cher fils, tu es dans l'aisance et tu as le droit de disposer de ta fortune selon ton cœur. Accomplis ta tâche : je te l'ai dit et je te le répète, ta mère ne peut que t'approuver. Oh! comme nous nous comprenons bien! Tiens, ce matin, en habillant les enfants, je disais à Mélie : « Je les aime déjà comme s'ils étaient les enfants de mon fils, et si Pérard et sa femme voulaient me les laisser, je les garderais. »

— Oh! comme vous êtes bons tous les deux! prononça le vieillard d'une voix étranglée par l'émotion. Etienne, Etienne, tu es plus qu'un homme, tu es un dieu!

— Je suis simplement et toujours votre ami, répondit modestement le brave paysan.

Quand ce qui devait être dit et fait fut bien décidé, on rappela Mélie et les enfants, toujours suivis de Miro, qui ne les quittait pas plus que leur ombre.

— Mélie, dit Etienne, tu vas aller chez madame Pérard et tu lui diras ceci :

— « Hier soir, très tard, mon maître est revenu; il a amené Georges et Edourad, les enfants de madame la comtesse de Verdraine, madame de Verdraine ne pouvant venir que dans quelques jours. M. Rouget et les enfants vous attendent chez madame Denizot. »

— Bien, monsieur Etienne, répondit Mélie.

Et elle partit.

Devant madame Pérard et son mari, qui venait

de se lever, la servante répéta exactement les paroles de son maître.

La grand'mère poussa un cri de joie délirante, puis dit à son mari :

— Jacques, je cours les chercher.

Elle s'élança hors de la maison et se mit à courir dans la rue comme une folle.

Plusieurs personnes l'arrêtèrent.

— Où courez-vous donc ? Qu'y a-t-il ? Est-ce que Jacques Pérard serait plus mal ?

— Non, non, il va mieux, au contraire.

— Mais alors, pourquoi êtes-vous ainsi émotionnée ?

— Etienne Denizot est allé dans l'Isère, il a vu ma fille, il est revenu la nuit dernière et il a amené les enfants de notre Paule ; Georges et Edouard sont encore chez madame Denizot, où ils ont couché ; je cours les embrasser.

— Cette fois, vous voilà bien heureuse.

— Je suis folle de joie.

— Et Paule, est-ce qu'elle ne viendra pas ?

— Si, si, dans quelques jours elle arrivera.

La grand'mère se débarrassait des questionneurs et se remettait à courir.

Derrière elle, hommes et femmes sortaient des maisons et ceux à qui elle avait parlé répétaient ses paroles ; en moins d'un quart d'heure, on sut dans tout le village que les enfants de la comtesse de Verdraine étaient arrivés à Saint-Amand et que c'était Etienne Denizot qui les avait amenés. Ce fut un événement.

Pendant que la nouvelle volait de bouche en bouche, la mère de Paule arrivait chez madame Denizot,

Georges et Edouard, prévenus qu'ils allaient voir la grand'maman Pérard, coururent à elle en lui tendant leurs petits bras.

Ce fut une nouvelle scène d'attendrissement, de larmes de bonheur, de baisers que nous renonçons à décrire.

Madame Pérard embrassa Etienne et sa mère, les remercia tous deux avec chaleur, demanda des nouvelles de sa fille. Et quand le jeune homme eut répondu à toutes ses questions, en lui cachant la vérité, elle revint près des enfants, en disant :

— Je vais les emmener, Jacques nous attend.

Elle avait déjà pris Edouard dans ses bras.

Georges s'élança vers madame Denizot.

— Nous viendrons te voir, n'est-ce pas, dit-il, tu voudras bien ?

— Oui, mon chéri, tu viendras me voir avec ton frère, souvent.

— Oui, oui, souvent.

— Tous les jours, mon petit Georges, et si vous ne veniez pas, j'irais vous chercher.

Pierre Rouget s'approcha de sa fille et lui dit :

— Ce matin, tu venais de me quitter quand Etienne est venu m'annoncer l'arrivée des enfants, et je n'ai pas à te dire si j'ai été heureux. Tu vois combien j'avais raison de te tranquilliser. Mais ce n'est pas tout, ta fille a remis pour toi à Etienne une somme de cinq mille francs. Cet argent est chez moi, tu viendras le prendre ce soir et tu pourras immédiatement le porter chez le notaire ; il faut que ton mari soit débarrassé de ses dettes.

— Mais Paule savait donc que nous devions ?

— Elle savait ou ne savait pas. Enfin, j'ai la somme et vos dettes vont être payées.

— Oh ! mon père !

— C'est bien, c'est bien, assez causé là-dessus.

Il y avait une quinzaine de personnes devant la maison qui n'avaient pas osé entrer. Lorsque madame Pérard sortit, tenant Edouard dans ses bras et Georges par la main, elle fut aussitôt entourée. On voulait voir et embrasser les enfants. Ce fut un premier arrêt forcé qui allait être suivi de plusieurs autres.

Depuis la mort de la petite Isabelle, une réaction complète s'était faite à Saint-Amand en faveur de celle qu'on avait tant jalousée, enviée autrefois, lorsqu'elle n'était encore que Fanchon la Princesse ; on savait vaguement qu'elle n'était pas heureuse, et l'on pardonne beaucoup, on pardonne tout à ceux que le malheur atteint. Etienne et sa mère, disons-le, avaient contribué pour beaucoup à éteindre toutes les hostilités du passé.

Il y avait foule dans la rue et tout le monde se pressait sur le passage de madame Pérard et ses petits-fils escortés du bon Miro.

Des femmes, des jeunes filles, une nuée de bambins de tous les âges accouraient au-devant de la grand'mère, et bon gré mal gré il fallait qu'elle s'arrêtât. C'était à celle qui ferait le plus de caresses à Georges et à son frère, que madame Pérard avait dû aussi prendre par la main.

— Comme ils sont beaux ! exclamaient les mamans.

— Et pas fiers du tout !

— Ils ne détournent pas la tête quand on veut les embrasser.

— Ils ont des sourires pour tout le monde.

— Ils sont tout le portrait de leur mère.

Et l'on s'extasiait.

Peut-être remarquait-on que ces fils d'un comte et d'une comtesse portaient des vêtements singulièrement défraîchis et que les bottines qu'il savaient aux pieds étaient dans un bien piteux état; mais on ne le disait pas. Franchement, quand la grand'-mère avait l'air si heureuse, il eût fallu avoir bien mauvais cœur pour lui faire de la peine.

Après tout, est-ce que cela empêchait les deux petits d'être gentils comme des amours?

Ils avaient des regards doux pour les uns comme pour les autres et ne se faisaient pas prier pour rendre les baisers qu'on leur donnait.

— Est-ce que ce chien appartient à tes enfants? demanda une femme à madame Pérard.

— Mais oui, répondit-elle, c'est Miro, vous savez, Miro, qui a reconnu sur la route le scélérat qui avait jeté la petite Isabelle dans le vivier où elle a été noyée.

Aussitôt on se mit à crier:

— C'est Miro, c'est le bon chien Miro!

Les gamins acclamèrent Miro.

A Verdraine, on avait retenu Miro prisonnier, sans même songer à lui donner à boire et à manger; à Grenoble, un valet brutal l'avait chassé de l'ancienne maison de ses maîtres à grands coups de balai; à Saint-Gallais des paysans trop zélés avaient voulu le tuer.

Nul n'est prophète en son pays.

A Saint-Amand, où il arrivait, à plus de cent lieues du théâtre de ses exploits, on faisait une ovation à Miro. Pour un peu, on l'aurait porté en triomphe.

Des jeunes filles, des mères coururent chercher des rubans et, en quelques minutes, tout le corps de Miro fut enrubanné.

Madame Pérard, tenant ses petits-fils par la main, marchait plus fière qu'un conquérant qui passe sous les arcs de triomphe élevés à sa gloire.

Enfin, elle arriva chez elle. Plusieurs personnes, parmi lesquelles se trouvait le vieux curé qui avait baptisé Paule, lui avait fait faire sa première communion et l'avait mariée, étaient auprès du malade.

Jacques avait déjà été complimenté, félicité. Il prit les deux frères sur ses genoux, les embrassa à plusieurs reprises, puis, après les avoir regardés longuement, ayant de grosses larmes dans les yeux, il dit en souriant :

— Voici qui vaut mieux pour moi que le médecin et toutes les drogues de l'apothicaire.

***

Etienne Denizot avait déjeuné à onze heures, puis était aussitôt parti pour se rendre à sa ferme des Vignolles où il avait différents ordres à donner à son premier garçon.

Il revint à Saint-Amand vers six heures.

— Etienne, lui dit sa mère, le père Rouget t'attend chez lui ; c'est sa femme de ménage qui est venue me prévenir il y a une heure. Il doit y avoir quelque chose de nouveau.

— C'est bien, chère mère, je cours chez Pierre Rouget.

On essaya de l'arrêter dans la rue pour le questionner.

— Mais je n'ai rien à vous apprendre, répondit-il ; ce que je pourrais vous dire, vous le savez. Excusez-moi, je suis pressé.

Le père Rouget l'attendait avec impatience. Dès qu'il parut, le vieillard lui cria :

— Etienne, je sais où est Paule !

— Vous avez une lettre ?

— Non, pas une lettre, mais cette dépêche télégraphique que j'ai reçue à quatre heures et que le facteur m'a lue. Tiens, mon ami, tiens, la voilà.

Etienne prit le papier d'une main tremblante et lut.

C'était le télégramme que Mercédès avait envoyé à Pierre Rouget, après avoir reçu la lettre du maire de Charnay.

— Eh bien, Etienne, fit le vieillard, qu'est-ce que tu dis ?

— Je ne parviens pas à m'expliquer la présence de mademoiselle Mercédès à Bellombe auprès de la comtesse Paule.

— Moi non plus, mon garçon.

— Enfin, nous voilà délivrés de notre plus grande inquiétude.

L'ancien sergent soupira. Étienne reprit :

— La comtesse est à Bellombe où, sans aucun doute, elle a été amenée par les saltimbanques. Mais cette dépêche ne nous dit pas tout ce que nous voudrions savoir, et il est probable que demain ou après-demain, au plus tard, vous recevrez une lettre de mademoiselle Mercédès qui nous renseignera exactement sur l'état dans lequel se trouve votre petite-fille.

— Etienne, je tremble que sa vie ne soit en danger.

— Je crois aussi qu'elle est gravement malade ; mais la danseuse nous dit de nous rassurer ; nous ne devons pas mettre les choses au pire, père Rouget.

— Tu as raison, Etienne.

— Soyons donc rassurés et attendons une lettre.

— Etienne, Mercédès parle des enfants : comment a-t-elle pu savoir qu'ils sont ici ?

— Cela s'explique plus aisément que sa présence à Bellombe. Elle a appris que le maire de Charnay faisait chercher la mère des deux enfants perdus ; elle lui a écrit et le maire lui a répondu en lui disant comment je suis arrivé à Charnay accompagné de Miro. Il est plus que probable, père Rouget, que je recevrai demain une lettre du maire de Charnay.

— Alors, Etienne, nous attendons.

— Oui.

— Penses-tu toujours partir après-demain ?

— Si je ne consultais que mon cœur, c'est ce soir même que je me mettrais en route pour Bellombe. Mais que pourrais-je faire là-bas auprès d'une malade ? Qu'est-ce que j'aurais à dire ? Et la comtesse Paule n'aurait-elle pas le droit d'être surprise, de se trouver blessée ? Car enfin, ajouta-t-il tristement, qu'est-ce que je suis pour elle ? Rien.

— Tu es notre ami, Etienne, notre ami et le sien, répliqua vivement le vieillard ; mais je comprends tes raisons, c'est bien. Non, tu ne peux pas aller à Bellombe.

Le jeune homme quitta le père Rouget l'espri

plus tranquille. En rentrant il donna connaissance à sa mère de la dépêche reçue par le vieillard et lui dit :

— Maintenant que nous savons où est la comtesse Paule, je n'ai plus rien à faire pour elle, je resterai à Saint-Amand.

— Bien, répondit simplement madame Denizot.

Le lendemain matin, ainsi qu'il l'avait prévu, Etienne reçut une lettre du maire de Charnay, laquelle, confirmant la dépêche de la veille, informait le jeune homme que la comtesse avait bien été emmenée par les saltimbanques qui l'avaient trouvée mourante sur la route et laissée à Bellombe, chez les époux Gaspard.

Le maire parlait ensuite de la lettre qu'il avait reçue, signée : *Une amie de la mère et des enfants*, et à laquelle il s'était empressé de répondre, afin de tranquilliser cette amie au sujet des deux frères.

Etienne éprouva un nouveau soulagement. Il se rendit immédiatement chez l'ancien sergent à qui il lut la lettre du maire.

— Enfin, mon garçon, dit le vieillard, nous n'avons plus qu'à attendre et à espérer.

— Oui, attendons la lettre que vous recevrez demain, certainement, et espérons qu'elle apportera de bonnes nouvelles.

— Tout de même, mon ami, dit le père Rouget, tu ne t'étais pas trompé ; Mercédès a bien écrit au maire de Charnay. Mais je suis toujours à me demander comment elle a appris que Paule était malade à Bellombe.

— Nous le saurons, père Rouget ; elle-même vous le dira ; d'ailleurs il n'y a pas là de quoi vous tourmenter.

— C'est vrai. A propos, ma fille est venue prendre ce matin les 5,000 francs, et, à l'heure où je te parle, l'argent est chez le notaire, les dettes sont payées.

— Un poids énorme que votre gendre et votre fille n'ont plus sur les épaules.

— Cela et les enfants près de lui vont hâter la guérison de Jacques.

— Raison de plus pour que, jusqu'à nouvel ordre, nous gardions notre secret.

— Nous le garderons, Etienne ; non, il ne faut pas qu'ils sachent... Tu ne te figures pas comme Georges et Edouard sont gentils avec eux, avec tout le monde. Hier, toute la journée, les chers petits ont eu des visites et ça continue aujourd'hui ; on leur fait fête ; je ne te le cache pas, mon garçon, ça me fait quelque chose ; il y a des instants, si je ne me retenais pas, où je pleurerais comme une bête. Etienne, trouves-tu, comme les gens de Saint-Amand, qu'ils ressemblent à leur mère ?

— Oui, ils lui ressemblent.

— Ah ! si tu savais comme tu me rends content ; c'est que vois-tu, mon ami, ce serait un grand malheur pour eux s'ils ressemblaient à leur père.

. . . .

Le lendemain, la lettre de Mercédès arriva.

Ce fut Pierre Rouget, à son tour, qui se rendit chez Etienne. Le jeune homme, qui attendait, n'était pas allé faire sa tournée dans les champs.

Le lecteur sait ce que contenait la lettre de la danseuse. Elle fut lue avec émotion par Étienne et arracha des larmes à ceux qui écoutaient. Mais elle était consolante. Elle disait que les jours de la comtesse n'étaient plus en danger. On se sentait rassuré. Les cœurs pouvaient s'ouvrir largement à l'espérance.

Pierre Rouget et Étienne se rappelèrent parfaitement avoir vu don Stéphano à Saint-Amand. Le passage de cet homme sur la route où la comtesse allait mourir n'avait-il pas quelque chose de providentiel ?

La présence de Mercédès à Bellombe était expliquée ; la lettre jetait la clarté sur tout ce qui avait pu paraître obscur.

Mercédès conseillait à Étienne de se montrer dorénavant très réservé, de ne rien faire qui fût en dehors des convenances et de bien se garder, surtout, de venir à Bellombe.

Le jeune homme ne chercha pas dans les paroles de la danseuse autre chose que les raisons qu'il avait trouvées lui-même pour se faire une règle de conduite. Il ne pouvait pas deviner que les conseils donnés par Mercédès fussent motivés par d'autres considérations, par d'autres raisons plus sérieuses, plus graves.

XII

L'ESCLAVE RÉVOLTÉ

La Papillonne rentra à Paris à une heure assez avancée de la nuit. Elle n'avait pas prévenu de son arrivée; on ne l'attendait pas; mais la cuisinière lui eut vite préparé quelque chose à manger.

Augustine lui dit que depuis son départ le comte de Verdraine n'avait pas cessé de rôder dans la rue, autour de la maison. Évidemment il guettait son retour. Il avait tout à fait les allures d'un fou. Sa figure faisait peur.

— C'est bien, répondit tranquillement la danseuse, demain matin on lui fera savoir que je suis revenue et que n'ayant pas à sortir de la journée, je le recevrai à l'heure où il se présentera.

Flora ne pouvait se soustraire à cette visite du comte; il exigerait sans doute qu'elle lui expliquât sa conduite, elle ne s'y refuserait pas, elle était prête à lui répondre. Elle ne redoutait nullement cette entrevue, qui devait être la dernière.

Avant de se mettre au lit, elle écrivit un billet pour informer le comte de son retour et lui dire qu'elle le recevrait dans la journée à l'heure qui lui conviendrait le mieux.

Ce billet fut porté le lendemain matin à neuf heures chez M. de Verdraine, à qui il fut remis aussitôt.

— Enfin ! murmura-t-il.

— Et un pli amer se dessina sur ses lèvres.

Le comte, nous l'avons dit, n'était plus ce brillant et superbe gentilhomme dont naguère encore on recherchait l'amitié ; il n'avait plus rien de ce don Juan qui avait laissé derrière lui tant de victimes ; il n'était plus ce beau et séduisant Maxime dont madame de Brogniès s'était follement éprise et qui avait fait rêver tant de jeunes filles. Il avait beaucoup maigri, ses cheveux commençaient à grisonner sur les tempes et quelques fils blancs apparaissaient dans sa barbe noire ; des rides précoces se montraient sur son front et au coin de ses yeux caves. Il ne se tenait plus aussi droit ; son attitude n'avait plus la même assurance, la même fierté, son regard était vague, souvent perdu. En moins d'une année, il avait franchi les limites de la jeunesse ; déjà il était vieux.

Et quand il ne s'était pas grisé d'absinthe ou d'autres liqueurs fortes, le malheureux avait conscience de son abaissement, de sa dégradation, de sa ruine.

Alors, s'il se plaçait devant un miroir, il tressaillait dans tout son être, hésitait à se reconnaître et d'une voix sourde, les lèvres crispées, il murmurait :

— Voilà ce qu'elle a fait de moi ! Oh ! Flora ! Flora !

Toutefois, il était resté très soigneux de sa personne et avait toujours des prétentions à l'élégance ; il n'avait pas cessé de s'habiller avec goût, avec recherche et à la dernière mode. Il cherchait, autant qu'il le pouvait, à dissimuler les ravages causés par ses passions.

Il procéda à sa toilette et y mit un soin minutieux; il alla jusqu'à enlever de sa barbe quelques poils blancs qui s'obstinaient à ne pas vouloir se cacher dans la masse. Il voulait encore être beau; il allait voir Flora!

Après s'être regardé dans une glace, il sortit satisfait de sa personne autant qu'il pouvait l'être.

Il prit une voiture de place et à dix heures et demie il sonnait à la porte du petit hôtel de la rue des Dames.

Ajax lui ouvrit.

Il traversa la petite cour, monta les marches du perron et pénétra dans l'antichambre où il trouva Augustine.

— Veuillez entrer dans le salon, monsieur le comte, lui dit la femme de chambre, je vais prévenir mademoiselle.

— Je viens peut-être un peu trop tôt?

— Je ne pense pas, monsieur le comte; mademoiselle est arrivée hier soir assez tard, mais elle s'est levée ce matin à huit heures.

Le comte entra dans le salon et Augustine grimpa lestement l'escalier du premier étage.

M. de Verdraine était resté debout et se demandait avec anxiété quel accueil lui allait être fait. Il sentait bien que la danseuse lui échappait; car en rentrant dans sa maison des Batignolles elle lui avait fait comprendre que tout devait être fini entre eux. Mais il connaissait les qualités du cœur de la jeune fille, sa générosité, et il s'accrochait énergiquement à un espoir.

— Elle est froide, fantasque, absolue, impérieuse, se disait-il ; mais elle est bonne, mais elle a du cœur ; sa cruauté n'est pas réelle. Non, après tout ce que j'ai fait pour elle, il est impossible qu'elle ne me prenne pas en pitié.

Mais, reprenait-il, si elle reste sourde, insensible à mes supplications, si elle me repousse, si réellement elle veut que tout soit fini entre nous... Oh ! alors, alors !... A mon tour j'aurai le droit de parler haut ; il faudra qu'elle me rende compte de sa conduite envers moi ; elle a été monstrueuse, elle a été infâme, sa conduite, si c'est une comédie qu'elle a jouée. Mais pourquoi, dans quel but? J'ai été au-devant de tous ses désirs, je lui aurais donné mon sang, je lui aurais donné ma vie !... Quelle a été la récompense de mes soins, de mon dévouement, je pourrais dire de mes faiblesses, de mes lâchetés? Elle m'a fait souffrir comme jamais homme n'a souffert, elle m'a martyrisé comme si elle y eût trouvé son plaisir... Et moi je l'aimais, je l'adorais et... fou que je suis, je l'aime encore ! Oh ! cet amour, c'est un poison distillé par son sourire et que ses yeux ont versé dans mon cœur.

Voyons, est-ce qu'une femme a le droit de briser ainsi la vie d'un homme, de le tuer !...

Le comte en était là de ses lugubres réflexions, lorsque la porte du salon s'ouvrit sans bruit et livra passage à la Papillonne, vêtue d'un de ses délicieux peignoirs du matin qui la rendaient si séduisante et rehaussaient encore l'éclat de sa merveilleuse beauté.

Le cœur du comte se mit à battre avec violence et il resta un instant comme ébloui.

Flora avait la figure fatiguée; elle était pâle, très émue; mais sa pâleur et son émotion et une douce mélancolie répandue sur ses traits ajoutaient quelque chose d'indéfinissable à sa grâce naturelle, à la langueur de son regard, au charme de toute sa personne.

Le comte marcha vers elle, la main tendue; mais elle n'avança point la sienne, et il s'arrêta saisi d'un tremblement nerveux.

— Monsieur de Verdraine, dit-elle, en lui indiquant un siège, veuillez vous asseoir.

Il obéit et elle s'assit à son tour en face de lui, à quelque distance.

Pendant un instant ils restèrent silencieux; ils se regardaient, elle triste, lui frémissant, inquiet, agité.

Enfin, le comte rompit le silence.

— Flora, dit-il d'une voix mal assurée, je m'attendais un peu à la froideur de votre accueil; et pourtant j'espérais, oui j'espérais, et permettez-moi de vous le dire, j'espère encore que vous aurez un bon mouvement.

— Je ne sais pas ce que vous entendez par un bon mouvement, répondit-elle, et je ne vois point ce que je puis faire aujourd'hui pour vous. Vous êtes à plaindre, monsieur le comte, et je vous plains sincèrement.

— C'est déjà quelque chose, fit-il amèrement; mais ce n'est pas assez. Aujourd'hui, enfin, vous trouvez que je suis à plaindre et vous me plaignez ; certes, plus que tout autre vous en avez le droit; mais croyez-vous que cela puisse me suffire? Flora, Flora, je vous aime !

— De grâce, monsieur le comte, ne me parlez plus de cet amour que j'ai eu le malheur de vous inspirer.

— Mais de quoi donc puis-je vous parler, si ce n'est de mon amour?

— De choses que je pourrai écouter et entendre, monsieur le comte, et sur lesquelles je pourrai vous répondre. Cette heure est grave et solennelle, monsieur le comte, car je vous reçois pour la dernière fois, car nous ne devons plus nous revoir.

— Flora !

— Laissez-moi continuer, je vous prie; je n'ai pas voulu éviter cette dernière entrevue; je l'ai désirée, au contraire, car une explication entre nous est devenue nécessaire, et, vous voyez, c'est moi qui la réclame ou plutôt qui la provoque. Après cela, monsieur de Verdraine, tout sera fini entre nous et vous comprendrez, je l'espère, que vous ne devrez plus chercher à me revoir.

Un éclair livide sillonna le regard du comte.

— Ah ! répliqua-t-il sourdement, si vous espérez cela, vous vous trompez ; vous ne vous débarrasserez pas de moi comme un enfant se débarrasse d'un jouet dont il ne veut plus et qu'il a brisé. Oh ! je sais bien que je n'ai pas été autre chose qu'un jouet dans vos mains; mais vous ne m'avez pas encore complètement brisé. Assez longtemps vous m'avez tenu courbé, écrasé à vos pieds; je me redresse et vous crie : Prenez garde! La bêtise de l'homme a ses limites; maintenant vous allez avoir un compte à régler avec l'esclave révolté !

Elle le regarda fixement, avec dédain, mais aussi avec une expression de tristesse profonde.

— Monsieur le comte, dit-elle, croyez-moi, vos menaces sont inutiles et vous pouvez m'en faire grâce. Vous dites que vous n'avez été qu'un jouet dans mes mains ; mais il ne fallait pas vous mettre dans mes mains; si je vous ai tenu courbé à mes pieds, si vous avez été mon esclave, c'est que vous l'avez voulu; je ne vous tenais pas avec une chaine, vous pouviez facilement vous échapper de mes mains.

Et, d'ailleurs, est-ce moi qui suis allée vous chercher ou vous qui êtes venu me trouver ? Vous vouliez faire de moi votre maîtresse... rendez-moi au moins cette justice que j'ai essayé de vous décourager en vous montrant les difficultés de votre entreprise et ses côtés dangereux; je ne vous promettais rien, monsieur de Verdraine, rien, et vous saviez tout ce que vous pouviez perdre; malgré cela vous ne vous êtes pas arrêté, vous avez engagé la partie. Vous avez joué, monsieur le comte, et vous avez perdu.

— Oh ! pas encore, murmura-t-il.

— Si vous n'avez pas oublié nos conventions, reprit la danseuse, vous vous souvenez que je vous ai dit : « — Le jour où je rentrerai dans ma petite maison des Batignolles tout sera fini entre nous... » Toute chose a une fin, monsieur de Verdraine; la situation difficile et fausse dans laquelle nous nous trouvions l'un et l'autre ne pouvait durer éternellement.

Un événement grave, monsieur le comte, m'a fait quitter brusquement l'hôtel de l'avenue du bois de Boulogne, et vous avez dû comprendre que je reprenais ma liberté pleine et entière en vous rendant la vôtre.

— Oui, répondit-il d'un ton farouche, j'ai compris cela et encore autre chose.

— Et encore autre chose? répéta la jeune femme; que voulez-vous dire, monsieur?

— Je veux dire que vous me saviez ruiné; je ne pouvais plus jeter pour vous l'or à pleines mains, le moment d'une rupture brutale était venu. C'est ainsi qu'agissent toutes les filles : quand elles n'ont plus rien à attendre d'un côté, elles se tournent d'un autre, Flora la Papillonnne n'est pas aussi désintéressée qu'elle voudrait le faire croire; comme la Margot des *Filles de marbre*, elle aime l'argent, elle n'aime que l'argent; vous êtes une fille de marbre, Flora.

La danseuse avait pâli sous l'outrage, mais résolue à rester calme, elle imposa silence à son indignation et dit tranquillement :

— Continuez, monsieur le comte, continuez.

— Le jour où vous avez appris que mes créanciers me poursuivaient avec un acharnement féroce et que toutes mes propriétés allaient être vendues, vous n'avez plus été la même avec moi, votre froideur habituelle s'est accentuée, est devenue du dédain, quelque chose comme du mépris. Je me suis plaint, vous m'avez ri au nez. Oh! vous savez rire, Flora, mais vous ne rirez pas toujours.

— Je ne ris pas en ce moment, monsieur.

— Non, car comme vous le disiez tout à l'heure,

l'heure est grave et solennelle. Vous voulez bien que je continue, n'est-ce pas?

— Je vous en prie.

— Un jour, tout à coup, sans m'avoir prévenu, sans que j'aie pu soupçonner vos intentions, vous m'avez fermé votre porte. Vos domestiques zélés, façonnés par vous, me répondaient : Mademoiselle est fatiguée, mademoiselle est indisposée ou mademoiselle est sortie, un jour une chose, le lendemain une autre. Vous n'étiez ni fatiguée, ni indisposée; mais vous sortiez souvent, tous les jours. Où alliez-vous? Oh! pas à votre théâtre. Vous alliez à des rendez-vous.

— C'est vrai.

— Ainsi, vous avouez?

— Mon Dieu, oui. N'ai-je pas toujours été maîtresse de mes actions?

Le comte tortilla sa moustache avec une sorte de rage.

— Cependant, reprit-il au bout d'un instant et avec un calme apparent, vous vous occupiez entre temps de la vente des chevaux, des voitures, des bijoux, et du luxueux mobilier que je vous avais donnés.

— C'est encore vrai, monsieur le comte, et c'était mon droit, puisque ce que vous m'aviez donné m'appartenait. Résolue à quitter l'hôtel pour revenir ici, pouvais-je faire autrement que vendre? D'ailleurs une occasion m'était offerte de faire un placement avantageux, très avantageux du produit de cette vente.

— Ah! vous voyez bien que vous êtes une femme d'argent!

— Mais, répliqua-t-elle vivement, je n'ai jamais dit que je n'aimais pas l'argent, ni voulu le faire croire; et je conviens franchement que je suis devenue très intéressée. Ah! l'argent, monsieur le comte, je sais ce qu'il vaut et je sais également ce que l'on peut en faire. J'ai parfois des inquiétudes, je me dis que ma fortune peut changer, que je ne dois pas trop compter sur mes jambes; que voulez-vous, je pense à l'avenir, moi.

Le comte eut un sourire singulier.

— Enfin, dit-il, tout a été vendu aux enchères, et vous devez être satisfaite.

— Sans doute.

— Savez-vous quel a été le produit de la vente?

— Pas encore.

— Eh bien, je puis vous le dire.

— Si vous voulez, monsieur le comte.

— Le chiffre total s'est élevé à quatre cent dix mille francs.

— En vérité! Eh bien! j'en suis ravie!

— En admettant que les frais se montent à dix mille francs, il vous restera net quatre cent mille francs; vous avez fait là une excellente opération.

— Je n'espérais pas réaliser une aussi forte somme.

— Vous la devez à la publicité des journaux et, plus encore à l'enthousiasme de vos adorateurs; les Anglais, les Américains, les Hollandais, et jusqu'aux Russes se sont disputé les moindres bibelots. Un grand nombre d'objets ont été adjugés à un prix fort au-dessus de celui que je les avais achetés; certains meubles ont été vendus le double de leur valeur réelle; un tableau que j'avais payé quatre mille francs a été acheté vingt mille.

Cela se comprend : des objets ayant appartenu à Flora la Papillonne, la célèbre danseuse! Cela se comprend, et cela prouve en même temps qu'il y a avec moi un grand nombre de niais et d'imbéciles.

Niais et imbécile je l'ai été et ne veux plus l'être.

Ah! ah! continua-t-il avec ironie, vous avez assez joué la comédie, Flora; il nous faut voir maintenant si vous réussirez aussi bien dans le drame. Vous avez parlé d'un événement grave; dites-moi donc un peu quel est cet événement grave...

Ah! vous ne répondez pas, vous êtes embarrassée... Pourtant, vous vous disiez prête à une explication : est-ce donc ainsi que vous entendez vous expliquer? Voyons, pourquoi avez-vous quitté Paris subitement? Qu'avez-vous fait pendant cette absence de dix jours?

— Je trouve vos questions fort indiscrètes, monsieur de Verdraine, d'autant plus que vous n'avez pas le droit de me les adresser; cependant j'y répondrai; oui, je vous dirai tout à l'heure pourquoi j'ai quitté Paris subitement et ce que j'ai fait pendant mon absence.

— Pourquoi ne le dites-vous pas tout de suite?

— Parce que je tiens à vous laisser parler.

— Oh! je ne suis pas dupe de votre feinte tranquillité; j'ai compris, j'ai deviné...

— Qu'avez-vous compris, deviné?

— Flora, vous avez un amant!

Elle haussa les épaules et répondit froidement :

— Vous êtes fou!

— Alors, jurez-moi que vous n'avez pas accordé à un autre ce que vous m'avez refusé.

— Je n'ai pas à faire un serment inutile. Pourquoi

aurais-je pris un amant? Ne suis-je pas, comme vous l'avez dit tout à l'heure, une fille de marbre?

— La fille de marbre ne se donne pas, elle se vend!

Les yeux de la jeune femme s'enflammèrent.

— Monsieur de Verdraine, dit-elle, ayant peine à se contenir, voilà la deuxième fois que vous m'insultez!

Il répliqua avec aigreur :

— Votre conduite infâme envers moi m'autorise à vous dire les choses les plus dures! Regardez-moi, Flora, regardez-moi bien; voyez ce que vous avez fait du comte Maxime de Verdraine; contemplez votre œuvre... Si vous n'êtes pas une fille vénale, une fille sans cœur, une misérable, prouvez-le donc! Je me suis ruiné pour vous, je n'ai plus rien, et vous osez me dire que tout est fini entre nous! Non, non, tout n'est pas fini. Vous avez fait de moi un désespéré, vous n'avez plus le droit de me repousser comme un chien galeux.

Écoutez, Flora, malgré tout, je vous aime toujours avec fureur; que dis-je, je vous aime plus encore aujourd'hui que je ne vous aimais quand je pouvais satisfaire tous vos caprices, toutes vos fantaisies... Que vous le vouliez ou non, nous sommes liés l'un à l'autre comme l'arbre et le lierre; vous êtes mon bien, vous m'appartenez, et notre destinée doit être la même.

Ces paroles et plus encore l'expression de la physionomie du comte, firent tressaillir la jeune femme.

— Avant de venir ici, continua-t-il en se levant, j'ai fait un serment : j'ai juré que vous vous donneriez à moi ou que...

— Pourquoi vous arrêter ? achevez-donc !

— Ou que je vous tuerais ! prononça-t-il d'une voix creuse.

— Allons donc, fit-elle avec un mouvement de tête dédaigneux ; si vous croyez pouvoir m'effrayer, vous me connaissez mal, monsieur de Verdaine.

— Flora, voulez-vous être à moi ?

— Jamais !

— Encore une fois, Flora, voulez-vous être à moi ?

— Je vous hais, vous me faites horreur !

Il pâlit affreusement et un tremblement nerveux le secoua de la tête aux pieds.

Il reprit sourdement :

— Toute chose a une fin, avez-vous dit ; eh bien, pour vous et pour moi, tout est fini ; nous allons mourir, vous la première, moi après... Nous sommes liés l'un à l'autre comme l'arbre et le lierre... Flora, je ne t'ai pas possédée sur la terre, je t'emporte dans l'éternité !...

Son visage avait pris une expression effrayante, et il y avait de la folie dans ses yeux injectés de sang, aux éclairs fauves.

D'un mouvement brusque, rapide, il tira de sa poche un revolver chargé et armé et fit un pas en avant.

Une détonation retentit.

Presque aussitôt, la porte du salon s'ouvrit avec violence, la femme de chambre et le valet de pied parurent, pâles, tremblants, saisis d'épouvante.

XIII

LES DERNIÈRES PAROLES

Flora était debout, la tête enveloppée encore d'un nuage de fumée.

La balle ne l'avait pas atteinte.

— M. le comte jouait avec un pistolet, dit-elle aux domestiques; et un coup est parti; heureusement, il ne s'est pas blessé, vous pouvez vous retirer.

Ils disparurent.

Alors la jeune femme dit au comte :

— Vous venez de voir, M. de Verdraine, que je n'ai pas peur de la mort et qu'un revolver dans la main d'un insensé ne me fait pas trembler. Vous pouviez me tuer, pourtant, et si vous m'aviez tuée, monsieur, vous ne savez pas combien eût été grand votre crime.

Mais, continua-t-elle, en se dressant en face du misérable, les yeux étincelants, terrible, c'eût été trop d'assassiner la sœur cadette après avoir tué la sœur aînée ! Dieu ne l'a pas voulu, parce qu'il sait qu'après une œuvre de vengeance j'en ai une autre à accomplir.

Monsieur le comte Maxime de Verdraine, poursuivit-elle d'une voix frémissante ; Flora la Papillonne, Flora la danseuse se nomme Mercédès d'Argélias. Souvenez-vous de Madrid, souvenez-vous de la comédienne Elvire... Elle s'appelait Dolorès d'Argélias, c'était ma sœur ! Mercédès a vengé Dolorès ! Comprenez-vous, maintenant, monsieur le comte Maxime de Verdraine, comprenez-vous !

Il la regardait comme s'il n'eût pas compris, ouvrant de grands yeux stupides. Cependant, sa figure se décomposait visiblement. Enfin, il laissa échapper un cri rauque, et, le regard toujours fixé sur la vengeresse, il se recula lentement jusqu'au fond de la pièce, où il resta, adossé à la muraille.

Le revolver échappé de sa main était tombé sur le tapis. Du pied, Flora le lança dans un coin, sous un meuble.

Tenant le comte pantelant, écrasé sous son regard de feu, elle reprit :

— J'ai vengé Dolorès d'Argélias, j'ai vengé ma sœur ! Ces seuls mots vous expliquent ma conduite, monsieur de Verdraine... Mais c'est Dieu lui-même qui vous a châtié, je n'ai été que son instrument. J'ai vengé ma sœur et en même temps toutes vos autres victimes.

Savez-vous ce qu'est devenue Dolorès, votre victime de Madrid ? Non, vous ne le savez pas, car lorsque vous étiez passé, vous ne regardiez jamais en arrière ; vous ne le savez pas, mais je le sais, moi, et je vais vous l'apprendre. Elle allait être mère... oh ! cela vous ne l'ignoriez pas, — elle vous l'avait dit, — elle allait être mère, et désespérée, ne voulant pas vivre avec son déshonneur, sa honte, elle s'est suicidée, tuant du même coup elle et son enfant ! Voilà ce que vous avez fait de Dolorès d'Argélias, monsieur de Verdraine.

Avant qu'elle n'eût le malheur de vous trouver sur son chemin, elle était honnête, sage et pure; l'avenir souriait à sa jeunesse ; elle avait toutes les espérances, elle avait toutes les joies de la vie. Vous êtes venu et vous avez brisé, détruit tout cela. Hélas ! elle était belle, trop belle; elle a excité vos convoitises brutales, vos appétits sensuels ; il vous fallait cette proie, cette nouvelle victime à sacrifier à vos vices.

Elle était sage, elle ne voulait pas vous écouter, elle refusait d'entendre vos paroles empoisonnées, elle résistait à vos séductions. Alors, qu'avez-vous fait ? Vous avez employé des moyens lâches, odieux, criminels, pour vous emparer comme un voleur de ce qu'on ne voulait pas vous donner. Profitant d'un sommeil causé par un narcotique, vous avez honteusement souillé, déshonoré Dolorès d'Argélias.

Le comte essaya de protester.

— Ne niez pas, monsieur, ne niez pas ! s'écria la jeune femme avec emportement, ce qui s'est passé, je le sais, je sais tout. Avant d'allumer le charbon qui allait la tuer, Dolorès a écrit le récit de son malheur; j'ai cette lettre, qui n'est qu'un long cri de douleur et de désespoir ; je l'ai précieusement conservée et je l'ai lue tant de fois que je la sais par cœur.

Ce que vous avez fait, monsieur le comte Maxime de Verdraine, en France, comme en Espagne, cela s'appelle un viol, et partout ce crime est sévèrement puni par les lois.

Par de belles promesses, vous parvîntes à calmer

la colère et la douleur de Dolorès et elle vous pardonna. Oh! les magnifiques promesses vous étaient faciles; elles ne coûtent guère à ceux qui ne les veulent pas tenir.

Quelques mois s'écoulèrent; vous saviez qu'un enfant, fruit de votre infamie, allait naître; mais qu'était-ce que cela pour vous, habitué à voir les larmes, à entendre les cris de désespoir de vos victimes? Rien. Vous vous êtes dit : A une autre, maintenant. Et, sans vous demander ce qui arriverait, sans vous inquiéter du sort réservé à la pauvre Dolorès et à son enfant, vous vous êtes enfui de Madrid comme un lâche, comme un misérable!

Lâche, monsieur de Verdraine, lâche et misérable, vous l'avez toujours été.

Le comte fit entendre un gémissement sourd et se courba, écrasé.

— Voilà, monsieur de Verdraine, voilà ce que vous avez fait à Madrid, continua la danseuse, et vous auriez voulu que de pareils crimes restassent impunis!... Allons donc, est-ce que c'était possible? Les cris de douleur de la malheureuse Dolorès agonisante sont montés jusqu'à Dieu et Dieu a répondu : — Pauvre fille, tu seras vengée!

L'une après l'autre, toutes vos victimes vous ont maudit, monsieur de Verdraine, et le ciel, à son tour, vous a maudit!

J'ai vengé ma sœur. Dolorès d'Argélias est vengée... Mais je tiens à le répéter encore, je ne suis pas allée vous chercher, c'est vous qui êtes venu vous livrer à ma vengeance. La main de Dieu était sur vous, c'est elle qui vous a poussé vers moi,

Vous êtes ruiné, vous ne possédez plus rien; c'est

ce que je voulais ! J'ai brisé votre volonté, je vous ai fait connaître toutes les tortures ; je vous ai tenu sous un joug de fer ; je vous ai aplati, écrasé, je le voulais ! Je vous ai vu vous abaisser, perdre toute dignité, vous avilir, vous vautrer dans la fange, tomber dans l'abrutissement, j'étais satisfaite ! En vous voyant souffrir, vieillir avant l'âge, je pensais à ma sœur et j'étais contente !

Vous étiez riche, vous êtes pauvre ! Vous étiez un homme, vous n'êtes plus rien ! J'ai voulu cela, je l'ai voulu !...

Maintenant tout est fini pour vous, vous ne pouvez plus faire de nouvelles victimes !

Et si j'ai été sans pitié pour vous, c'est que vous aviez été sans pitié pour les autres.

Cependant quand j'appris que vous étiez père de deux enfants et que vous aviez lâchement abandonné votre femme et vos fils, comme vous aviez abandonné Dolorès, je me sentis troublée, épouvantée de l'œuvre terrible que j'accomplissais. Si, alors, vous aviez eu des regrets de votre indigne conduite, si seulement vous aviez pensé à votre femme et à vos enfants, vous m'auriez désarmée et je me serais arrêtée; oui, je n'aurais pas poursuivi mon œuvre de vengeance; pour épargner les innocents, j'aurais cessé de frapper le coupable.

Hélas ! non seulement vous n'aviez aucun regret du passé, mais pas même une pensée pour votre malheureuse femme et vos pauvres enfants ! Et pourquoi cette horrible indifférence, cette absence des sentiments les plus naturels, cet oubli des devoirs imposés à l'homme, cette insensibilité monstrueuse que n'ont pas les bêtes les plus cruelles ?

C'est que, toujours, vous avez été dominé par vos passions épouvantables, et que toujours vous leur avez tout sacrifié ! C'est que dans votre cœur et dans votre âme, tout est mauvais !

Est-ce que je pouvais avoir pitié de vous ? Non, non, non !... Je me trouvais en face d'une espèce de monstre, j'ai été impitoyable, mon œuvre de vengeance s'est accomplie.

Et vous n'avez rien vu, rien compris, rien deviné... Aveuglé par votre passion, étourdi, éperdu, vous n'avez pas senti que je vous poussais vers un abîme. Rien ne vous a dit que je vous méprisais, vous haïssais, que vous me faisiez horreur !... Rien ne vous a averti que vous étiez sous une main vengeresse ! Don Juan ne s'est pas souvenu de la statue du commandeur !

Le misérable n'avait plus figure humaine ; il restait la tête inclinée sur sa poitrine, n'osant plus lever les yeux, et tremblait de tous ses membres.

La jeune femme le contempla un instant avec une froide pitié et reprit :

— Voilà ce que j'avais à vous dire, monsieur de Verdraine, voilà les explications que j'ai cru devoir vous donner. C'est à vous à parler maintenant, je vous écoute !

— Vous m'épouvantez ! prononça-t-il d'une voix brisée.

— Je comprends l'effet que mes paroles ont produit sur vous, monsieur le comte ; mais ce n'est pas moi, c'est le souvenir de vos infâmies qui vous épouvante. La main de Dieu s'est appesantie sur vous, reconnaissez donc que votre châtiment était mérité.

Monsieur le comte, continua-t-elle d'une voix subitement radoucie, le pardon peut être accordé aux plus grands coupables; ayez horreur de votre passé et repentez-vous.

Il releva brusquement la tête, jeta sur la danseuse un regard sombre et répondit d'un ton farouche :

— Il est trop tard !

— Non, non; il est toujours temps d'avoir des regrets et de se repentir.

— Trop tard, vous dis-je; je n'ai plus qu'une chose à faire.

— Quelle chose ?

— Me tuer ! répondit-il sourdement.

— Malheureux ! Et votre femme et vos enfants !

Il haussa les épaules, jeta autour de lui des regards de fou, grommela en les mâchant des mots que Flora ne put entendre et sa tête retomba sur sa poitrine.

La jeune femme hocha tristement la tête.

— Rien à faire, murmura-t-elle. Mon Dieu, si j'ai dépassé le but, pardonnez-moi !

Elle resta un instant songeuse, hésitante, puis, avec une vibration dans la voix, qui trahissait son émotion, elle reprit :

— Monsieur le comte, si bas que l'on soit tombé, on peut se relever. Peut-être pourriez-vous encore être heureux.

Il eut un haut-le-corps.

— Comment ? fit-il.

— Vous avez une famille ! répondit-elle avec une douceur infinie.

Il la regarda avec une sorte d'effarement et un sourire étrange fit grimacer ses lèvres.

La jeune femme attendait anxieuse.

Espérait-elle le réveil des sentiments paternels?

Le comte avait fait quelques pas et s'était approché d'un fauteuil sur lequel il tomba lourdement.

— Monsieur de Verdraine, reprit Flora toujours avec la même douceur, interrogez votre conscience et consultez votre cœur; est-ce que vous ne sentez pas en vous assez de force et de courage pour aller vous jeter aux pieds de la comtesse de Verdraine et lui demander au nom de vos enfants de vous pardonner?

Il ne répondit pas; mais il eut comme un mouvement d'impatience et d'irritation et prit sa tête dans ses mains.

— Ce n'est point ce que j'attendais et espérais, murmura la danseuse.

Et elle soupira.

Il y eut un assez long silence.

— Monsieur le comte, dit Flora, vous m'avez demandé pourquoi j'avais quitté Paris brusquement, où j'étais allée, et ce que j'avais fait; je vous ai répondu que je vous le dirais. Écoutez. Quelques heures avant mon départ, j'avais reçu une lettre d'un de mes anciens amis; cette lettre m'apprenait que madame la comtesse de Verdraine avait été trouvée mourante sur une route, à plus de vingt lieues de Grenoble et des Bergères, et que la malheureuse jeune femme, dont les chagrins et la fatigue avaient complètement épuisé les forces, n'avait peut-être plus que quelques jours à vivre.

Le comte s'était redressé, et, attentif, écoutait.

— En vous frappant, monsieur de Verdraine,

continua la Papillonne, j'avais frappé votre femme et vos enfants, et je ne voulais pas que la comtesse mourût sans que je me fusse agenouillée devant elle. Pour cette raison et pour une autre encore, que je n'ai pas à vous faire connaître, je suis partie.

J'ai trouvé la comtesse dans un village, chez des paysans, n'ayant plus, hélas! qu'un souffle de vie. Je me suis installée à son chevet, et je l'ai soignée, en demandant à Dieu de lui conserver la vie et de me pardonner tout le mal que j'avais fait à des innocents. Pendant huit jours, je n'ai pas quitté la malade d'un instant. La danseuse était devenue sœur de charité.

Dieu a entendu mes prières et les a exaucées; la comtesse de Verdraine est maintenant hors de danger.

Le comte écoutait, mais restait impassible. Rien dans ses yeux mornes. Pas un muscle de son visage ne remuait.

La jeune femme poursuivit :

— Une nuit, la comtesse de Verdraine avait quitté les Bergères, emmenant avec elle ses enfants, et résolue à se rendre à pied en Bourgogne. Pour faire ce long et pénible voyage, la malheureuse n'avait pour toutes ressources qu'une soixantaine de francs, somme insuffisante pour faire vivre la mère et les enfants. Mais elle s'était dit : « Quand je n'aurai plus un sou pour acheter du pain à mes enfants, je mendierai! »

Le comte s'anima.

— Elle avait pour plus de quarante mille francs de bijoux! dit-il.

— Elle n'avait plus de bijoux, elle n'avait plus rien, répliqua Flora. Mais attendez, monsieur le comte, je vous parlerai, le moment venu, des bijoux de la comtesse de Verdraine.

Elle se mit en route, comme je viens de vous le dire, et dans la nuit du sixième jour de marche, elle fut trouvée étendue sur la route, raide, glacée, ne donnant plus signe de vie. Elle était seule. Qu'étaient devenus Georges et Édouard ! La fatalité les avait séparés de leur mère ; ils s'étaient perdus et avaient été trouvés, pleurant, désolés, par un cantonnier, qui les avait conduits à sa demeure. Ils sont en sûreté.

La jeune femme s'arrêta, espérant que le père allait s'écrier :

— Où sont-ils ?

Mais le comte resta muet.

Le cœur de la danseuse se serra douloureusement.

— Monsieur le comte, poursuivit-elle, d'une voix plus forte, la comtesse de Verdraine n'a pas quitté les Bergères tranquillement, elle s'en est enfuie affolée, pour se soustraire aux violences brutales d'un homme, son implacable ennemi. Cet homme, cet ennemi, devant lequel la comtesse a fui avec épouvante, c'est un misérable que vous avez appelé votre ami, c'est M. de Miray.

Le comte eut comme un mouvement de surprise.

— Allons donc ! fit-il.

— Savez-vous que M. de Miray est devenu le propriétaire de votre domaine de Verdraine et de la ferme des Bergères ?

— Je le sais.

— M. de Miray a été votre mauvais génie, le démon qui vous a poussé à l'oubli de tous vos devoirs et vous a perdu.

— M. de Miray est un ami sûr; mieux que personne, je sais ce qu'il a fait pour moi.

— Ah! ah! ah! ce qu'il a fait pour vous, parlons-en; s'il n'eût tenu qu'à cet ami sûr et dévoué, monsieur, à l'heure présente vous seriez à Mazas et prêt à passer en cour d'assises comme faussaire.

Le comte se dressa comme mû par un ressort.

— Quoi! s'écria-t-il, vous savez?...

— Oui, je sais que vous avez fait un faux en imitant l'écriture et la signature de M. de Miray.

— J'étais autorisé par lui.

— C'est difficile à croire.

— J'avais besoin de quarante mille francs dans les quarante-huit heures, une dette d'honneur à payer; je m'adressai à M. de Miray, qui me répondit qu'il n'avait pas cette somme pour le moment à mettre à ma disposition, mais que je pouvais faire un billet signé de son nom, l'escompter et qu'il le payerait lorsqu'il lui serait présenté.

— C'est fort bien. Mais pourquoi donc votre généreux ami n'a-t-il pas fait lui-même le billet?

Le comte fut frappé de l'observation.

— Il n'a pas fait lui-même le billet, continua Flora, parce qu'il voulait que vous devinssiez un faussaire. Votre excellent ami vous tendait un piège.

— Non. Comme vous le dites, il pouvait faire le billet, mais il n'a pas eu une mauvaise intention, et la preuve, c'est que le billet lui a été présenté et qu'il l'a payé.

— Ah ! vous croyez cela ?

— Je n'ai plus entendu parler du billet ; donc il a été payé.

— Oui, monsieur le comte, oui, il a été payé, mais pas par M. de Miray, qui a déclaré nettement qu'il était faux.

— Oh !

— C'est le moment de vous parler des bijoux de la comtesse de Verdraine. Elle les a vendus quarante mille francs à un joaillier de Grenoble, et avec le prix de ses bijoux, pour vous sauver de la prison, d'une condamnation infamante, pour que votre nom ne soit pas flétri publiquement, votre femme a retiré le faux billet des mains du banquier et l'a immédiatement brûlé à la flamme d'une bougie.

Voilà ce qu'a fait la comtesse de Verdraine, continua la jeune femme avec animation ; elle ne possédait que ses bijoux et elle comptait sur la somme que leur vente produirait pour élever ses enfants; cependant elle n'a pas hésité à sacrifier cette petite fortune de ses fils pour que leur père ne fût pas flétri du nom de faussaire.

Le comte ne savait plus que dire. Il était écrasé.

Après un court silence, la Papillonne reprit :

— Je reviens à M. de Miray, monsieur le comte. Je vous ai dit que ce soi-disant ami avait été votre mauvais génie, qu'il avait tout fait pour vous perdre, qu'il avait été pour vous l'homme fatal; le croyez-vous, maintenant ?

Le comte resta silencieux, mais son regard eut un éclair livide.

— Et pourquoi, feignant l'amitié, cet homme vous haïssait-il ? Pourquoi ce rôle odieux qu'il a joué près de vous, vous flattant, vous caressant, pour vous mieux mordre ? Pourtant il n'avait pas à se venger de vous, lui. Un autre sentiment le faisait agir : il voulait vous prendre votre femme !

— Que dites-vous ?

— Il voulait vous prendre votre femme ! répéta lentement la danseuse et en appuyant sur les mots.

— Qui vous a dit cela ? exclama le comte, blêmissant.

— Madame la comtesse de Verdraine elle-même.

— Le lâche, le lâche ! murmura le comte, les lèvres crispées.

— Enfin, j'ai touché un endroit sensible, pensa la jeune femme.

Elle reprit :

— Et pourquoi M. de Miray est-il devenu l'ennemi mortel de la comtesse de Verdraine ?

— Oui, oui, pourquoi ?

— Parce que la comtesse de Verdraine, qui est une honnête femme, fidèle à ses devoirs, n'a pas voulu être sa maîtresse; parce que la comtesse de Verdraine a jeté à la face de M. de Miray le mépris, l'horreur et le dégoût qu'il lui inspirait.

Je vous le répète, votre femme s'est enfuie des Bergères pour échapper à son ennemi, pour ne pas tomber dans un piège qu'elle redoutait, pour ne pas être la victime de M. de Miray. Et, loin de cet homme, la comtesse de Verdraine le redoute encore, car elle est convaincue qu'il ne cessera pas de la poursuivre de sa haine et de sa vengeance.

Hélas ! elle n'a personne auprès d'elle pour la protéger et la défendre.

A peine M. de Miray avait-il acheté le domaine

de Verdraine qu'il est venu dire à la comtesse : — « Soyez à moi et ce soir même vous rentrerez triomphante au château de Verdraine, où vous avez été heureuse autrefois. »

Oui, monsieur le comte, M. de Miray a osé proposer à la comtesse de Verdraine de rentrer, la honte au front, dans ce château de vos ancêtres, où elle a connu, respecté et vénéré le marquis de Verdraine et la baronne de Bressac ; dans ce château où elle a été la châtelaine aimée et honorée.

Oh ! sachez-le, M. de Miray ne désire posséder votre femme maintenant que parce qu'il veut son déshonneur public ; il voudrait la traîner dans la boue. Voilà la vengeance qu'il rêve.

Déshonorer la mère de vos enfants, attacher un stigmate de honte au front de vos fils, flétrir à jamais le nom de Verdraine, voilà le but que poursuit ce misérable dans sa haine féroce.

— Assez, assez ! s'écria le comte affolé.

— Oui, n'est-ce pas, c'est assez. Heureusement la comtesse Paule aime ses enfants et en est adorée. Elle n'a plus qu'une chose à leur conserver : l'honneur, et elle ne faillira pas à cette noble tâche.

Le comte fit deux pas vers Flora, les yeux étincelants, convulsivement agités.

— Voyons, demanda-t-il, pourquoi me dites-vous cela, pourquoi, pourquoi ?

— Pour que vous sentiez si c'est encore le sang de vos ancêtres qui coule dans vos veines, répondit-elle gravement ; pour essayer de vous faire rentrer en vous-même ; pour remuer vos entrailles paternelles.

Il la regarda fixement, avec une expression étrange.

— Monsieur de Verdraine, poursuivit-elle, vous êtes tombé, relevez-vous! Il en est temps encore, rompez avec votre abominable passé, devenez un autre homme.

— Trop tard, trop tard! prononça-t-il d'une voix creuse.

— Non, vous dis-je encore une fois, non il n'est pas trop tard, si vous avez l'âme vaillante... Retrouvez votre fierté, reprenez votre dignité, et vous verrez se rouvrir l'avenir qui vous semble fermé.

— Je suis brisé, anéanti! murmura-t-il en secouant la tête.

Il resta un moment silencieux et s'écria :

— Mais quelle femme êtes-vous donc? Êtes-vous un ange ou un démon?

— Hélas! répondit-elle avec un accent de tristesse profonde, je ne suis qu'une malheureuse épouvantée du mal qu'elle a fait à des innocents!

— Et moi, et moi?

— Vous, monsieur le comte, je vous le répète, je vous plains! Mais vous méritiez un châtiment. J'ai vengé Dolorès d'Argélias.

— Et je ne vous verrai plus?

— Jamais!

Le comte poussa un gémissement, et un tremblement nerveux secoua son corps tout entier.

Il enveloppa la jeune femme d'un regard ardent où passaient toutes les flammes de sa passion et d'une voix sombre :

— Adieu, Flora, dit-il; je ne sais pas encore ce que je vais faire; mais vous saurez bientôt comment un misérable comme moi montre qu'il sait ce qu'il doit aux autres et à lui-même.

La regardant toujours, il hocha la tête, poussa un nouveau gémissement et s'élança hors du salon comme un fou en criant :

— Adieu, Flora, adieu !

La danseuse soupira, se laissa tomber sur un siège et murmura :

— Que fera-t-il ?

XIV

MONSIEUR L'INGÉNIEUR

Il y a à Bellombe une voiture publique qui va tous les jours à Belley. Le messager part à six heures du matin, emmenant les voyageurs qui montent dans sa voiture à Bellombe et ceux qu'il trouve sur son passage, quand il y a place à leur donner. Il est vrai que les places manquent rarement; car si la régie autorise le messager à prendre six voyageurs, il arrive assez souvent qu'il contrevient aux règlements de police et fourre dans son véhicule jusqu'à dix ou douze personnes qui y sont pressées comme des harengs dans une tonne.

Pas vu, pas pris. Allons-y tout de même.

Le messager fait dans la ville les commissions dont on l'a chargé, emplit le derrière de sa voiture de colis de toute nature, vin, huile, légumes, épiceries, tabac, comestibles, boîtes, malles, etc. Puis à quatre heures il attelle ses chevaux et se met en route pour revenir à Bellombe où il arrive généralement à sept heures.

Or, le surlendemain du jour où la Papillonne

avait quitté la comtesse Paule, le messager, retour de Belley, amena à Bellombe, entre autres voyageurs, un homme d'une quarantaine d'années, à figure joviale, portant toute sa barbe, convenablement habillé et d'assez bonnes manières, qu'il déposa avec ses deux malles à l'auberge du *Cheval-Blanc*.

Le voyageur demanda une chambre, en disant qu'il resterait au moins quinze jours ou trois semaines à Bellombe. La plus belle chambre de l'auberge lui fut donnée.

Quand on eut monté les malles dans la chambre, le voyageur les ouvrit devant l'aubergiste et son garçon. L'une contenait son linge et ses effets d'habillement. Les vêtements et le linge étaient neufs et un œil un peu exercé aurait pu voir facilement qu'on n'en avait pas encore fait usage.

L'autre malle contenait tout un assortiment d'objets propres à un géomètre ou à un ingénieur; la chaîne et l'équerre d'arpentage, une boîte de compas, des crayons, des règles, des équerres de plusieurs grandeurs, des encres noire, bleue et rouge, etc. Dans un carton se trouvaient des feuilles de papier à dessin et à décalquer; sur quelques feuilles il y avait de grandes lignes tracées, les unes bleues, les autres noires ou rouges, puis des lettres de distance en distance et des chiffres microscopiques.

L'aubergiste ouvrait de grands yeux ébahis.

— Mon cher monsieur, lui dit le voyageur, je me nomme Julien Forestier; je suis ingénieur au service de la Compagnie des chemins de fer économiques, et je suis envoyé de Paris à Bellombe par ma compagnie. Vous n'ignorez pas, sans doute, qu'il est question d'ouvrir dans cette contrée un chemin de fer d'intérêt local.

— Certainement, monsieur, on parle de cela depuis deux ans, et nous ne voyons rien venir.

— La chose va aboutir ; je suis envoyé à Bellombe pour examiner les lieux où la nouvelle ligne doit passer, où des stations pourront être établies...

— Monsieur, tâchez que nous ayons une station ici, à Bellombe.

— Je ne peux rien vous promettre encore, je verrai. Il faut d'abord dresser les plans, tenir compte de tous les accidents de terrain et déterminer le tracé le plus avantageux. Telle est la mission qui m'est confiée en ma qualité d'agent de la compagnie des Chemins de fer économiques.

J'aurai aussi à voir les principaux habitants de votre commune et des villages voisins pour les engager à prendre des actions du nouveau chemin de fer et recueillir leurs souscriptions, je veux dire le nombre des actions qu'ils prendront, car les versements d'argent ne commenceront que lorsque les travaux seront en cours d'exécution.

— Cela a été déjà fait, monsieur : il y a un an un agent comme vous est venu à Bellombe et il a trouvé beaucoup de gens qui se sont fait inscrire comme souscripteurs aux actions. Ainsi, moi, j'ai souscrit pour quatre actions de cinq cents francs, c'est-à-dire deux mille francs.

— C'est très bien, cher monsieur, et je vous félicite d'avoir compris les intérêts de votre pays. Ce que vous m'apprenez me fait grand plaisir ; j'aurai moins de peine à recueillir des souscriptions.

— A Bellombe nous désirons tous avoir un chemin de fer.

— Je comprends cela; les chemins de fer font la fortune des pays où ils passent; ils ont fait la fortune de la France par les innombrables services qu'ils rendent au commerce et à l'industrie. Les chemins de fer, cher monsieur, ah! quelle belle invention! Au lieu de trois heures pour aller à Belley, vous vous y rendrez en un quart d'heure. Voila le progrès. Inclinons-nous devant le progrès.

— Je m'incline, monsieur.

Et l'aubergiste, en effet, s'inclinait devant le voyageur, flatté qu'un homme aussi considérable, un ingénieur, daignât causer avec lui.

Mais l'entretien fut clos par ces paroles de l'ingénieur.

— Mon cher hôte, j'ai besoin de souper; je vous préviens que j'ai toujours un appétit dévorant et que je bois encore mieux que je ne mange.

— Tant mieux, monsieur, tant mieux.

— Je ne regarderai pas à la dépense; mais je veux des mets excellents, des vins vieux premier choix, du bon café et des liqueurs exquises.

— Vous serez satisfait; ma femme a été cuisinière à Lyon chez un chanoine très gourmand, qui, comme vous, mangeait bien et buvait encore mieux. Ma cave est bien garnie, je ne vous dis que ça, et vous jugerez du savoir-faire de mon épouse.

— Tout de suite, cher monsieur, tout de suite. Allez, allez, j'ai faim. Je descends derrière vous car, comme j'aime beaucoup la société, je prendrai mes repas dans la grande salle de votre auberge.

Le lendemain, tout le monde savait à Bellombe qu'un savant ingénieur était arrivé de Paris pour étudier le tracé définitif du fameux chemin d'intérêt local depuis si longtemps attendu, et au bout de quelques jours, M. l'ingénieur était l'objet de toutes les sympathies.

Il n'était pas fier du tout, on peut même dire qu'il était assez familier. Il saluait tout le monde, causait avec ceux-ci, avec ceux-là, distribuait des poignées de main comme un évêque des bénédictions, et cela avec un air si bon enfant !

On le voyait en rase campagne, arpenter la plaine à grandes enjambées, lever des plans, prendre des niveaux.

Le soir, et souvent même dans la journée, car il ne travaillait pas constamment, il faisait la partie de billard avec les habitués du café du *Cheval-Blanc*, et ne dédaignait même pas de jouer à l'écarté, au domino, au matador, quand on l'en priait, et de faire le quatrième pour une fine partie de piquet. Il jouait aussi aux dames, aux échecs, y était fort habile, et en sa qualité d'ingénieur, habitué aux calculs, à chercher des combinaisons, il gagnait presque toujours. Toutefois il n'abusait point de sa supériorité pour ne pas ouvrir son porte-monnaie; au contraire, il était généreux, et c'était lui le plus souvent qui payait les dépenses et régalait ses nouveaux camarades.

Ses fonctions devaient être bien rétribuées, car il avait ses poches pleines d'or et son portefeuille bien garni de billets de banque.

Il avait fait une visite au maire, qui l'avait fort bien reçu, et l'on avait longuement et sérieusement parlé du chemin de fer projeté. L'ingénieur connaissait les votes du conseil général, du conseil d'arrondissement, les démarches faites auprès de députés influents; il était au courant de tout et n'hésita pas à dire que la ligne serait autorisée dès que le tracé et les devis seraient soumis au ministre.

Il se présenta également dans plusieurs maisons de Bellombe ayant un cahier sur lequel il inscrivait les noms des souscripteurs aux actions.

Il déployait une activité sans pareille. Il tenait, disait-il, à ce que les travaux du chemin commençassent dans le plus bref délai possible. On voyait qu'il mettait réellement toute son énergie, tout son cœur à la réussite de l'importante affaire.

Au café, chez les uns et chez les autres, il écoutait tout ce qui se disait, sans en avoir l'air, avec indifférence, et n'ignorait rien de ce qui se passait dans la commune.

Ainsi il savait qu'il y avait chez les époux Gaspard une malade, une jeune femme très jolie dont le nom n'était connu de personne, mais qu'on croyait être la fille d'un montreur de bêtes, que c'était cet homme, ce forain, qui avait amené la jeune femme chez les Gaspard pour qu'elle y fût soignée.

Et on l'avait bien soignée, en effet, puisque, après avoir été à l'agonie, le médecin de Bellombe disait maintenant, à qui voulait l'entendre, que sa malade était tout à fait hors de danger, qu'avant quinze jours elle serait sur pied, que c'était un vrai miracle et vraiment la plus belle cure qu'il eût faite depuis plus de trente ans qu'il exerçait la médecine.

L'ingénieur avait appris aussi qu'une jeune femme,

également très jolie, très simplement mise et qu'on croyait être la sœur de la malade, était venue passer plusieurs jours auprès de cette dernière. Elle l'avait soignée avec un dévouement admirable, passant les nuits à son chevet, ce qui avait fort édifié le vieux médecin.

Quelques personnes seulement avaient pu voir cette jeune femme merveilleusement belle, et l'on n'avait pu savoir son nom. Elle était venue de Belley et était retournée à Belley. Était-elle réellement la sœur de la jeune malade ?

— Évidemment, disait-on partout, il y a là quelque gros mystère.

L'ingénieur écoutait, ne faisait aucune question, mais se livrait à part lui à ses réflexions.

Au sujet de la malade, il en savait plus long que ceux qui en parlaient, mais se gardait bien de le laisser voir.

Toutefois, il n'était pas aussi bien instruit qu'il l'aurait voulu ; il ignorait absolument qui pouvait être cette jeune femme, qu'on disait merveilleusement belle, et qui était venue passer quelques jours chez les Gaspard pour soigner la malade. Était-elle venue de Belley ou d'ailleurs ?

Après tout, que lui importait ? Il n'avait pas à se préoccuper de cette inconnue, du moment qu'il ne pouvait rien savoir. Dans tous les cas, ce dont il était bien sûr, c'est qu'elle n'était pas la sœur de la femme malade.

Il était au mieux avec le médecin, qui était un des premiers à qui il eût serré la main. Le docteur était toujours pressé, mais quand ils se rencontraient, ils échangeaient quelques paroles.

— Eh bien, monsieur le docteur, vous avez donc toujours beaucoup de malades ?

— Hélas ! oui ; quand ce ne sont pas les grands, ce sont les petits ; la coqueluche, la rougeole font des leurs en ce moment ; elles ne me laissent pas un instant de répit ; il faut les soigner ces pauvres mignons.

— Et surtout les guérir ; n'est-ce pas, monsieur le docteur.

— Oui, surtout les guérir.

— Heureusement vous êtes là, monsieur le sauveur.

— Je fais de mon mieux, monsieur, répondait modestement le médecin.

— C'est vous, monsieur le docteur, c'est vous et vos éminents confrères, qui conservent les futurs soldats de la France.

— Il en faut des soldats, monsieur, il en faut.

Et votre intéressante malade, que vous avez sauvée d'une mort certaine, comment va-t-elle ?

— De mieux en mieux. Les forces reviennent. Une belle cure, monsieur l'ingénieur, une belle cure !

— Dites, docteur, que vous avez fait un miracle. Quelle belle chose que la science !

Aujourd'hui la science est tout, mais je vous quitte, monsieur.,. un accouchement...

— Encore un futur soldat, monsieur le docteur.

— A moins que ce ne soit une fille, monsieur.

Une après-midi, l'ingénieur se rendit chez Gaspard pour solliciter sa souscription.

— Je ne suis pas riche, monsieur, répondit le vieillard ; à force d'économies, nous avons amassé, ma femme et moi, une petite rente qui est bien juste suffisante pour nous faire vivre. Cependant je ne veux pas que vous ayez pris inutilement la peine de venir chez moi; veuillez m'inscrire pour une action.

— Les petits ruisseaux font les grandes rivières, monsieur Gaspard.

Et, gravement, l'ingénieur, écrivit sur son cahier :

« M. François Gaspard, — une action.

— Votre habitation est une des plus jolies de Bellombe, monsieur Gaspard, reprit l'agent de la compagnie; l'aspect en est fort agréable et l'intérieur répond à l'extérieur : tout est propre, luisant, l'ordre règne partout; ces meubles ont un air joyeux qui réjouit. En passant, j'ai jeté un coup d'œil dans votre jardin; il est admirablement planté et entretenu. Est-ce que vous avez un jardinier?

— Non, monsieur, je m'occupe seul de mon jardin.

— Quoi, c'est vous qui prenez soin de cette variété de belles fleurs, de ces roses magnifiques?

— Oui, monsieur.

— Recevez mes félicitations, monsieur Gaspard, vous avez des goûts d'artiste.

— Vous aimez les fleurs, monsieur l'ingénieur ?

— Je les adore, surtout les roses ; oh ! les roses !...

— C'est comme moi ; la rose est ma fleur préférée.

— C'est la reine des fleurs, la fleur des jeunes femmes et des jeunes filles.

— Dans mon petit jardin, j'ai plus de cent rosiers que j'ai greffés, et cinquante variétés choisies parmi les plus belles.

— Oh! monsieur Gaspard, si j'osais...

— Eh bien, monsieur?

— Je vous demanderais de me faire voir vos rosiers.

— Ce serait avec grand plaisir, monsieur; mais je ne peux pas... en ce moment.

— Ah!

— Ma femme est au jardin; elle promène sa malade, qui ne veut voir aucune personne étrangère.

— En effet, j'ai entendu dire que vous aviez chez vous une malade. Avez-vous espoir de la sauver?

— Oui, monsieur, Dieu merci!

— C'est une de vos parentes?

— Non, ce n'est pas une parente, répondit laconiquement l'ancien saltimbanque.

— D'après ce que j'ai entendu dire dans le pays, elle a été bien près de la mort.

— C'est vrai.

— Enfin, vous voilà rassuré; votre malade se lève?

— Depuis six jours seulement, monsieur, et aujourd'hui elle s'est sentie assez forte pour se promener dans le jardin.

— Cela promet d'aller tout à fait bien; allons, tant mieux; c'est si pénible de voir souffrir quelqu'un autour de soi. J'admirerai vos roses une autre fois, si vous le voulez bien, monsieur Gaspard; je comprends parfaitement qu'une jeune femme malade n'aime pas à être vue.

L'ingénieur se leva, salua l'ancien saltimbanque et se retira.

Tout en causant avec le vieillard, il avait pu jeter les yeux partout et sur tout, principalement sur les portes, et il s'était assez bien rendu compte de la distribution des pièces de l'appartement pour en pouvoir dresser le plan.

Avant de s'éloigner de la maison, il en fit le tour, sans avoir l'air de regarder, puis s'arrêta un instant sur le chemin vicinal qui passait derrière la haie du jardin. Cette haie était assez haute et très épaisse.

— Facile à franchir, murmura-t-il.

Il jeta autour de lui un regard rapide et n'aperçut personne. Il s'approcha de la haie, se haussa sur la pointe des pieds et vit ouverte la fenêtre d'une grande chambre gaiement éclairée par les rayons du soleil et dans laquelle plongea son regard.

— Voilà la chambre, se dit-il.

Ses yeux parcoururent ensuite le jardin embaumé du parfum des roses, mais il ne put voir la comtesse et madame Gaspard, qui venaient de s'asseoir sous un berceau couvert d'aristoloches aux larges feuilles.

Notre homme n'avait plus rien à examiner, il s'en alla de ce pas tranquille du bon bourgeois campagnard qui fait sa promenade quotidienne. Il n'avait pas été vu près de la haie, mais l'eût-il été, que sa curiosité n'aurait pas paru suspecte; on aurait pensé qu'il était en admiration devant les fleurs du père Gaspard.

A un quart de lieue du village, il arriva à un sentier sur lequel il s'engagea et qui le conduisit à travers champs à un petit bois qui se trouvait sur le territoire de la commune de Vasselot. Il y pénétra et bientôt, sortant du taillis, il se trouva sur un rond-point en face d'une vieille chapelle dédiée à Sainte-Anne, qui avait été autrefois l'objet de nombreux pèlerinages, et qui, abandonnée maintenant, tombait en ruine.

Une femme était là, assise sur un banc de pierre. Cette femme, jeune encore, — elle n'avait pas plus de trente à trente-cinq ans, — avait l'aspect d'une mendiante. Elle avait l'air de prier dévotement, ayant un chapelet entre les doigts.

Au bruit que fit l'homme, elle dressa la tête, mais se remit aussitôt à marmotter son *Ave*.

L'homme passa devant elle sans rien dire, fit le tour de la chapelle, plongeant son regard à travers le bois, puis se retrouva en face de la mendiante.

— Il n'y a personne, dit-il, nous pouvons causer.

— Tu as été long à venir, je suis ici depuis midi.

— Je n'ai pas pu arriver plus tôt.

— Qu'as-tu à me dire ?

— Tout va bien ; les forces reviennent rapidement, elle se lève, se tient sur ses jambes, marche. J'ai décidé que nous ferions l'affaire samedi prochain.

— Tant mieux, car je commence à me lasser du métier que je fais.

La maison est-elle prête ?

— Oui.

— Qui recevra la pensionnaire ?

— Des gens dévoués au baron ; ils sont déjà installés.

— Les chevaux ?

— Vendredi soir, au plus tard samedi matin, ils seront aux relais. La chaise de poste arrivera à Bellombe et se trouvera sur le chemin, derrière la maison des vieux, à l'heure que tu indiqueras.

— Alors, à minuit ?

— Soit, à minuit.

— D'ailleurs, nous nous reverrons ?

— Ce sera nécessaire.

— Et tes deux hommes ?

— Ils ne quittent pas le bois. Tous les soirs, à la nuit, je leur porte des provisions. Comme moi, ils attendent avec impatience ; ils ne demandent qu'à agir et ont hâte d'en finir.

— C'est possible, mais je ne pouvais pas aller plus vite.

— As-tu pu savoir enfin qu'elle est cette jeune femme qui est venue soigner la dame ?

— Non, mais j'ai la conviction que c'était une saltimbanque envoyée de Belley par le montreur de bêtes.

— Peut-être ; mais tu n'es pas sûr ; il y a là-dessous quelque chose qui m'inquiète.

— Serais-tu peureuse ?

— Tu sais bien que non.

— Alors sois tranquille.

— Sans être peureuse, je suis prudente ; je n'aime pas ce qui est mystérieux et je le redoute.

L'homme haussa les épaules.

— Enfin, reprit la femme, nous nous sommes engagés à enlever la dame, il faut que nous fassions la chose.

— Samedi nous aurons rempli notre engagement et gagné trente mille francs. Après cela le baron se débrouillera de tout cela comme il l'entendra ; ce ne sera plus notre affaire, mais la sienne.

— Veux-tu que je te dise ma pensée ?

— Parle.

— Eh bien, je crois que le baron se lance dans une dangereuse aventure.

— Tant pis pour lui.

— Sans doute ; mais nous ?

— Ma chère, qui ne risque rien n'a rien. Le tout sera de prendre nos précautions et de ne pas avoir maille à partir avec la justice, si elle a vent de l'affaire. Grenoble n'est pas loin de la frontière, et aussitôt que nous aurons l'argent... fouette cocher !

— As-tu dressé ton plan pour samedi?

— Oui.

— Voyons ?

— A dix heures, toutes les maisons de Bellombe sont fermées; on est couché, on dort, et Gaspard et sa femme, les deux bons vieux, dorment, — je m'en suis assuré, — d'un profond sommeil. A dix heures et demie, nos hommes arrivent, se blottissent contre la haie du jardin et s'y tiennent cachés. Naturellement je serai là, caché aussi. Le moment venu, nous pénétrons dans le jardin en passant à travers la haie.

— Jusque-là, ça va bien; après ?

— La maison a trois chambres, toutes trois au rez-de-chaussée; dans la première, sur le devant, couchent le vieux et la vieille; la chambre de la dame est la troisième, avec une fenêtre sur le jardin, et elle est séparée de celle des vieux par la seconde chambre, un peux moins grande que les autres.

La fenêtre de la chambre de la dame a des volets qui se ferment à l'intérieur par un simple crochet; les volets sont vieux et mal joints; seulement avec la lame d'un couteau on peut soulever le crochet;

cela fait, avec mon diamant de vitrier j'enlève une vitre, je passe mon bras, je fais jouer l'espagnolette, toujours sans bruit bien entendu. La fenêtre est ouverte, je saute dans la chambre, mes hommes me suivent ou attendent, selon le cas. La dame est couchée, je me précipite sur elle; si elle essaye d'appeler au secours, j'étouffe ses cris; je l'enveloppe dans les draps et la couverture du lit, je la charge sur mes épaules et je l'emporte jusqu'à la chaise de poste où tu la reçois. Nos hommes disparaissent. Je monte sur le siège à côté de Brunet; il fouette ses chevaux et nous filons comme le vent.

— Très bien; mais les vieux peuvent se réveiller entendre, crier.

— Alors mes hommes sont là; ils se jettent sur eux, les bâillonnent et leur lient solidement les bras et les jambes avec des cordes dont ils seront munis.

Dans le cas où il y aurait des cris, un instant de lutte, la maison est assez éloignée des autres pour que personne ne puisse entendre.

Si je n'avais pas à redouter Gaspard et sa femme, je n'aurais nullement besoin des deux camarades, je ferais la chose seul; mais on ne sait pas ce qui peut arriver et il faut tout prévoir. Si le coup était manqué, il n'y aurait plus à recommencer, et nous en serions tous pour nos frais; il faut donc réussir.

— Oui, il le faut, murmura la femme devenue songeuse.

— Si tout marche bien, si quelque chose d'imprévu ne vient pas nous retarder, si enfin la dame est à minuit dans la chaise de poste, nous serons déjà à près de vingt lieues de Bellombe, c'est-à-dire au delà de notre dernier relais, lorsqu'on aura connaissance de l'enlèvement, et nous n'aurons plus rien à craindre. On cherchera, c'est certain, mais l'on ira de tous les côtés à la fois, ce qui est le meilleur moyen pour ne rien trouver.

— Il y a un télégraphe à Bellombe, on s'en servira.

— C'est probable; mais avant qu'on ait lancé les premières dépêches, les chevaux et les hommes auront disparu. Les hommes des relais, d'ailleurs, ne savent rien. Et puis, nous serons arrivés. Débarrassés de la dame, nous n'aurons plus qu'à nous occuper de nous, de notre sûreté.

— Fort bien, ton plan me paraît bien conçu, mais sais-tu qu'il est fort audacieux ?

— Sans audace on n'arrive à rien.

— Sans doute; cependant...

— Est-ce que tu n'approuves pas ?

— Si. Seulement des difficultés peuvent surgir; un rien, ce quelque chose d'imprévu dont tu viens de parler peut se tourner contre toi et tout perdre.

— Si l'on s'arrêtait à ceci ou à cela, à des craintes plus ou moins fondées, on ne ferait rien.

— C'est vrai. Malgré cela, entre autres choses, j'en vois une que je trouve mauvaise et qui peut être grosse de dangers.

— Quelle est cette chose ?

— Eh bien, il ne me plaît pas que la dame soit prise ainsi dans son lit et emportée sans être habillée, enveloppée seulement d'une couverture.

— Hein, fit le faux ingénieur avec un sourire railleur sur les lèvres, serais-tu jalouse par hasard ?

— Tu sais bien que non. Enfin, cela ne me plaît pas; si bien fermée que soit la voiture, je m'y trouverais fort mal à mon aise avec une femme presque nue.

— Ah! çà, voyons, est-ce que je puis dire à la dame : « Madame, veuillez avoir la bonté de vous habiller et après vous aurez l'extrême complaisance de prendre mon bras pour que je vous conduise à une voiture qui nous attend tout près d'ici? » Mais c'est bien, je tiens compte de ton observation; on prendra les vêtements de la dame et tu l'habilleras dans la voiture.

— Une voiture roulant à fond de train; comme ce sera facile, vraiment!

— Si c'est nécessaire on s'arrêtera un instant, et, s'il le faut, je te donnerai un coup de main.

La femme secoua la tête.

— Je crois, répliqua-t-elle, qu'il y a mieux à faire que ce que tu as imaginé.

— Ah! Est-ce que tu as une idée?

— Oui, j'ai pensé à une chose.

— Voyons, voyons.

La femme, qui était restée assise, se dressa debout et pendant quelques instants elle parla à voix basse presque à l'oreille de son complice.

Elle lui faisait connaître le projet que, de son côté, elle avait conçu.

Les yeux de l'homme étincelaient.

— Vraiment, fit-il, si nous réussissons par ce moyen, ce sera superbe.

— Alors, tu crois que je puis faire cela?

— Oui, certes; d'autant plus que si tu échouais,

rien ne serait compromis et que nous pourrions revenir à mon plan.

— Eh bien, dès demain, je me préparerai à agir; mais il faut que je te revoie après-demain.

— A quelle heure ?

— Je serai ici à cinq heures.

— C'est entendu.

Tous deux jetèrent autour d'eux des regards investigateurs, puis se serrèrent la main, et l'homme s'enfonça dans le taillis pendant que la femme, tenant ostensiblement son chapelet, s'en allait tranquillement d'un autre côté.

XV

LA RELIGIEUSE

On pouvait dire que la comtesse Paule était en pleine convalescence. L'amélioration dans l'état général de la malade était constant. Les forces lui revenaient comme par enchantement. C'était la vie qui rentrait dans ce pauvre corps que la fatigue et de longues nuits d'insomnie avaient si complètement épuisé. C'était une tranquillité relative succédant à tant de mortelles angoisses. C'était le commencement de l'apaisement des douleurs du cœur. C'était l'âme défaillante, brisée, qui reprenait confiance.

Tous les deux ou trois jours, l'honnête Gaspard écrivait à Pierre Rouget. Celui-ci n'avait d'abord communiqué qu'à Étienne les lettres qu'il recevait de Bellombe. Mais quand on reçut la nouvelle que tout danger avait disparu, que les forces revenaient rapidement à la comtesse, il fut décidé entre le vieillard et le jeune homme que l'on pouvait maintenant ne plus rien cacher à madame Pérard.

On apprit donc la vérité à la pauvre mère.

Elle pleura.

Mais après avoir été si près de la mort, sa fille était sauvée, elle la reverrait; c'était un adoucissement à sa douleur.

— Oh! oui, s'écria-t-elle, oh! oui, j'irai la chercher! Ah! je voudrais déjà être là-bas!

— Vous n'irez pas seule, madame Pérard, lui dit Étienne; si vous le voulez bien, Mélie vous accompagnera comme elle a accompagné votre père à Paris.

— Eh bien, oui, monsieur Étienne, Mélie viendra avec moi.

— D'abord vous ne serez pas seule, et peut-être Mélie pourra-t-elle vous rendre quelques services.

Maintenant les lettres de Gaspard étaient lues en présence de madame Pérard. Ces lettres très courtes, qui n'étaient en réalité que des bulletins de santé, et ne pouvaient être que cela, étaient attendues avec impatience et lues avidement.

— Nos amis de Saint-Amand savaient que tel jour la comtesse s'était levée pour la première fois; que tel autre jour elle s'était promenée une heure dans le jardin; que les couleurs de la santé reparaissaient sur ses joues; qu'elle engraissait; qu'elle parlait presque constamment de ses enfants, de sa mère, de son père, de son grand-père et qu'elle n'oubliait pas Miro.

Dans toutes les lettres il y avait cette phrase;

« Madame la comtesse vous embrasse tous de tout son cœur et de toute son âme. »

Un jour ce fut une lettre de Paule qui arriva.

Quelle joie! On s'embrassa. On pleurait de bonheur.

La comtesse disait qu'elle commençait à se sentir forte et vaillante. Elle espérait bien que dans quelques jours elle serait en état de supporter la fatigue du voyage. Ce serait elle qui écrirait à sa mère de venir la chercher. Elle faisait des recommandations au sujet de ses enfants qu'il fallait embrasser pour elle. A chacun des siens elle témoignait sa vive tendresse. Elle envoyait une caresse à Miro. Elle remerciait M. Etienne Denizot et sa mère de ce qu'ils avaient fait pour ses chers petits. Pas une plainte, pas un mot touchant le passé.

Georges et Edouard se faisaient aimer à Saint-Amand ; ils étaient si gentils avec tout le monde ! Et l'on écoutait avec tant de plaisir leur joli babil. On était étonné de leur intelligence extraordinaire et de l'instruction sérieuse qu'ils avaient déjà.

Toutes les portes leur étaient ouvertes, et ceux chez qui ils entraient en étaient tout fiers et heureux.

Mais les enfants ne sortaient jamais seuls ; toujours ils étaient accompagnés soit par leur grand'mère, soit par Pierre Rouget ou par madame Denizot ou Mélie. Et puis Miro était toujours avec eux, il les suivait partout, et il était impossible d'embrasser les maîtres sans donner aussi une caresse au chien.

Georges et Edouard aimaient autant madame Denizot que leur grand'mère et ils étaient souvent chez la mère d'Etienne.

— Je les adore, ces chéris, j'en suis folle ! disait madame Denizot. Mon Dieu ! que serait-ce donc si mon fils s'était marié et m'eût donné des petits-enfants !

Mélie aussi aimait beaucoup les mignons ; quand ils ne venaient pas, c'était elle qui courait les chercher, sachant qu'elle faisait plaisir à sa maîtresse ; et il fallait voir comme elle était fière de porter Edouard dans ses bras. Du reste, les enfants n'étaient pas avec elle avares de leurs baisers, et la pauvre bossue se sentait si heureuse de cette affection qu'elle s'en trouvait moins laide.

Mais c'était Etienne surtout que les enfants aimaient ; ils l'aimaient plus que leur grand'père, plus que leur aïeul Pierre Rouget. Pourquoi ? Mystère !

Pourtant le jeune homme ne faisait rien pour s'emparer de leurs jeunes cœurs ; il les embrassait quand ils arrivaient chez lui et c'était tout.

Un jour, Georges lui dit, devant madame Pérard et le père Rouget :

— Je t'aime de tout mon cœur et je voudrais bien que tu sois mon papa.

Aussitôt, Edouard répéta :

— Moi aussi, je t'aime de tout mon cœur, et je voudrais bien que tu sois mon papa.

Etienne tressaillit dans tout son être, devint très pâle et s'enfuit prêt à sangloter.

Le père et la fille se regardèrent tristement.

Madame Pérard, très émue, détourna la tête.

Le vieillard se frappa la poitrine, en s'écriant :

— Mille tonnerres ! avons-nous été bêtes !

Nous revenons à Bellombe. C'est le samedi ; il est trois heures de l'après-midi. Une voiture, une sorte de berline, attelée de deux chevaux vigoureux, s'arrête devant la maison des époux Gaspard.

Le cocher descend de son siège, ouvre la portière

et une religieuse, qui paraît avoir au moins soixante ans, met pied à terre. Un lourd chapelet pend à son côté; elle a sur la poitrine, attachée à un ruban qui entoure le cou, une croix en métal blanc émaillé de noir.

— Est-ce bien ici? demanda-t-elle au cocher.

— Oui, ma sœur, répond l'homme en s'inclinant respectueusement.

— Mon livre de prières est dans la voiture, mon ami, ayez l'obligeance de me le donner.

L'homme prend le missel, laissé sur le siège, et le présente à la religieuse.

— Ma sœur, serez-vous longtemps ?

— Je ne sais pas; mais je ferai mon possible pour que vous n'attendiez pas trop.

— C'est à cause de mes chevaux, ma sœur ; mais c'est bien, je les ferai manger et boire sans les dételer.

La religieuse fit sur elle le signe de la croix et s'avança d'un pas lent vers Gaspard qui, très surpris, avait ouvert sa porte et se tenait sur le seuil, son chapeau de soleil à la main.

— Monsieur, lui dit la religieuse de sa douce voix, vous êtes probablement M. Gaspard?

— Vous ne vous trompez pas, ma sœur, répondit le bonhomme, c'est moi qui suis Gaspard, François-Gaspard pour vous servir.

La bonne religieuse eut un sourire gracieux, et dit :

— Entrons dans votre maison, s'il vous plaît, monsieur, ce que j'ai à vous dire ne devant être entendu de personne.

Gaspard, de plus en plus étonné, se recula, et la

religieuse entra, faisant un nouveau signe de croix.

— Ma sœur, veuillez vous asseoir, dit le vieillard, s'empressant d'avancer un siège.

— Je vous remercie infiniment, monsieur.

Elle s'assit, et après un court silence, elle reprit :

— Je suis la mère Angélique, supérieure de la communauté de Saint-Joseph d'Alpérine.

Gaspard s'inclina respectueusement.

— Au nom de l'humanité, continua mère Angélique, je viens remplir ici une mission qui m'a été inspirée par l'amour du doux Jésus et qui est agréable à Dieu le Père et au Saint-Esprit.

— Ah ! fit le vieillard ouvrant de grands yeux.

— Monsieur, poursuivit la religieuse, je viens pleine de confiance trouver madame la comtesse de Verdraine, dont le cœur compatissant sera profondément touché de ma démarche et des paroles du Seigneur que j'ai à lui faire entendre.

Cette fois la surprise de Gaspard devenait de la stupéfaction.

— Monsieur, reprit la religieuse, les instants sont précieux ; Alpérine, vous le savez sans doute, est à huit lieues de Bellombe, et il faut que je sois rentrée à ma maison avant la nuit ; veuillez donc, je vous prie, prévenir madame la comtesse que la mère Angélique des dames de Saint-Joseph demande à avoir un entretien avec elle et que ce qu'elle a à lui dire est très important, très grave.

— Madame la comtesse est au jardin, dit Gaspard très ému et en se levant, je vais lui annoncer votre visite, ma sœur.

— Oui, monsieur, et je vous remercie.

Le vieillard sortit et reparut au bout d'un instant, suivi de Paule et de sa femme.

La comtesse avait la physionomie animée et de l'inquiétude dans le regard. On voyait qu'elle était sous le coup d'une violente émotion.

Elle salua la religieuse, qui s'était levée, et lui dit d'une voix tremblante :

— Vous venez me trouver, ma sœur, de quoi s'agit-il donc. Qu'avez-vous à me dire, à m'apprendre? Par qui m'êtes-vous envoyée ?

— Madame la comtesse, dit mère Angélique, je répondrai à ces questions et à toutes celles qu'il vous plaira de m'adresser ; mais pour des raisons que vous apprécierez sans doute, je vous demande un entretien particulier.

Paule regarda Gaspard et sa femme et un doux sourire effleura ses lèvres.

— Soit, ma sœur, dit-elle, veuillez me suivre dans ma chambre.

La religieuse suivit la comtesse, et toutes deux s'étant assises :

— Je ne vous cache pas, ma sœur, dit Paule, que je ne suis pas seulement étonnée, mais encore très inquiète; je relève à peine d'une cruelle maladie qui a mis mes jours en danger, et je crois n'avoir jamais été aussi impressionnable; vous me voyez pleine d'anxiété, j'ai des appréhensions, quelque chose me dit que vous venez m'annoncer un malheur.

— Hélas ! madame la comtesse, vous ne vous trompez pas.

— Mon Dieu ! mais qu'y a-t-il ? Parlez, parlez !

— Madame la comtesse, votre époux, M. le comte de Verdraine, est mourant.

— Mourant ! s'écria Paule.

— Hélas ! oui, madame la comtesse, et si le médecin qui a été appelé près de lui ne se trompe pas, il n'a plus que quarante-huit heures à vivre.

— Oh ! c'est affreux ! Mais comment savez-vous cela, ma sœur ? Où est le comte de Verdraine ? Qui vous a appris que j'étais ici ?

— Je réponds d'abord à votre dernière question, madame la comtesse ; j'ai appris que vous étiez à Bellombe, chez M. Gaspard, par M. le comte de Verdraine lui-même.

— Vous l'avez vu ?

— J'ai passé hier soir une heure à son chevet.

— Mais il n'est donc pas à Paris ?

— Il est à Alpérine, dans une chambre d'auberge.

— Mon Dieu, mais je ne comprends pas !

— Veuillez m'écouter, madame la comtesse, et vous comprendrez.

— Je vous écoute, ma sœur, je vous écoute.

— M. de Verdraine s'est confessé à moi et je crois qu'il ne m'a rien caché ; je sais quels sont ses torts envers vous et combien il est coupable ; mais le malheureux a des regrets, des remords, il se repent de vous avoir fait souffrir et du mal qu'il a causé... Dieu, notre Seigneur, madame la comtesse, pardonne toujours au pécheur qui reconnaît ses fautes et qui a le repentir sincère ; ah ! madame la comtesse, vous ne serez pas moins miséricordieuse que le Seigneur, et vous pardonnerez comme lui.

— Je pardonne, je pardonne !

— Ce cri est celui d'une belle âme.

— Continuez, ma sœur, apprenez-moi comment M. de Verdraine se trouve à Alpérine.

— Il a quitté Paris converti, maudissant les erreurs de son passé, ayant horreur de ses folies qu'il appelle des crimes. Comment a-t-il su que vous aviez quitté les Bergères avec vos enfants, que vous vous étiez mise en route à pied, que des saltimbanques vous avaient trouvée ne donnant plus signe de vie et amenée à Bellombe chez M. et madame Gaspard pour y être soignée? Ça, madame la comtesse, je l'ignore, il ne me l'a pas dit, jugeant sans doute que c'étaient là des détails inutiles.

Enfin, il avait quitté Paris repentant avec l'intention de venir se jeter à vos genoux et d'implorer votre pardon. Le malheureux était bien près d'arriver au but qui était l'objet de son unique pensée, lorsque le mal dont il est atteint l'a subitement arrêté.

— Mais quelle est donc sa maladie?

— Une pulmonie aiguë compliquée d'une maladie du foie et d'une décomposition rapide du sang, a dit le médecin. Hélas! il n'y a rien à faire; plus d'espoir, M. de Verdraine est perdu!

— Mon Dieu! dit Paule, les mains jointes et les yeux levés vers le ciel.

— M. le comte a fait appeler le bon curé d'Alpérine, continua la religieuse, il a fait sa confession générale et a reçu pieusement l'absolution et les derniers sacrements. Sur la demande du médecin, j'ai envoyé une de nos sœurs de charité pour veiller et prier dans la chambre du mourant.

Hier soir, je lui fis ma visite et je fus édifiée et émerveillée de sa piété. J'avais l'âme navrée en l'entendant parler de vous, madame la comtesse, et de ses enfants. Sa femme, ses enfants, il les appelle sans cesse; et il pousse des gémissements, des soupirs et il pleure... Rien de plus touchant, les cœurs les plus durs seraient attendris; on le plaint et on pleure avec lui.

Après lui avoir adressé quelques paroles consolantes, j'allais me retirer lorsqu'il se souleva brusquement sur son lit de douleur et me rappela.

— J'ai une grâce à vous demander, ma mère, me dit-il, mais je voudrais que nous fussions seuls.

Je renvoyai la religieuse et la servante qui se trouvaient dans la chambre et nous restâmes seuls. Il me pria de m'asseoir près de son lit, prit ma main qu'il serra faiblement et me dit :

— « Vous êtes bonne, vous pouvez me rendre un grand service, et vous ne me refuserez pas; d'ailleurs, on ne doit rien refuser à un malheureux qui va mourir.

Il se recueillit un instant et me fit sa confession comme il l'avait faite le matin au vénérable curé d'Alpérine. Je l'écoutai avec une émotion croissante et en versant des larmes. Il pleurait aussi, ce grand pécheur converti par la grâce de Dieu.

— « Eh bien, monsieur le comte, que puis-je faire pour vous? lui demandai-je quand il eut cessé de parler.

Il me répondit avec un accent de tristesse indéfinissable :

— « Je ne voudrais pas mourir sans avoir revu la comtesse de Verdraine, sans lui avoir demandé, au nom de Georges et d'Édouard, de me pardonner! Oh! continua-t-il en se tordant les bras avec douleur, être si près d'elle et ne pouvoir aller me jeter à ses pieds en lui criant : Pardon, pardon!

Le malheureux se mit à sangloter.

Je ne savais que dire pour calmer cette douleur, ce désespoir.

— « Je suis un misérable, disait-il, un homme odieux, qui ne mérite aucune pitié; mais je connais la comtesse de Verdraine, elle est bonne, compatissante, si elle savait que je suis ici, prêt à rendre l'âme, et que je l'appelle à grands cris, elle viendrait, oui, elle viendrait; j'aurais cette suprême et dernière joie de la revoir et de l'entendre me dire : « J'oublie et je pardonne! » Ah! la revoir et entendre le pardon sortir de sa bouche, c'est la grâce que je demande à Dieu avant de paraître devant lui. Car je suis perdu; je sens bien que j'approche de ma fin, que je n'ai plus guère à vivre.

Paule était en proie à une agitation facile à comprendre; elle écoutait haletante, le cœur horriblement serré.

La mère Angélique continua :

— Le malheureux m'apprit alors que vous étiez ici, madame la comtesse, à Bellombe, et les mains jointes, en pleurant, il me conjura, me supplia de me rendre auprès de vous et de faire tout ce qui dépendrait de moi pour vous amener à son lit de mort.

— « Faites que je meure en paix avec moi-même! s'écria-t-il; que je meure réconcilié avec la terre comme je le suis avec le ciel!

Que devais-je faire? Je demandai au Seigneur de m'inspirer, de me conseiller, et j'entendis la voix d'un ange qui me disait : « Il faut pratiquer la charité, tu ne peux pas refuser à un mourant ce qu'il te demande, »

Je n'avais plus à hésiter et je dis au malheureux, qui attendait anxieusement ma réponse :

— « Monsieur le comte, j'accepte la mission que vous me confiez et je la remplirai de mon mieux.

Il s'empara de mes deux mains et les pressa en me remerciant avec effusion.

Ses yeux s'étaient dilatés et il y avait comme un rayonnement sur son front.

Tout à coup son visage changea d'expression et refléta une indicible angoisse de l'âme.

— Ah ! malheureux que je suis ! s'écria-t-il d'un ton douloureux, j'oublie que la comtesse de Verdraine est elle-même malade, que ses jours ont été en danger ! Elle ne pourra pas venir, elle ne viendra pas, la suprême consolation que j'espérais ne me sera pas accordée, je suis maudit, maudit !

Il eut un accès de désespoir effrayant et j'eus beaucoup de peine à le calmer.

De grosses larmes roulaient dans les yeux de la comtesse et elle paraissait fort troublée.

Après un silence, la religieuse reprit :

— Ce matin, à onze heures, madame la comtesse, je me suis mise en route et me voilà devant vous ; vous connaissez la mission toute de charité dont je me suis chargée, j'attends votre réponse.

Paule appuya sa main sur son cœur qui battait avec violence et elle resta un long instant pensive, la tête inclinée sur sa poitrine.

Qu'allait-elle faire ou plutôt que devait-elle faire ?

Si elle eût encore aimé le comte de Verdraine, elle aurait senti en elle des déchirements ; ce qu'elle éprouvait n'était qu'un sentiment de commisération ; non, elle ne l'aimait plus ; mais il était son mari, il était le père de ses enfants et, à ce double titre, elle lui devait encore quelque chose, au moins ces paroles de pardon qu'il attendait d'elle. Il allait mourir et il l'appelait; pouvait-elle ne pas répondre à cet appel suprême? Il avait des regrets, des remords, il avait le repentir; pouvait-elle ne pas aller lui dire : Je vous pardonne? Non, pour elle et ses enfants, elle ne pouvait pas rester sourde à la prière du mourant. Son devoir était tout tracé, elle ne devait pas hésiter à l'accomplir.

Elle releva la tête et essuya ses larmes.

— Ma sœur, dit-elle, je suis encore bien faible; mais il s'agit d'un grand devoir à accomplir et la force ne saurait me manquer. Vous êtes venue me chercher, je suis prête à partir avec vous.

La religieuse, qui avait sans doute commencé une prière, l'acheva par un signe de croix.

— Madame la comtesse, dit-elle simplement, voilà la réponse que j'attendais.

— A quelle heure serons-nous à Alpérine?

— Nous arriverons sûrement avant la nuit. Vous verrez immédiatement notre pauvre malade; ensuite je vous emmènerai dans notre maison où vous serez accueillie comme une sœur. Si vous désirez rester à Alpérine pour recevoir le dernier soupir de votre époux, vous le pourrez sans nous causer aucune gêne; dans le cas contraire, la voiture que j'ai louée ce matin vous ramènera demain à Bellombe.

— Je verrai, répondit Paule, cela dépendra de mes forces. Mais ces dépenses que vous faites, ma sœur, j'aurai à vous les rembourser.

— Mais vous n'avez rien à rembourser, madame la comtesse; l'argent que je dépense est celui de M. le comte, qui m'a remis cent francs hier soir. J'ai pris moi-même cette somme dans la valise de

M. de Verdraine où il y a encore un millier de francs.

— C'est bien, ma sœur.

La comtesse appela les époux Gaspard et les mit rapidement au courant de ce qui se passait.

En apprenant que la comtesse allait partir, emmenée par la religieuse, l'homme et la femme furent consternés.

— Il le faut, dit Paule.

— Si seulement vous étiez complètement guérie.

— Rassurez-vous, dit la religieuse, madame la comtesse sera bien soignée par moi.

— Madame la comtesse, reviendrez-vous demain? demanda Gaspard.

— Je ne sais pas encore, mon ami; mais s'il ne m'est pas possible de revenir immédiatement, je vous écrirai ce soir même et vous recevrez ma lettre demain soir.

Paule, nous le savons, n'avait que les vêtements qu'elle portait; ses bottines avaient été remises à neuf par le cordonnier et, seul, son chapeau avait été remplacé par un autre très simple et pas cher qu'Annette avait fait venir de Belley.

Mais Mercédès lui avait laissé du linge et quelques centaines de francs.

Elle eut vite achevé de s'habiller. Madame Gaspard lui prêta un grand châle dont elle s'enveloppa.

Elle n'était pas richemement mise, la pauvre comtesse; mais cela lui importait peu. Le temps de la coquetterie était passé.

Elle mit cent francs dans sa poche et dit à la religieuse :

— Ma sœur, je suis prête.

Elle embrassa Annette et serra la main de l'ancien saltimbanque. Les deux vieux avaient la larme à l'œil. Ils n'avaient rien à dire, mais ça les tracassait tout de même de la voir partir. Enfin il le fallait.

Les chevaux avaient mangé et bu, et le cocher attendait, répondant oui, non ou je ne sais pas à quelques curieux qui s'étaient groupés devant la maison et l'interrogeaient.

Quand il vit paraître la comtesse et la religieuse accompagnées de Gaspard et de sa femme, le cocher grimpa vite sur son siège. Paule prit place la première dans la voiture et la religieuse s'assit à côté d'elle. On se fit des signes d'adieu. La voiture s'ébranla et, aussitôt sur le chemin, les chevaux partirent au grand trot.

On questionnait Gaspard et sa femme ; on voulait savoir si la dame inconnue reviendrait.

— Oui, elle reviendra.

— Quand?

— Demain où après-demain ; mais elle ne restera plus que quelques jours à Bellombe.

Les vieux suivaient du regard la chaise de poste ; elle était maintenant sur la grande route, loin déjà ; soudain, elle disparut dans une descente et l'on ne vit plus que des nuages de poussière s'élevant dans l'air.

Les questionneurs revenaient à la charge.

— Je n'ai plus rien à vous dire, leur répondit Gaspard.

Et lui et sa femme rentrèrent chez eux et fermèrent leur porte.

— Je suis triste, j'ai l'âme en peine, dit le mari.

— Je suis comme toi, répondit Annette.

— J'ai beau me raisonner, me dire que je suis bête, j'ai de l'inquiétude ; c'est comme le pressentiment d'un nouveau malheur.

Annette laissa échapper un long soupir.

XVI

L'ENLÈVEMENT

La chaise de poste filait avec la rapidité du vent et à la façon dont trottaient les chevaux, la comtesse se disait qu'ils ne mettraient guère plus de deux heures à faire le trajet.

— Mettez-vous bien à votre aise, madame la comtesse, avait dit la religieuse.

Elle-même s'était installée dans son coin, avait ouvert son livre d'heure, et s'était absorbée dans sa pieuse lecture.

Paule n'avait rien à dire à la sainte femme, plus rien à lui demander. Elle la laissa prier, se recueillit, et se livrant entièrement à ses pensées, se prépara à l'entretien qu'elle allait avoir avec son mari.

De temps à autre la religieuse jetait en dessous sur sa compagne un furtif regard. De temps à autre aussi elle levait la tête et disait :

— Madame la comtesse, comment vous trouvez-vous ? Etes-vous bien ?

— Bien, ma sœur, merci.

Paule n'avait pas de montre à consulter ; mais

elle se rendait compte du temps qui s'écoulait et pouvait le calculer sur la marche du soleil qui descendait rapidement vers le couchant ; elle commençait à s'étonner que l'on ne fût pas déjà arrivé.

— Peut-être, pensait-elle, pour que je ne sois pas effrayée de la distance, la bonne religieuse n'a-t-elle pas cru devoir me la faire connaître... Elle m'a dit huit lieues ; c'est peut-être douze ou quinze. Enfin, j'arriverai. Heureusement, je me sens à peine fatiguée. Comme je l'ai dit, ayant un devoir à accomplir, je ne peux pas manquer de force.

Elle retombait dans sa méditation et reprenait le cours de ses tristes pensées. Elle ne s'effrayait pas de se retrouver en présence du père de ses enfants ; mais elle ne pouvait se défendre contre une vague inquiétude. Elle allait le revoir mourant, peut-être à l'agonie, c'était bien triste. Et puis, que se passerait-il entre eux ?... Elle pensait aux heures de joie du passé si vite remplacées par des jours troublés, par la douleur, les souffrances, par toutes les amertumes ; elle pensait à sa petite Isabelle noyée, à ses fils, à ses parents, à Mercédès et aussi, en frissonnant, à Etienne Denizot. Alors, malgré elle, elle interrogeait son cœur et elle sentait qu'il était mort, bien mort pour le comte de Verdraine. Elle plaignait son mari, avait pitié de lui ; de la pitié et son pardon, c'était tout ce qu'elle pouvait lui donner maintenant, à cet homme, qui avait été sans pitié pour elle, qui avait brisé sa vie... Pour elle, hélas ! elle n'avait plus rien à espérer, plus rien à attendre ; son avenir et son bonheur, si elle pouvait encore avoir un peu de bonheur, étaient dans l'avenir et le bonheur de ses enfants. Oh ! comme elle les aimerait, comme elle veillerait sur eux ! Elle ne confierait qu'à elle seule le soin de leur éducation ; elle seule pouvait former leur cœur, faire de Georges et d'Edouard des hommes. Ah ! elle ne serait pas au-dessous de sa tâche ! Elle avait tant appris à la terrible école du malheur ! Ses enfants, qui allaient être orphelins, elle ne voulait vivre que pour eux, ne plus avoir de pensées que pour eux ! Avec quelle sollicitude, quel amour elle dirigerait leurs premiers pas dans la vie !

Mais son cœur était plein de douloureuses angoisses : à Saint-Amand, elle se trouverait près d'Etienne, et, ne le voulût-elle pas, elle le verrait ; cette pensée la terrifiait. S'il allait deviner son secret ! Oh ! elle mourrait de honte ! Mais non, elle saurait le cacher, ce secret terrible, épouvantable. Ses fils seraient près d'elle pour la protéger contre elle-même, ils seraient son égide, ils l'aideraient à arracher de son cœur ce fatal amour qui était devenu le pire de ses tourments.

Telles étaient, au milieu de bien d'autres, les pensées qui se heurtaient dans la tête de la comtesse.

Cependant elle avait vu le soleil se coucher, le jour déclinait, la nuit approchait.

La religieuse avait fermé son livre et disait son chapelet.

— Ma sœur, lui dit Paule, excusez-moi de troubler votre prière, mais j'ai à vous demander si nous n'arriverons pas bientôt ?

— Si, si, bientôt, ayez encore un peu de patience.

— Le temps ne vous paraît pas aussi long qu'à moi, ma sœur ; il me semble que nous avons fait beaucoup plus de huit lieues.

— C'est vrai ; je ne vous ai pas dit au juste la distance ; mais soyez tranquille, nous arriverons.

— Sans doute, seulement...

— Est-ce que vous vous sentez fatiguée?

— Un peu ; mais je ne vous le cache pas, je suis en ce moment plus inquiète que fatiguée.

— Que vous êtes enfant ! fit la religieuse.

Et elle se remit tranquillement à égrener son chapelet.

Une heure s'écoula encore. La nuit était venue et les chevaux trottaient toujours aiguillonnés souvent par la mèche du fouet.

L'inquiétude de la jeune femme allait toujours en augmentant ; elle était agitée, frémissante, et commençait à se demander si elle n'était pas tombée dans un piège. Elle pensa à M. de Miray et malgré elle un cri s'échappa de sa poitrine.

— Qu'avez-vous ? lui demanda la religieuse.

— Rien, répondit-elle, j'attends.

— Vous attendez ?

— Que nous arrivions.

Paule voulait paraître calme, mais sa voix était devenue tremblante.

— Elle se doute de quelque chose, pensa la religieuse.

A ce moment, on traversait un bois. La voiture s'arrêta. Paule voulut ouvrir la portière ; elle était fermée à clef.

— Nous ne sommes pas arrivées, dit la religieuse.

— Pourquoi s'arrête-t-on, alors ?

— Il y a des règlements de police auxquels on doit se conformer ; le cocher allume ses lanternes.

C'était vrai, le cocher allumait ses lanternes, précaution nécessaire, car des gendarmes en tournée pouvaient être rencontrés. Mais le cocher s'était surtout arrêté pour permettre à un homme, qui attendait à cet endroit de la route, de monter sur son siège. Dans cet homme nous reconnaissons le personnage qui s'était fait appeler Julien Forestier à Bellombe, le soi-disant ingénieur de la compagnie des Chemins de fer économiques.

La veille, le faux ingénieur avait quitté Bellombe précipitamment, disant qu'il était rappelé à Paris par son directeur. Il avait pris la voiture de Belley et c'était à Belley, probablement, qu'il avait laissé ses bagages dans un hôtel.

Les chevaux repartirent au petit trop et, au bout d'un quart d'heure environ, ils s'arrêtèrent de nouveau. Les pauvres bêtes n'en pouvaient plus.

La comtesse regarda par la portière. On n'était pas encore sorti du bois. A la lumière des lanternes, elle vit le cocher dételer ses chevaux et les remplacer par deux autres avec l'aide de l'homme qui les avait amenés.

— Un relai ! fit la comtesse avec stupeur.

Cette fois, ses doutes se changèrent en certitude, elle était tombée dans un piège. Toutefois, elle ne perdit point son sang-froid, et la colère qui s'empara d'elle aussitôt domina sa terreur.

Elle saisit violemment le bras de la religieuse.

— Vous m'avez trompée, lui dit-elle d'une voix terrible, l'habit que vous portez est un déguisement, vous n'êtes pas une religieuse, vous êtes une misérable, une lâche coquine ! Où me conduisez-vous, dites ? Où me conduisez-vous ?

— Vous le saurez quand vous y serez, répondit

brutalement la femme, dont la voix et l'attitude venaient de changer subitement.

— Infâme, infâme ! s'écria Paule en la secouant avec fureur.

— Laissez-moi, mais laissez-moi donc, vous me faites mal !

— Vipère, je voudrais t'écraser la tête !

— Il faudrait d'abord que vous en eussiez la force, répliqua la fausse religieuse d'un ton ironique.

— Tu as raison, misérable femme, ce serait sottise d'user mes forces contre toi, je dois les conserver pour me défendre contre un autre misérable plus redoutable. Tiens, je te laisse, je ne veux pas plus longtemps me salir les mains.

— A votre aise, madame la comtesse ! fit la femme railleuse.

Et un rire strident éclata entre ses lèvres.

— Je m'éloigne de toi, reprit Paule, je ne veux plus te toucher ni t'approcher ; ton contact me donne le frisson, me fait frémir dans tout mon être d'horreur et de dégoût !

— Dites donc que vous avez peur, riposta la femme en ricanant, et que c'est la peur qui vous donne le frisson et vous fait frémir ; pourtant vous n'avez rien à craindre, on ne vous veut pas de mal, au contraire.

— Ce sont les lâches qui ont peur, et je ne suis pas lâche, moi, vous en aurez la preuve. Allez, je sais qui est votre maître et ce qu'il veut ; ce qu'il espère, je le sais également ; mais qu'il prenne garde, et vous aussi, misérable, prenez garde !... Le ciel se lasse, à la fin, et la justice de Dieu a des châtiments épouvantables pour les infâmes.

La chaise de poste, emportée par les nouveaux chevaux, roulait avec une vitesse vertigineuse.

La comtesse essaya encore d'ouvrir la portière. Voyant que tous ses efforts étaient inutiles, au risque de se blesser, elle lança un coup de poing dans la vitre qui vola en éclats. Alors de toutes ses forces elle se mit à crier :

— A moi ! à moi ! Au secours ! au secours !

Mais la route était déserte, sa voix ne pouvait être entendue.

— Mais vous êtes folle de crier ainsi, lui dit la fausse religieuse.

Et la saisissant par les épaules, elle la tira en arrière et essaya de la terrasser. Mais elle avait compté sans la colère et le desespoir qui décuplaient les forces de la convalescente. Ce fut elle qui fut renversée au fond de la voiture, et Paule se remit à appeler :

— Au secours, au secours !

La chaise de poste s'arrêta.

La comtesse crut qu'elle avait été entendue, qu'elle allait être délivrée. Elle cria encore :

— A moi ! à moi !

Un homme parut à la portière, un homme que Paule ne connaissait pas. Elle poussa un cri de joie, car cet inconnu ne pouvait être qu'un défenseur, son libérateur.

— Sauvez-moi, monsieur, sauvez-moi ! exclama-t-elle.

L'homme ouvrit la portière. La jeune femme voulut s'élancer hors de la voiture ; mais celui qu'elle avait pris pour un libérateur la repoussa avec violence et lui dit d'une voix sourde :

— Vos cris sont inutiles, personne ne viendra à votre secours, taisez-vous donc. Il nous est recommandé d'avoir pour vous les plus grands ménagements, mais notre sûreté avant tout; si vous faites encore entendre votre voix, nous serons forcés de vous bâillonner et, s'il le faut, de vous garrotter; vous voilà avertie, tenez-vous tranquille.

La comtesse était terrifiée.

L'homme referma la portière, fit jouer une ressort et un épais panneau de bois vint s'adapter contre le carreau brisé. La même opération fut faite de l'autre côté du véhicule, et la comtesse et la fausse religieuse se trouvèrent dans une obscurité complète.

L'homme, qui s'appelait de son vrai nom Bargoin, remonta sur le siège et la chaise de poste repartit à fond de train.

Paule, sous le coup de la terrible menace qui venait de lui être faite, restait immobile, comme pétrifiée. Au bout d'un instant, cependant, elle parvint à ressaisir sa pensée et put réflechir.

Ainsi la fausse religieuse, qui avait si bien joué son rôle qu'elle était tombée dans le piège sans avoir eu seulement un soupçon, cette misérable femme avait avec elle deux complices; et l'homme qu'elle avait vu dans le bois avec les chevaux était aussi un complice, et peut-être y en avait-il d'autres encore échelonnés sur la route, prêts à prêter main-forte à leurs camarades de la voiture.

Comme tout avait été combiné, préparé d'avance!

— Oh! monsieur de Miray, monsieur de Miray, se disait-elle, quel terrible compte vous aurez à régler un jour!

Mais que faire? Rien. Pour l'instant, elle ne pouvait que se résigner. Ce qu'elle avait si fort redouté arrivait : elle était prise ; elle était entre les mains de son lâche ennemi. Mais tout n'était pas fini; Dieu qui ne l'avait jamais abandonnée, Dieu la protégerait encore; et si Dieu, en qui elle mettait toute sa confiance, ne venait pas à son aide, elle jurait de se tuer plutôt que de permettre au misérable de la toucher seulement.

Mais ses enfants, ses enfants! avait-elle le droit de mourir, quand elle venait d'être sauvée d'une mort presque certaine? Avait-elle le droit de priver Georges et Edouard de leur mère? Ne fallait-il pas qu'elle vécût pour eux?

Elle ne voyait pas comment un secours pouvait lui venir, mais ce secours, elle l'espérait, et voilà pourquoi elle ne s'abandonnait pas au désespoir. Elle ne pouvait guère compter sur son père malade et sur Pierre Rouget, un vieillard; mais elle avait des amis, Etienne, Mercédès, don Stéphano, Gaspard et sa femme. Bientôt, certainement, ils sauraient tous qu'elle avait été victime d'un lâche attentat et ils se mettraient à sa recherche.

La malheureuse cherchait ainsi à se rassurer, à se donner du courage. Du reste, la comtesse avait l'âme fortement trempée; mûrie par le malheur, il y avait en elle une énergie indomptable ; elle avait la foi.

Cependant à ses tristes réflexions succéda une longue crise de larmes et de sanglots. Puis quand elle eut cessé de sangloter, de pleurer, elle tomba dans un effrayant état de torpeur. Pelotonnée dans son coin, elle ne faisait plus un mouvement.

Elle ne s'était pas aperçue qu'on avait changé de chevaux une seconde fois, que le jour était venu, que le soleil montait et que depuis longtemps déjà la voiture s'était engagée au milieu des montagnes.

Elle ne sortit de son espèce d'engourdissement et ne reprit possession d'elle-même que lorsque, la voiture s'étant arrêtée, les deux portières furent ouvertes en même temps.

La comtesse se redressa brusquement et jeta à droite et à gauche des regards effarés. De son côté était Bargoin, l'homme qui l'avait menacée de la bâillonner.

La comtesse tressaillit et détourna la tête avec une sorte de dégoût.

— Madame, lui dit le gredin, vous avez été docile, comprenant que c'était ce que vous aviez de mieux à faire; je vous demande de l'être encore pour nous éviter d'user de violence. Nous sommes arrivés, veuillez descendre.

Elle n'eut pas l'air d'avoir entendu et se renfonça dans la voiture où elle était seule maintenant, la fausse religieuse ayant déjà mis pied à terre.

— Madame, reprit l'homme en se rapprochant et avec un mauvais regard, si vous n'obéissez pas, je vais employer la force. J'ai là deux gaillards solides qui n'attendent qu'un signe de moi pour vous prendre et vous porter dans votre chambre.

Cette nouvelle menace produisit, comme la première, l'effet attendu.

La comtesse comprit que la résistance était impossible et elle se disposa à sortir de la voiture. Elle était tout étourdie et avait les jambes brisées.

Bargoin, qui la vit chanceler et prête à tomber,

avança les mains pour la soutenir et l'aider à descendre.

Paule eut un vif mouvement de répulsion.

— Arrière, misérable, arrière, ne me touchez pas! s'écria-t-elle.

Elle mit pied à terre.

Trois hommes étaient là, à quelques pas d'elle, Bargoin, le cocher et un autre, un troisième complice. Un peu plus loin, la fausse religieuse causait, très animée, avec une femme qui paraissait avoir une quarantaine d'années.

— Où suis-je? se demanda Paule en cherchant vainement du regard un autre personnage.

La comtesse se trouvait en face de ruines qui devaient être celles d'une ancienne abbaye ou d'un château féodal du moyen âge autrefois fortifié, à en juger par les hauts murs percés de meurtrières qui entouraient les ruines; du reste, derrière ces murs, il y avait encore un fossé large et profond dans lequel poussaient à volonté toutes sortes de plantes grimpantes et rampantes. La voiture était rentrée dans l'enceinte par la seule ouverture qui existât, en avant de laquelle il y avait eu un pont-levis et qui était fermée maintenant par une lourde porte de fer couverte de rouille.

Dans ce lieu désolé, à l'aspect sauvage et repoussant, une tour carrée, massive, d'environ quarante mètres de hauteur, restait seule debout. Cette tour, espèce de donjon, avec larges meurtrières et créneaux, avait encore, malgré sa vétusté, quelque chose de fier, d'imposant et une apparence toute guerrière.

Au rez-de-chaussée et au premier étage elle avait

sur chaque face une fenêtre garnie de solides barreaux de fer. Plus haut, le jour ne pénétrait à l'intérieur que par les meurtrières, percées à égales distances les unes des autres et trois sur chaque côté. On avait le droit de supposer que cette construction, élevée pour la défense et observer les alentours, car elle dominait au sud et à l'ouest une longue vallée, avait pu servir aussi de prison.

L'abbaye ou le château avaient dû avoir de l'importance, car il avait occupé un vaste emplacement, facile encore à mesurer par ce qui restait de ses murailles lézardées, aux pierres noircies par les pluies, rongées par le temps.

Il était facile de reconnaître que la destruction des bâtiments provenait d'un incendie et qu'après le sinistre les éboulements avaient été successifs. Entre ces pans de murailles qui paraissaient encore solides sur leurs assises, on ne voyait qu'un effrayant amas de décombres, pierres entassées, colonnes renversées, poutres brisées, au milieu desquelles, donnant asile à des crapauds, des lézards, des reptiles et une multitude d'insectes, croissaient des lierres, des ronces, des clématites, des orties géantes s'enchevêtrant comme les lianes d'une forêt vierge.

Bref, l'aspect général était répugnant et donnait le frisson.

Sur toutes ces choses, froide, calme et sans trembler, la comtesse avait jeté des regards rapides.

La fausse religieuse avait cessé de parler à la femme, Bargoin fit un signe à cette dernière qui s'avança, et il lui dit :

— Vous allez conduire madame à sa chambre.

La femme se tourna vers la comtesse :

— Madame, lui dit-elle d'une voix qui n'avait rien de terrible, veuillez me suivre.

La comtesse, qui avait hâte de ne plus avoir sous les yeux les trois bandits, suivit la femme sans prononcer une parole et sans avoir seulement un mouvement d'effroi. Elle était résignée. D'ailleurs, dans un court moment de réflexion, elle s'était tracé la ligne de conduite qu'elle allait suivre ; elle avait pris la résolution de ne rien laisser deviner de ses angoisses, de se concentrer en elle-même et d'employer tous les moyens, même la ruse, pour tenir tête au danger qui la menaçait. Elle se préparait à jouer un rôle.

XVII

LA TOUR DU MOINE

Ce fut au premier étage de la tour que la femme conduisit la comtesse en la faisant monter par un escalier de pierre en colimaçon, qui se continuait jusqu'au sommet.

Du premier étage de la tour on avait fait un logement assez convenable qui se composait d'une petite pièce servant d'entrée, d'une grande chambre à coucher et d'un vaste cabinet de toilette.

Le mobilier, en vieux noyer, n'était pas riche, mais propre et dans un bon état de conservation : un lit sans rideaux, une table de nuit, au milieu de la pièce une autre table ovale, genre guéridon, recouverte d'un tapis presque neuf, un canapé, deux fauteuils, des chaises, une armoire.

— Madame sera très bien ici, dit la femme.

— Je l'espère, répondit Paule.

La femme ouvrit l'armoire et la comtesse fut surprise de la voir pleine de linge.

— Tout ce linge est à vous, madame.

— Ah ! fit Paule.

Elle regarda et reconnut que l'armoire, en effet, contenait non seulement son linge à elle, mais encore celui de ses enfants laissé aux Bergères.

— C'est moi qui ai rangé tout cela, reprit la femme en souriant d'un air satisfait.

— Je vous remercie. Comment vous appelez-vous ?

— Noémie, pour vous servir.

— Etes-vous réellement ma servante ?

— Mais oui, madame.

— C'est bien, nous verrons cela.

— Madame veut-elle voir comment j'ai arrangé ses autres affaires ?

— Mes autres affaires ? répéta la comtesse.

— Vos robes, vos manteaux et les autres choses.

La femme ouvrit la porte du cabinet.

— Voyez, madame, dit-elle.

Les effets d'habillement de la comtesse, de Georges et d'Edouard étaient suspendus à des patères ; dans les tiroirs de la commode-toilette, que la femme ouvrit, se trouvaient les guipures, les rubans, les dentelles, les parures, et autres objets de fine lingerie.

Au fond du cabinet, Paule vit les malles, vides maintenant, qui avaient été transportées du pavillon des Bergères à la tour.

En pensant à ses enfants, son cœur se serra douloureusement, un sanglot lui monta à la gorge et elle dut faire de violents efforts pour empêcher ses larmes de jaillir. Devant la femme elle ne voulait pas pleurer. Elle étouffa un soupir et d'une voix ferme :

— Noémie, dit-elle, je vois que vous êtes une femme d'ordre et je crois que nous pourrons nous entendre.

— C'est à peine si je connais madame, répondit la femme, mais je peux dire que j'ai déjà de l'affection pour madame et elle peut être sûre que je mettrai tout mon zèle à la servir.

La comtesse regarda fixement son étrange geôlière, scrutant sa pensée, et se dit :

— Elle est peut-être sincère.

Toutes deux étaient revenues dans la chambre.

Le bruit sourd du roulement d'une voiture arriva jusqu'à elles.

La femme courut à la fenêtre.

— Ce sont eux qui s'en vont, dit-elle.

C'était vrai ; les ravisseurs de la comtesse s'éloignaient et le mari de Noémie refermait la porte de fer rouillée.

— Madame, reprit la femme, vous avez probablement besoin de prendre quelque chose ; qu'est-ce que je vais pouvoir vous donner à manger ?

— Je puis attendre encore, nous parlerons de cela tout à l'heure.

Une grande surexcitation avait soutenu la comtesse jusqu'à ce moment ; mais se sentant subitement extrêmement fatiguée, elle se laissa tomber sur le canapé et fit signe à Noémie de s'asseoir en face d'elle.

Il y eut un moment de silence.

— Avez-vous le temps de causer avec moi ? demanda Paule.

— Tout le temps que madame voudra.

— On ne saurait mieux répondre. Noémie, je ne sais si je me trompe, mais je ne crois pas que vous soyez une méchante femme.

— Oh! madame, mais pourquoi serais-je méchante ?

— Comment se fait-il que vous soyez ici ?

— Depuis quelque temps nous étions sans place, mon mari et moi ; on lui a parlé d'une bonne place pour nous deux ; il a accepté et l'on nous a amenés à la tour où nous sommes depuis cinq jours, vous attendant.

— Au service de qui êtes-vous ?

La femme parut étonnée et répondit :

— Mais au vôtre, madame.

— Oui, au mien ; mais vous avez un autre maître.

— Ça, je l'ignore ; mais vos paroles me donnent à réfléchir. Je ne sais pas tout, madame, Romain ne me dit que ce qu'il veut.

— Qui est-ce, Romain ?

— Mon mari, madame.

— Qui vous a amenés ici, à la tour ?

— Un monsieur que ne je connais pas.

— Votre mari le connaît-il ?

— Je le pense. Il y a dans ce qui nous arrive bien des choses que je ne m'explique pas, et quand je questionne Romain à ce sujet, il me ferme brusquement la bouche : « Tais-toi, laisse-moi tranquille, ça ne te regarde pas, c'est mon affaire et pas la tienne. »

— Néanmoins votre mari a de l'affection pour vous et il doit être un brave et honnête homme ?

Noémie étouffa un soupir et devint très rouge.

— Je n'ai pas trop à me plaindre de lui, répondit-elle, mais il est bien changé depuis quelques années ; nous avons eu des malheurs, beaucoup de misère, son caractère s'est aigri.

La comtesse vit que la femme était embarrassée ; elle n'insista point et reprit :

— Connaissez-vous les deux hommes et la femme, la religieuse, qui m'ont amenée ici?

— Non, madame, c'est mon mari qui les connaît.

— Je vois à vos manières, à la façon dont vous vous exprimez que vous avez servi dans de bonnes maisons pendant des années.

— J'ai quarante ans, madame, et dequis l'âge de quinze ans je suis domestique.

— Vous avez dû faire de belles économies?

— Oh! des économies! fit la femme en souriant amèrement.

La comtesse devina dans ce sourire une plainte contre le mari. Elle reprit:

— Vous avez été femme de chambre?

— Oui, madame.

— Où cela?

— A Paris d'abord; je suis venue à Grenoble et ensuite je suis allée à Lyon.

— C'est à Lyon que vous vous êtes mariée?

— Non, madame, je me suis mariée à Grenoble.

— Vous êtes restée longtemps à Grenoble?

— Trois ans seulement, et j'ai quitté cette ville où je me plaisais, où j'étais on ne peut plus heureuse, à la suite d'un malheur épouvantable dont le souvenir me fait encore frissonner de terreur et d'horreur. Vous avez probablement entendu parler de cela, madame. J'étais alors la femme de chambre de madame de Reybole, qui était aussi belle que bonne et je crois bien la jeune femme la plus charmante de Grenoble. Son mari, M. de Reybole, était vieux et, pour son malheur, elle devint la maîtresse du jeune comte Maxime de Verdraine.

Paule, qui était sous le coup d'une violente émotion, s'étonna que Noémie lui parlât de madame de Reybole et du comte de Verdraine absolument comme si cela ne la touchait en rien. Mais elle ne laissa rien voir de ce qu'elle éprouvait.

— M. de Reybole, poursuivit l'ancienne femme de chambre, finit par avoir connaissance des relations adultères de sa femme avec le jeune comte. Sa vengeance fut terrible...

— Oui, oui, je sais, dit la comtesse d'une voix oppressée. M. de Reybole a tué sa femme et s'est suicidé ensuite.

— Hélas ! oui, madame ; c'est moi qui suis entrée la première dans la chambre de ma pauvre maîtresse et je crois la voir encore étendue sur son lit, raide, glacée, couverte de sang. C'était horrible, horrible !

— Laissons cela, Noémie, je vois que ces souvenirs vous impressionnent vivement ; vous êtes toute tremblante.

— C'est vrai, madame. Ah ! je ne peux pas penser à ces choses sans que ça me fasse un mal affreux.

— Eh bien ! tâchez de n'y plus penser. Noémie, savez-vous qui je suis ?

— Non, madame.

— Comment, vous ne savez pas mon nom ?

— Je ne le sais pas, madame.

— Ah !... Mais votre mari doit savoir qui je suis, lui ?

— Je crois être sûre que Romain ne connaît pas non plus le nom de madame.

— Voilà qui est singulier, murmura la comtesse. Eh bien ! Noémie, continua-t-elle en élevant la voix, puisque l'on ne vous a point dit qui j'étais, et cela pour des raisons que j'ignore et que je ne veux pas chercher à deviner, je resterai pour vous une inconnue.

— Je n'ai pas besoin de savoir le nom de madame pour la bien servir.

— C'est bien, merci. On vous a amenés ici, vous et votre mari, pour servir ou plutôt pour garder une femme dont on ne vous a pas appris le nom ; voulez-vous ou pouvez-vous me dire quelles recommandations vous ont été faites?

— Nous devons avoir pour vous les plus grands égards, vous donner à manger, si cela nous est possible [illegible]t ce que vous désirerez. Mon mari est allé au village hier soir et a apporté des provisions. Madame nous fera co[illegible]aître ses goûts et elle aura à ses repas ce qu'elle demandera, si toutefois nous pouvons nous le procurer.

— Sous le rapport de la nourriture je ne suis pas difficile, je mange de tout, il vous sera donc facile de me satisfaire. D'ailleurs, si vous le voulez bien, et cela me fera plaisir, je prendrai mes repas avec vous et votre mari.

— Oh ! madame.

— Je tiens absolument à manger avec vous, à votre table, et du même plat.

— Mais pourquoi ?

— J'ai mes raisons.

— En ce cas, je n'ai plus rien à dire.

— Aurai-je le droit de sortir, d'aller où il me plaira ?

La femme baissa la tête.

— Eh bien ! fit la comtesse, répondez-moi.

— Nous avons reçu l'ordre de veiller sur vous sans

cesse et de ne pas vous laisser franchir l'enceinte de la tour.

— Ah! vous voyez bien que vous obéissez à un maître, à l'homme qui vous paye! Cet homme, ce maître, vous ne le connaissez pas, Noémie, mais je le connais, moi. Est-il ici en ce moment, dites?

— Non, madame.

— Quand doit-il venir?

— Je ne sais pas; peut-être aujourd'hui, peut-être demain.

— C'est bien; qu'il vienne, je l'attends!

— Si j'en juge par ce qu'il a dit, il aime beaucoup madame.

— Je sais comment il m'aime et je sais aussi tout ce que je peux attendre de lui. Ordre vous a été donné de veiller sur moi sans cesse et de ne pas me laisser franchir cette enceinte; cette réponse que vous m'avez faite ne m'a point surprise, je l'attendais. Ainsi, me voilà dans une prison, je suis séquestrée.

— Madame pourra se promener dans l'enclos aux heures qu'elle voudra.

— Oui, répliqua Paule avec amertume, comme on permet aux détenus de se promener dans le préau de la prison. Je suis emprisonnée, je suis séquestrée, vous dis-je, et votre mari et vous-même, bien que vous ne soyez pas une mauvaise femme, vous êtes mes geôliers.

— Madame, dit tristement Noémie, tout ce que je pourrai faire...

— Qu'est-ce que vous pouvez faire, vous? interrompit brusquement la comtesse, rien, rien, votre mari est là. Votre mari, je sais déjà quelle espèce d'homme il est, je n'ai rien de bon à attendre de lui. Il a accepté un service, il doit le faire; il faut qu'il gagne la somme que son maître lui a promise. Il est le complice d'une machination infâme, peu lui importe; il ne sait rien ou ne veut rien savoir; c'est l'affaire des autres; un drame se prépare, on lui donne un rôle à jouer, il le jouera, mais ça lui est égal, ce n'est pas lui qui a fait la pièce, qui en a combiné les péripéties, il n'est qu'un exécutant. Il a un maître qui le paye, il lui obéit, c'est son devoir; et il ne se demande pas si ce qu'il fait est mal; non, sa conscience est tranquille.

Mais, en vérité, ai-je le droit de me plaindre quand je trouve en vous, Noémie, une âme compatissante? Que serait-ce donc, grand Dieu! si vous étiez une mauvaise femme et comme les autres une misérable? Vous n'êtes pas une complice, je le vois, j'en suis sûre maintenant. Vous êtes venue ici avec votre mari, sans bien savoir pourquoi, parce que votre mari vous domine, parce que vous le craignez et qu'il vous a dit : Viens, je le veux!

— C'est vrai.

— Noémie, puis-je avoir confiance en vous?

— Oui, madame, oui, répondit la femme d'une voix assurée et prête à pleurer.

— Vous m'apportez une consolation dans mon malheur et, plus encore, un espoir. Je remercie le ciel qui ne m'a pas abandonnée. Noémie, j'ai besoin que vous ayez pitié de moi, j'ai besoin de votre dévouement.

— Je vous le promets, madame.

— Je ne vous demande pas d'entrer en lutte contre votre mari; il faut, au contraire, qu'il ne se doute point que vous êtes disposée à m'être utile et, si c'était nécessaire, à me défendre.

Il faut que vous sachiez d'abord que j'ai été amenée ici malgré moi ; je suis tombée dans un piège que m'a tendu cette femme que vous avez vue habillée en religieuse. La misérable n'est pas une religieuse ; elle en a pris le déguisement et en a joué le rôle pour me tromper. J'ai été enlevée, et la fausse religieuse et les deux hommes qui étaient avec elle sont mes ravisseurs.

— Mon Dieu, mais c'est abominable !

— Il y a des gens qui ne reculent pas devant un crime. Je n'ai pas besoin de vous dire, n'est-ce pas ? que les trois misérables qui étaient ici tout à l'heure servent le même maître que votre mari.

Je vous ai dit que je le connaissais, ce maître ; je le connais trop, hélas ! et j'ai tout à redouter de lui.

Je n'ai pas peur d'être empoisonnée, ce n'est pas à ma vie que l'on en veut ; mais j'ai à me tenir sur mes gardes, à m'entourer de toutes sortes de précautions, à me méfier de tout et sans cesse. J'ai à craindre que votre mari ne jette dans les aliments qui me seront présentés ou ne mêle à l'eau que je boirai une substance sommifère quelconque, un narcotique qui me plongerait dans un profond et lourd sommeil et me livrerait sans défense à mon terrible ennemi.

Voilà pourquoi je ne veux manger que des choses que vous mangerez vous-mêmes, sous mes yeux, et ne boire que la même eau que vous boirez. Pour éviter ce que je crains, je vous le dis, Noémie, je me laisserais mourir de faim.

— Vos paroles me glacent de terreur, madame.

— Ah! vous comprenez que je cours ici d'effroyables dangers. Je vais écrire aujourd'hui deux ou trois lettres que vous porterez vous-même à la poste; comme cela je serai sûre qu'elles arriveront à destination. Vous me donnerez ce qu'il me faut pour écrire.

— Ce que vous me demandez est impossible; d'abord il n'y a ici ni papier, ni encre, ni plume; et puis, ce que vous ne savez pas, c'est que je suis comme vous emprisonnée. Il m'est défendu de sortir, et voudrais-je braver cette défense, je ne le pourrais pas. La porte est constamment fermée à clef; dans le jour mon mari a la clef sur lui, la nuit il la met sous son oreiller et il ne dort que sur une oreille.

La comtesse laissa échapper une plainte et resta quelques instants accablée.

Soudain elle se redressa, une flamme dans le regard.

— Pourtant, je ne veux pas rester ici! s'écria-t-elle, il faut que je m'échappe de cette prison, il le faut à tout prix et vous m'y aiderez, Noémie!

— Je le voudrais, madame, oui, je le voudrais; mais comment?...

— Nous profiterons d'une absence de votre mari.

— Chaque fois qu'il s'absentera, nous serons enfermées. Les murs sont hauts, impossibles à escalader.

— J'appellerai à mon secours.

— Vainement. Nous sommes dans un désert, personne n'ose s'approcher de ce lieu maudit.

— Quel nom lui donne-t-on, à ce lieu maudit?...

— On l'appelle la Tour du Moine.

— La Tour du Moine, répéta la comtesse ; j'ai entendu parler autrefois de cette tour... Ah ! nous sommes dans la Tour du Moine ! Mais alors nous ne sommes qu'à sept ou huit lieues de Grenoble et à trois ou quatre lieues de Verdraine ?

— Oui, madame.

— Il y a une légende sur la Tour du Moine : A l'époque des guerres de religion qui ont ensanglanté le Dauphiné comme beaucoup d'autres parties de la France, il y avait sur ce vaste emplacement couvert de décombres et dont on s'éloigne aujourd'hui avec terreur, un château fort et une abbaye qui portaient l'un et l'autre le nom de Chaumarde.

Un jour, par trahison, dit-on, les calvinistes pénétrèrent dans la place et passèrent au fil de l'épée tous ceux qui s'y trouvaient : le châtelain et sa famille, l'abbé et ses moines.

Les réformés firent alors de la Chaumarde une véritable forteresse, et la tour fut transformée en une prison où ils renfermaient des prisonniers de distinction, hommes, femmes, enfants et vieillards qu'ils gardaient comme otages.

Le nombre des malheureux prisonniers augmentant toujours, ils étaient entassés dans la tour qui ne pouvait plus les contenir. Ils avaient pour geôliers trois cents soldats commandés par un capitaine.

Parmi les prisonniers se trouvait un vieux moine, un saint homme dont je ne me rappelle plus le nom ; ce vieux moine, monté sur la plate-forme de la tour, priait sans cesse, demandant à Dieu la délivrance de ses compagnons d'infortune.

Or un jour, tout à coup, d'épais nuages noirs

comme de l'encre, couvrirent le ciel. Un orage épouvantable éclata. De toutes parts, sans interruption, jaillissaient d'énormes éclairs accompagnés de coups de tonnerre formidables. Dix fois de suite la foudre tomba sur le château et l'abbaye. C'était une pluie de feu. Tout brûlait. Et sous les grondements du tonnerre, au milieu du bruit terrible des toitures qui s'enfonçaient, des murailles qui s'écroulaient, on entendait les cris désespérés des soldats. Tous périrent dans les flammes.

Seule la tour fut épargnée par l'immense incendie, et le lendemain, les prisonniers délivrés s'éloignèrent de la Chaumarde ayant à leur tête le vieux moine chantant le *Te Deum*.

— C'est effrayant, madame, dit Noémie toute tremblante, je ne savais pas cela.

— Je suis ici prisonnière comme l'étaient autrefois les malheureux dont je viens de vous parler, et je me demande comment et par qui je pourrai être délivrée. Ainsi, vous ne pouvez rien faire pour moi ?

— Hélas !... Et tenez, madame, si mon mari soupçonnait seulement que je puisse le trahir, il me tuerait.

— Il vous tuerait, dites-vous ? Je ne me suis donc pas trompée, cet homme est bien un misérable.

— Ce n'est pas à moi à dire du mal de mon mari, madame ; il a des idées qui ne sont pas les miennes ; depuis que je suis mariée j'ai eu beaucoup à souffrir ; je ne suis pas heureuse.

— Vous n'êtes pas la seule, répondit Paule tristement.

Après un silence, elle reprit :

— Vous êtes restée longtemps près de moi ; dans

votre intérêt et dans le mien, il ne faut pas que votre mari se doute que j'ai en vous une amie ; retirez-vous, laissez-moi.

La femme se leva, enveloppa la prisonnière d'un long regard et sortit de la chambre.

Au même instant une voix rude, éraillée, cria d'en bas :

— Eh! dis donc, descendras-tu bientôt de là-haut?

La comtesse frissonna en entendant ces paroles qui lui rappelaient le féroce Barbe-Bleue.

XVIII

PATTE DE VELOURS

Vingt minutes plus tard, Noémie appela la comtesse pour déjeuner.

La femme avait parlé à son mari du désir manifesté par la dame de manger avec eux.

Romain étonné avait d'abord fait la grimace, puis cajolé par Noémie il avait fini par répondre d'un ton bourru :

— Soit, ça m'est égal.

Paule descendit et s'assit à table à la place que Noémie lui avait réservée. Elle avait sur son assiette deux œufs à la coque. Au milieu de la table fumait un ragoût de mouton. C'était le plat du matin.

L'homme remplit son assiette et se mit à manger gloutonnement, affectant de ne pas regarder la comtesse ; il ne levait les yeux que pour jeter furtivement sur sa femme un regard qui n'était pas exempt de défiance. Il était sombre, avait l'air préoccupé. Il avait à peine salué la comtesse lorsqu'elle était entrée. Pendant les quinze ou vingt minutes que dura le repas, il ne prononça pas un mot. Pour lui, c'était assez de manger.

La comtesse seule avait des œufs à la coque. C'était une attention et une intention de Noémie. Elle mangea un œuf, et comme elle était en appétit, elle ne refusa pas un morceau de viande avec deux pommes de terre. L'homme et la femme avaient avant elle touché au ragoût, elle n'avait rien à craindre. L'homme ne buvait que du vin et remplissait souvent son verre; elle but deux verres d'eau rougie, mais après avoir attendu que Noémie eût bu elle-même du vin mêlé d'eau. Si elle devait rester prisonnière un certain temps, c'est ainsi qu'elle ferait à chaque repas. Elle ne voulait pas se laisser prendre à un nouveau piège.

Remontée dans sa chambre, Paule ne sachant que faire, pour tuer le temps, s'occupa à visiter son linge, ses robes et les effets de ses enfants. En pensant aux chers petits, elle pleura. Mais en s'intéressant à toutes ces choses qu'elle retrouvait dans sa prison, elle faisait diversion à ses douloureuses pensées.

M. de Miray n'avait point paru, la journée se passa assez tranquillement.

La comtesse vit le soleil se coucher et se dit qu'elle ferait bien de se coucher aussi. Elle était brisée de fatigue, un long repos lui était nécessaire. Elle n'avait pas repris complètement ses forces et avait besoin de conserver celles qui lui étaient revenues.

La porte de sa chambre n'avait ni serrure ni verrou; elle pouvait craindre d'être surprise dans son sommeil. Elle entassa devant la porte tous les meubles, à commencer par le canapé, qui était très lourd. Ainsi barricadée, elle se sentit quelque peu rassurée. On ne pouvait plus pénétrer dans sa chambre sans bruit.

Elle se mit à genoux et pria, demandant à Dieu de venir à son secours et pensant à ses enfants, à ses parents, à tous ceux qu'elle aimait.

Sa prière faite, elle se jeta tout habillée sur le lit et s'endormit bientôt d'un profond sommeil.

Rien, pas même le cauchemar, ne vint troubler son repos ; elle eut au contraire des rêves consolateurs. Il faisait grand jour quand elle se réveilla. Elle glissa à bas de son lit et s'étonna de se sentir forte et pleine de courage après tant de terribles émotions qu'elle avait éprouvées. C'était donc que Dieu ne l'abandonnait pas et qu'elle aurait le secours qu'elle attendait de lui.

Un gai soleil inondait la chambre de lumière. Elle s'approcha de la fenêtre et l'ouvrit ; ses regards embrassèrent le paysage qui s'étendait à perte de vue ; des arbres partout, rien que des arbres ; mais quelle belle verdure avec ses tons divers sur lesquels le soleil semait des étincelles dans un ruissellement de lumière dorée.

De tous les côtés, les oiseaux chantaient à plein gosier. La joie, le bonheur étaient partout. Des odeurs balsamiques montaient, comme envoyées par un immense encensoir, et embaumaient l'air et l'espace.

En présence de cette gaiete de la terre et du ciel, Paule se sentit un instant presque gaie, elle aussi. Mais ses mains touchèrent les barreaux de fer de la fenêtre qui lui rappelèrent brusquement qu'elle était dans une prison.

Elle poussa un profond soupir. Hélas ! elle n'avait

point à prendre part à cette belle fête de la nature; ce n'était pas pour elle que le soleil brillait d'un si vif éclat, que les arbres s'étaient parés de leur admirable verdure, que ces doux parfums embaumaient l'air; hélas! il n'était pas pour elle non plus ce joyeux concert des oiseaux!

Au dehors la joie, au dedans la douleur! Là les sourires, ici les larmes! Le printemps, les beaux jours sont pour les heureux; pour les malheureux, c'est toujours l'hiver, c'est-à-dire le soleil sans rayons, les champs sans fleurs, les bois sans verdure, les oiseaux sans chansons.

La comtesse, le regard perdu, était devenue songeuse.

Trois petits coups frappés à la porte l'arrachèrent à sa méditation.

— Qui est là? demanda-t-elle.

— Moi, madame, répondit la voix de Noémie.

— Que voulez-vous?

— Je viens demander à madame si elle a besoin de moi.

— Non, pas maintenant, merci.

La femme s'éloigna.

Paule entra dans le cabinet. A côté de la commode-toilette, il y avait un broc rempli depuis la veille sans doute d'une belle eau claire. Rien, d'ailleurs, ne manquait au lavabo, ni la brosse, ni le savon, ni le peigne à cheveux.

La jeune femme procéda à sa toilette, et pour la première fois depuis son départ des Bergères, y mit un certain soin. Elle peigna ses magnifiques cheveux et se coiffa avec goût. Elle changea de linge, mit ses pieds dans des pantoufles de satin noir, puis ayant choisi un costume dans sa garde-robe, elle acheva de s'habiller. La robe, vieille de trois ans, était à peine défraîchie; elle n'était plus à la dernière mode, sans doute, mais allait fort bien à la comtesse et faisait admirablement ressortir toutes les grâces de sa personne,

Pourquoi, dans la situation cruelle où elle se trouvait, Paule s'habillait-elle ainsi ? Pourquoi cet espèce de retour à la coquetterie ? Si ces questions eussent été adressées à la comtesse, peut-être n'aurait-elle pas su y répondre.

Elle avait agi machinalement, dirigée par un instinct plutôt que par une pensée.

Elle remit en place les meubles de sa chambre et reçut une courte visite de Noémie, qui avait eu une scène avec son mari pour avoir causé trop longtemps la veille avec la prisonnière et qui prit le temps, néanmoins, de complimenter Paule sur sa toilette et la façon dont elle avait arrangé ses cheveux.

La comtesse descendit quand on l'appela pour déjeuner et tout de suite après remonta. L'homme n'avait pas été avec elle autrement que la veille, il ne lui avait pas adressé la parole et avait évité avec soin de rencontrer son regard, sentant bien qu'elle l'observait et probablement aussi parce que, comme tous les gredins, un regard honnête lui faisait peur.

M. de Miray allait-il venir?

La comtesse était prête à le recevoir, puisqu'elle ne pouvait se soustraire à la visite du misérable. Que se passerait-il entre eux ? Cette interrogation contenait bien des craintes. Paule ne s'effrayait pas outre mesure, cependant ; elle était résolue à rester calme, complètement maîtresse d'elle-même, à contenir la fureur qui grondait en elle sourdement. Malgré cela, elle était très agitée, avait des impatiences nerveuses.

Un peu après midi, Noémie monta rapidement l'escalier, entra dans la chambre et, très émue, dit à Paule :

— Mon mari m'a prévenue, le monsieur va venir, Romain est en faction à la porte, prêt à l'ouvrir.

— Merci, répondit la comtesse, dont le cœur se mit à battre très fort.

La femme se hâta de redescendre.

Un quart d'heure après M. de Miray arriva à cheval. Il confia l'animal à Romain et dit à Noémie, qui était comme clouée au sol :

— Où est la dame ?

— Dans sa chambre.

Paule entendit le pas de son ennemi retentir sur les marches de pierre de l'escalier.

— Soyons calme, soyons forte, se dit-elle, je ne dois pas trembler devant cet homme.

M. de Miray parut. Il n'y avait plus la moindre trace d'émotion sur le visage de la comtesse. Elle était assise dans un fauteuil, elle ne se leva point.

— Ah ! c'est vous, monsieur de Miray, dit-elle avec une aisance parfaite, je vous attendais.

— Ah ! vous m'attendiez... balbutia-t-il.

Et il resta tout décontenancé devant le calme froid de la comtesse, quand il s'attendait à voir des larmes, à entendre des paroles de colère.

— Oui, monsieur, je vous attendais, reprit la comtesse, car j'ai dû penser, et cela avec raison, que vous m'aviez fait amener ici pour avoir la satisfaction de me voir et de causer avec moi.

— C'est vrai, madame.

— Je ne me lève pas, et vous voudrez bien que je reste assise ; vous n'ignorez pas que je sors à peine d'une cruelle maladie. Je suis encore excessivement faible. Mais ne restez pas debout, monsieur, prenez, je vous prie, la peine de vous asseoir.

Il s'assit en ébauchant un sourire.

— Je vous dois mes félicitations, monsieur de Miray, poursuivit la jeune femme ; vous savez admirablement choisir les gens dont vous vous servez ; ils sont d'une habileté et d'une adresse rares ; votre religieuse a été superbe ; son ardeur à prier, ses grands signes de croix, sa piété exemplaire m'ont fort édifiée. Je vous conseille de vous recommander à ses prières, ajouta-t-elle avec ironie.

De Miray eut encore un sourire forcé. Le regard clair et profond de la comtesse le gênait singulièrement.

— Enfin, continua-t-elle, grâce à vos excellents chevaux, le voyage s'est fait rapidement et tout s'est bien passé. Vous aviez recommandé qu'on eût des attentions pour moi ; je n'ai pas à me plaindre de vos gens ; ils ont été convenables et ont certainement droit à une récompense que vous ne manquerez pas de leur offrir. Bref, me voilà ici parce que vous l'avez voulu, et vous me rendez visite ; qu'avez-vous à me dire ?

— Que je vous aime !

— Ce n'est pas du nouveau pour moi ; vous savez ce que je vous ai déjà répondu et il est inutile que je le répète ; en vérité, monsieur de Miray, si vous n'aviez que cela à me dire, ce n'était pas la peine de vous déranger et vous auriez pu ne pas dépenser votre argent pour me faire voyager malgré moi ; vous pouviez faire un plus noble emploi de cet argent, monsieur, en le donnant aux pauvres, par exemple.

— Paule, vous avez tort de prendre avec moi ce ton railleur ; vous oubliez que vous êtes ici en ma puissance.

— Non, monsieur, non, je n'oublie pas que je suis votre prisonnière ; mais je ne suis pas en votre puissance autant que vous le croyez. Vous êtes gentilhomme, et je veux croire encore que vous vous conduirez avec moi en gentilhomme.

— Telle est mon intention.

— Alors, qu'est-ce que vous voulez ?

— Que vous vous donniez à moi librement.

— Cela, monsieur de Miray, ne l'espérez point.

— De gré ou de force vous serez à moi.

— De gré jamais, monsieur, jamais ! Et si vous osiez employer la force contre moi, je trouverais, je vous le jure, le moyen de me défendre Mais si vous êtes audacieux, vous ne manquez pas de prudence, et vous savez que la violence est chose dangereuse, un acte criminel qui mène celui qui s'en sert devant des juges.

Vous m'avez fait enlever et, si je ne me trompe, un rapt ne compte pas parmi les bonnes actions. Vous avez été bien hardi, monsieur, et c'est à croire que vous ne redoutez rien, que vous vous placez au-dessus de la loi.

— Je ne crains rien, en effet ; je suis sûr de la femme et des hommes dont je me suis servi ; nul ne peut savoir qu'ils ont agi pour mon compte, nul ne pourra découvrir que vous êtes ici.

— Prenez garde de vous tromper.

— Je ne crains rien, vous dis-je; j'ai pris mes précautions, et en admettant qu'on puisse me soupçonner, on ne pourra fournir aucune preuve contre moi; personne, vous entendez, personne ne peut m'accuser.

— Il y a moi, monsieur.

— Vous ne sortirez d'ici que quand vous serez ma maîtresse et alors vous aurez plutôt intérêt à me défendre qu'à crier sur les toits que je vous ai fait enlever.

— Monsieur de Miray, voulez-vous que je vous parle franchement?

— Dites.

— Eh bien, sans avoir réfléchi, aveuglé par la passion, par des sentiments mauvais, ne consultant que votre audace et un âpre désir de vengeance, vous vous êtes lancé dans une vilaine aventure où vous risquez votre honneur et votre liberté. Vous êtes riche, immensément riche, et parce que vous possédez des millions, vous croyez que la justice ne peut pas vous atteindre; vous vous dites : on ne touche pas à un homme comme moi!

Vous êtes dans l'erreur, monsieur de Miray, la justice est pour tous, aucune considération ne l'arrête; si haut qu'il soit placé, elle frappe le coupable. Vous vous trompez encore quand vous croyez que personne ne découvrira que je suis enfermée ici; je ne suis pas aussi abandonnée que vous le pensez; il me reste encore quelques amis, ils voudront savoir ce que je suis devenue, ils me chercheront, et c'est à vous peut-être qu'ils viendront demander où est la comtesse de Verdraine. Vous dites que vous m'aimez...

— Oui, je vous aime ! je vous aime ! Vous voyez bien que la passion que vous m'avez inspirée me pousse à tous les excès; je vous ai fait enlever par amour.

— Par amour, peut-être, mais certainement par vengeance. Il y a parfois de la haine dans l'amour, dans la passion, et je suis convaincue que vous me haïssez.

— Il eut un geste de protestation.

— C'est ma conviction, continua Paule, et vous ne la détruirez pas. Malgré l'indignité de votre conduite envers moi, malgré cet enlèvement qui est une infamie, un crime, et ma séquestration qui est un autre crime, je ne vous veux pas de mal. Si vous le voulez, j'oublierai et pardonnerai tout.

— Ah ! Et que dois-je faire pour rentrer dans vos bonnes grâces ?

— Rendez-moi ma liberté et laissez-moi retourner à Bellombe.

— Non, fit-il en secouant la tête.

— Vous ne savez pas ce qui vous attend, quel châtiment vous est réservé.

— Vous êtes dans mes mains, je vous tiens, vous ne m'échapperez plus.

— Prenez garde, vous courez à votre perte.

— Je ne crains rien.

— Vous connaissez sans doute la légende de la Tour du moine; eux aussi ne craignaient rien, ces farouches soldats qui s'étaient emparés de la Chaumarde et enfermaient dans la tour des femmes, des enfants, des vieillards, et cependant la foudre du ciel les a tous frappés.

— Nous sommes loin de ce temps-là, comtesse, et

ce sont les enfants que l'on effraye avec Croquemitaine.

— Je vous donne un avertissement, monsieur, et vous ne voulez pas comprendre. Encore une fois, prenez garde. Vous ne voyez pas où vous allez; quand il en est temps encore, arrêtez-vous, renoncez à vos sinistres projets. Mais comprenez donc que si je vous parle ainsi, c'est pour que vous n'ayez pas à rendre un jour de terribles comptes à la justice.

Rendez-moi ma liberté et je vous promets, je vous jure que personne ne saura jamais que vous m'avez fait tomber dans un piège et que par votre ordre j'ai été enfermée dans la Tour du moine.

Mais c'est aujourd'hui même, c'est tout de suite que la liberté doit m'être rendue, car demain il serait peut-être déjà trop tard pour vous.

— Vous ne parviendrez pas à m'effrayer; je vous le dis encore, je ne crains rien, je brave tout... N'espérez pas que je vous rendrai la liberté; mais soyez à moi et ce soir vous rentrerez au château de Verdraine.

— Vous êtes fou, monsieur de Miray!

— Que je sois fou ou non, madame la comtesse, je ne changerai rien à ce que j'ai résolu.

— C'est bien, j'attendrai que l'on vienne me délivrer.

— Vous ne serez pas délivrée.

— Il faudrait pour cela que personne ne s'occupât de moi; mais une femme ne disparaît pas ainsi tout à coup sans qu'on veuille savoir pourquoi. On me cherchera.

— Peut-être, mais on ne vous trouvera pas.

— Alors, monsieur, répliqua froidement la jeune

femme, je resterai votre prisonnière. Mon parti est pris, je suis résignée.

— Je lasserai votre patience.

— Je vous en défie.

— Vous voudrez revoir vos enfants, dit-il, en lui lançant un regard oblique.

Le visage de la comtesse prit subitement une expression de tristesse profonde.

— Mes enfants, mes chers petits! mumura-t-elle.

— Oh! je sais bien que vous les aimez, que vous les adorez.

— Oui, je les aime; oui, je les adore; ils sont le lien qui m'attache à la vie. Si je n'avais pas mes enfants, continua-t-elle avec une sorte d'emportement, à l'instant, sous vos yeux, je me briserais la tête contre la muraille...

— Que dites-vous là, comtesse? Quand on a, comme vous, la jeunesse et la beauté, on tient trop à la vie pour se tuer.

Il s'arrêta, attendant une réplique; mais Paule restant silencieuse, il reprit:

— Je reviens à ce que nous disions; vous adorez vos enfants et c'est sur votre amour maternel surtout que je compte pour vaincre votre résistance.

La comtesse eut dans le regard quelque chose d'indéfinissable.

Elle aurait pu lui dire:

— Toute ma force est là où vous croyez me trouver faible.

Mais elle resta muette et il continua:

— Je ne suis pas dupe, croyez-le, de la tranquillité que vous affectez devant moi; je n'ignore pas ce qui vous est arrivé! C'est après avoir perdu vos enfants que vous avez été trouvée, au milieu de la nuit, mourante sur un chemin; ces malheurs sont arrivés par votre faute; il ne fallait pas quitter les Bergères; pourquoi êtes-vous partie? Un coup de tête, une folie !... Et vous ignorez ce que sont devenus vos enfants, et vous êtes dans une inquiétude mortelle sur leur sort. Moi, comtesse, je sais ce qu'ils sont devenus, je sais où ils sont.

— Vous le savez! s'écria-t-elle, l'interrogeant avidement du regard.

— Oui.

— Où sont-ils? dites-le moi!

— Ils sont en lieu sûr; je les ai retrouvés comme je vous ai retrouvée, et comme vous ils sont en ma puissance.

Un sombre éclair traversa le regard de la comtesse.

— Le fourbe! il ne sait rien, pensa-t-elle.

Elle fut sur le point de lui crier :

— Vous mentez!

Mais elle eut assez de force et de prudence pour se contenir.

Lui, qui l'observait, se méprit sur la cause de son agitation, et il fut convaincu qu'elle ignorait ce que Georges et Édouard étaient devenus, quand elle lui répondit d'une voix dont l'émotion simulée cachait l'ironie :

— Me voilà donc enfin tranquillisée au sujet de mes enfants; je vous remercie, monsieur de Miray.

Le baron se contenta de ces paroles, ignorant absolument comment le cœur d'une mère pouvait manifester sa joie ou sa douleur.

— Oui, comtesse, reprit-il, croyant avoir réussi à la tromper et s'en félicitant, vous pouvez être tranquillisée, vos enfants se portent bien et les soins ne leur manqueront point. Maintenant, quand vous voudrez les revoir, vous n'aurez qu'à m'en témoigner le désir, en m'accordant vos baisers d'amour que je ne cesserai pas de vous demander.

Paule soupira et secoua la tête.

— Alors, dit-elle tristement, je ne reverrai plus mes pauvres enfants.

— Si, si, vous les reverrez; vous me détestez, je vous fais horreur, vous me l'avez dit; malgré cela j'ai la prétention de croire que vos sentiments à mon égard changeront; vos enfants d'une part, de l'autre la solitude et le silence auront sur vous une influence qui me sera favorable. Après m'avoir détesté, vous m'aimerez. Alors vous serez à moi, nous serons l'un à l'autre et je ferai de vous la plus heureuse des femmes. Réfléchissez, comtesse, réfléchissez bien, et vous comprendrez que vous ne devez pas hésiter entre une existence misérable et la vie luxueuse que je vous promets, une vie de plaisirs sans cesse renouvelés.

S'il vous répugne de rentrer à Verdraine, j'ai un autre château; si vos scrupules vont jusqu'à ne pas vouloir rester en France, eh bien, nous irons à l'étranger, en Italie, en Hollande, en Russie, en Amérique, enfin où vous voudrez; dans n'importe quel pays, nous vivrons de notre bonheur.

Paule, Paule, laissez-vous convaincre. La passion désespérée est mauvaise conseillère et je suis décidé à tout faire pour vous posséder. J'ai pu avoir la pensée de me venger de vous, c'était de l'irritation que vous aviez fait naître ; mais l'amour l'emporte sur mes ressentiments. Je vous aime et il faut, je veux que vous m'aimiez.

Voyant que la comtesse restait muette, songeuse, il reprit, après un silence :

— Je ne vous fais aujourd'hui qu'une simple visite ; je suis venu vous dire : examinez bien votre situation et réfléchissez. Réfléchissez, comtesse, vous en avez tout le temps, j'attendrai. Vous m'avez mis au défi de lasser votre patience ; mais, dans votre intérêt et dans le mien, puisque vous ne me voulez pas de mal, ne lassez pas la mienne. Si vous me faisiez sortir de la réserve que je m'impose aujourd'hui, je ne répondrais plus de moi.

— J'examinerai ma situation, monsieur de Miray, répondit Paule, qui ne tenait pas à ce que le tigre montrât ses griffes, et puisque vous m'en donnez tout le temps, je réfléchirai.

— C'est bien. Je vous quitte et je ne reviendrai que dans quelques jours. Vous m'avez dit que j'étais prudent, c'est vrai ; aussi est-ce par mesure de prudence que je ne vous reverrai pas avant quatre ou cinq jours ; d'ici là vous aurez pris, je l'espère, une décision conforme à mes désirs. Dans le cas contraire, c'est moi qui serai forcé de prendre une résolution définitive.

Sur ces paroles menaçantes, il se leva et tendit la main à la jeune femme, qui n'avança pas la sienne.

Son regard eut une lueur fauve et il se mordit les lèvres.

— Soit, dit-il sourdement, nous verrons plus tard.

Et il sortit en grognant son dépit.

Paule laissa échapper un long soupir de soulagement. Puis, les bras levés vers le ciel, elle murmura les noms de Mercédès et d'Étienne. C'était lui et elle qu'elle appelait à son secours ; c'était d'eux qu'elle attendait sa délivrance.

XIX

AFFREUSE NOUVELLE

C'était entre Pierre Rouget et nos personnages de Bellombe qu'une correspondance assez active s'était établie et se maintenait.

Après que la Papillonne eût quitté la comtesse, Gaspard avait écrit souvent pour donner des nouvelles de la malade. Celle-ci avait écrit à son tour, dès qu'elle avait été assez forte pour le faire. On avait commencé à adresser les lettres à l'ancien soldat. On continua.

Dans sa dernière lettre à son grand-père, Paule lui disait qu'elle espérait, dans sa prochaine lettre, fixer le jour où sa mère pourrait venir la chercher.

Cette lettre de Paule était arrivée à Saint-Amand le vendredi matin, la veille de l'enlèvement. Tout le monde s'était réjoui, et en attendant la lettre annoncée, qui ne pouvait tarder à arriver, madame Pérard et Mélie se préparaient à partir.

On recevait des nouvelles de Bellombe tous les deux jours, que ce fût Gaspard ou la comtesse qui écrivît, et il était rare qu'on attendît une lettre trois jours. On devait donc recevoir le dimanche matin une lettre de Paule ou de Gaspard. Elle ne vint pas. Le lundi le facteur fit sa distribution à l'heure ordinaire. Rien. Le mardi, pas de lettre encore.

Le lundi on avait été étonné, le mardi ce fut de l'inquiétude, et comme la lettre impatiemment attendue n'arriva pas le mercredi, on passa de l'inquiétude à l'effroi.

Ce silence était singulier et avait, en effet, quelque chose d'effrayant.

Qu'est-ce que cela voulait dire ?

On ne savait que penser ; on ne savait quoi s'imaginer.

La malade avait-elle eu une rechute ?

Mais dans ce cas Gaspard aurait prévenu. Pourquoi n'écrivait-il pas ?

Les mères sont toujours disposées à s'effrayer plus que de raison quand il s'agit de leurs enfants ; la mère de Paule alla jusqu'à supposer que sa fille était morte et qu'on n'osait pas le lui dire. Elle eut une explosion de douleur que son père, madame Denizot et Étienne eurent beaucoup de peine à calmer.

Toutefois, on ne pouvait en douter, il y avait quelque chose. Quoi ? On se le demandait. Mais les suppositions ne mènent à rien, il fallait savoir exactement ce qui se passait à Bellombe, et pour cela écrire immédiatement à M. Gaspard, afin que la lettre pût partir le jour même.

La mère de Paule, ayant déclaré qu'il lui serait impossible d'écrire seulement une ligne, ce fut Étienne qui prit la plume.

Sa lettre parlait de l'inquiétude où était la famille

de madame de Verdraine de ne pas avoir reçu de nouvelles depuis cinq jours, et il suppliait M. Gaspard de répondre par le retour du courrier, en ne cachant rien de ce qui se passait.

La lettre fut portée au bureau de poste et partit par le courrier du matin, qui retournait à Beaune.

Étienne avait dit à ses amis :

— La lettre que j'écris en votre nom, père Rouget, arrivera demain matin à Bellombe; vendredi matin vous recevrez la réponse de M. Gaspard et nous saurons à quoi nous en tenir.

Or, la lettre du jeune homme se croisa avec une de Gaspard.

Le jeudi matin, Étienne se trouva sur le passage du facteur, et lui demanda s'il avait une lettre pour Pierre Rouget.

— Oui, répondit le facteur, et c'est probablement la lettre qu'il attend depuis dimanche.

Au lieu de rentrer chez lui, Étienne se rendit chez le père Rouget, où il trouva madame Pérard venue pour savoir s'il y avait une lettre. Étienne l'annonça, et ce fut avec des frémissements d'impatience qu'on attendit le facteur, qui avait un certain nombre de journaux et de lettres à distribuer avant d'arriver à l'extrémité de la commune. Enfin il parut et remit la lettre à Pierre Rouget.

— Tiens, mon garçon, tu vas lire, dit le vieillard, en tendant la missive au jeune homme.

Étienne la prit, rompit le cachet, et, avant de lire :

— Cette lettre est de M. Gaspard, dit-il ; elle a été écrite hier et n'est point, naturellement, la réponse à celle que j'ai écrite hier aussi.

— C'est vrai, dit l'ancien sergent : j'aurais préféré que cette lettre fût de ma petite-fille ; pourquoi n'est-ce pas elle qui a écrit ?

— Mon Dieu, fit la mère, je suis toute tremblante d'émotion, de crainte... Quelque chose me dit qu'un nouveau malheur est arrivé à ma fille.

— Ne te mets donc pas d'avance de mauvaises idées en tête, répliqua le vieillard ; voyons, Étienne, voyons ce que nous dit M. Gaspard.

Le jeune homme déplia la lettre.

— Oh ! fit le père Rouget, il en a écrit bien long, quatre pages !

— Oui, répondit Étienne d'une voix oppressée.

Il avait jeté un regard rapide sur les premières lignes et avait aussitôt pâli.

— Etienne, tu es tout drôle, qu'as-tu donc ? s'écria le vieillard.

— Cette lettre nous apporte une mauvaise nouvelle.

Madame Pérard poussa un cri déchirant. A son tour Pierre Rouget devint affreusement pâle.

— Père Rouget et vous aussi, madame Pérard, reprit le jeune homme, il faut vous raidir contre la douleur ; je ne sais pas encore ce que cette lettre va nous apprendre ; mais je vous en conjure, soyez forts, ne vous laissez pas abattre.

— Tu as raison, Etienne ; s'il y a encore du malheur, dressons-nous pour lui tenir tête.

— Ah ! ma fille est morte ! s'écria madame Pérard.

Son père lui mit la main sur l'épaule et lui dit presque sévèrement :

— Tais-toi, je t'ordonne d'être calme.

Puis, se tournant vers Etienne :

— Lis, mon garçon, lis, nous écoutons.

Voici ce que lut le jeune homme, au milieu des soupirs, des gémissements, des sanglots du père et de la fille et non sans être interrompu souvent par des cris de douleur.

« Monsieur Pierre Rouget,

» Ma pauvre femme et moi nous sommes dans la
» consternation, dans le désespoir. Il faut que vous
» sachiez ce qui s'est passé et je vais faire de mon
» mieux pour vous le raconter.

» Samedi dernier une voiture attelée de deux
» chevaux s'est arrêtée devant ma maison. Une
» religieuse, paraissant avoir une soixantaine
» d'années, descendit de la voiture et entra chez
» moi. Elle me dit qu'elle était la supérieure de la
» communauté des sœurs de Saint-Joseph d'Al-
» périne et qu'elle venait trouver madame la com-
» tesse de Verdraine, ayant à lui faire une commu-
» nication de la plus haute importance.

» Madame la comtesse était au jardin avec ma
» femme. Je m'empressai d'aller la prévenir que la
» religieuse désirait lui parler à l'instant.

» Madame la comtesse reçut la sœur dans sa
» chambre, et après qu'elles eurent causé au moins
» une demi-heure, Madame la comtesse nous appela,
» ma femme et moi. Elle nous dit que la bonne
» mère supérieure lui était envoyée par M. le comte
» de Verdraine qui, subitement atteint d'une ma-
» ladie mortelle, se trouvait à Alpérine, dans une
» chambre d'auberge. M. le comte avait reçu l'ex-
» trême onction, il était presque à l'agonie et con-

» damné par le médecin, qui ne lui donnait pas plus » de deux jours à vivre encore ; il demandait à voir » sa femme avant de mourir afin d'obtenir le pardon » de ses torts envers elle.

» Comme vous devez le penser, nous fûmes bien » étonnés, ma femme et moi ; mais que pouvions-» nous dire? La religieuse était là, et une reli-» gieuse, cela impose. Et puis, pas plus que ma-» dame la comtesse, nous n'avions le droit d'être » défiants.

» — Mes bons amis, nous dit madame la com-» tesse, le comte de Verdraine est mon mari et le » père de mes enfants ; il m'appelle à son lit de » mort, je ne puis lui refuser la suprême consola-» tion qu'il me demande ; mon devoir est de me » rendre à son appel et de lui porter les paroles de » miséricorde et de pardon qu'il attend. Cette » bonne mère vient me chercher pour me conduire » près de mon mari mourant ; je vais partir avec » elle.

» Madame la comtesse s'habilla, et avant de mon-» ter dans la voiture elle embrassa ma femme et » nous dit :

» — Je ne peux pas savoir s'il me sera possible » de revenir demain ; mais si je dois rester plus d'un » jour à Alpérine, à la communauté des Dames-de-» Saint-Joseph, où je recevrai l'hospitalité, je vous » écrirai ce soir même, afin que vous receviez ma » lettre demain soir.

» Nous avons passé la journée du dimanche on ne » peut plus tristement ; nous étions contrariés, mé-» contents, sans savoir pourquoi. La nuit vint. La » lettre promise et que nous attendions n'était pas

» arrivée. Nous avions toutes sortes d'idées bizarres » qui nous tourmentaient. Annette me disait :

» — J'aurais bien fait d'accompagner notre chère » dame ; l'envie ne m'en manquait pas, mais je n'ai » pas osé lui dire de m'emmener.

» Annette avait le pressentiment d'un malheur.

» Le lundi matin et le lundi soir, pas de lettre. » Nous étions dans une grande inquiétude. Alors, je » dis à ma femme que si le lendemain matin nous » n'avions pas de nouvelles de madame la comtesse, » je louerais une voiture et me ferais conduire à » Alpérine.

» Le mardi matin, le facteur n'avait rien pour » nous.

» J'avais prévenu le messager qui tenait à ma dis» position un cheval et un cabriolet ; son garçon » devait me conduire. Je partis à onze heures en » promettant à Annette de revenir le soir.

» Alpérine est une petite ville de deux mille habi» tants, à huit ou dix lieues de Bellombe ; j'y arri» vai vers trois heures de l'après-midi. Mon conduc» teur y était déjà venu trois ou quatre fois et » je savais par lui qu'il n'y avait à Alpérine qu'un » seul hôtel et deux auberges où couchaient les » voyageurs. Nous entrâmes dans une de ces au» berges et je demandai à l'aubergiste s'il n'y avait » pas chez lui, depuis quelques jours, un voyageur » dangereusement malade.

» Il me répondit que non et ajouta qu'il n'avait » pas entendu dire qu'il y eût un voyageur malade » dans la ville. Néanmoins, il me conseilla de m'in» former.

» Je laissai mon conducteur soigner son cheval

» et se soigner lui-même pour me mettre à la » recherche du malade et de madame la comtesse. » J'allai à l'hôtel, puis à la deuxième auberge et » dans trois ou quatre autres maisons, que l'on m'in- » diqua. Nulle part il n'y avait de voyageur malade » et l'on ne savait pas ce que je voulais dire.

» Je ne comprenais plus et j'étais fort en peine. » Comme je marchais dans la rue, très anxieux, me » demandant où je pouvais aller encore et ce que je » devais faire, je me trouvai tout à coup en face du » curé d'Alpérine. Je l'arrêtai et, après lui avoir dit » ce qui m'avait amené à Alpérine, je lui demandai » si, dans ces derniers jours, un voyageur mourant » ne l'avait pas fait appeler.

» Le curé parut très surpris et il me répondit que » depuis trois mois, grâce à Dieu, il n'avait pas eu à » administrer les derniers sacrements.

» Il continua avec indignation :

» — La dame dont vous me parlez a été trompée, » tout me dit qu'elle est tombée dans un piège, » qu'elle est victime d'une monstrueuse machina- » tion. Mais puisque la religieuse qui s'est présen- » tée chez vous, à Bellombe, a dit qu'elle était la » supérieure de la communauté des sœurs de Saint- » Joseph d'Alpérine, je vais vous conduire à la com- » munauté et vous verrez la mère supérieure de cette » sainte maison.

» Je suivis le bon curé et nous fûmes reçus par la » supérieure, que je ne reconnus point. Mise au » courant de la chose, elle jeta des cris d'indi- » gnation, de colère, et appela toutes les malé- » dictions du ciel sur les misérables sacrilèges qui » avaient eu l'audace de se servir de son nom, de

» sa qualité, de son habit sacré pour commettre » une pareille infamie, un crime aussi abominable.

» Hélas ! monsieur Rouget, je ne pouvais plus en » douter, madame la comtesse était tombée dans un » piège, elle avait été audacieusement enlevée. Mais » pourquoi et par qui ? Je me le demande toujours.

» Le curé me quitta en me disant qu'il allait trou» ver immédiatement le juge de paix et réclamer » une enquête prompte et sérieuse sur les faits cri» minels que je venais de lui dénoncer.

» Moi, je rentrai à l'auberge, désespéré, et avant » de quitter Alpérine, j'écrivis à la senora Mercédès » pour lui apprendre comment madame la comtesse » était tombée dans un piège.

» A l'heure où je vous écris, monsieur Rouget, la » senora a probablement déjà reçu ma lettre, car je » l'ai mise moi-même à la poste à Alpérine.

« Il était près de minuit quand je rentrai à Bel» lombe ; ma chère femme, toujours très tourmen» tée, m'attendait avec une fiévreuse impatience.

— Comment, s'écria-t-elle, tu ne ramènes pas » notre chère dame ?

» Je ne savais quoi lui répondre. Mais elle me » pressait de questions, il fallait parler, lui faire » connaître l'affreuse vérité. Elle ne m'écouta pas » jusqu'au bout. Elle fut prise subitement d'un » accès de fureur si violent que j'eus peur un instant » qu'elle ne devint folle. Quand elle fut calmée, je » lui dis que j'avais écrit à mademoiselle Mercédès » et que j'allais également prévenir M. Pierre Rou» get. Elle m'approuva, comprenant comme moi » qu'il n'y a pas de temps à perdre pour se mettre » à la recherche de madame la comtesse.

» Moi, je ne suis qu'un pauvre vieux et je ne peux » rien faire ; d'ailleurs, je crains de faire des » démarches qui seraient peut-être plus nuisibles » qu'utiles. Si seulement j'avais un indice quel- » conque ; mais rien. Pour moi, dans tout cela, rien » n'est clair, et plus je réfléchis, plus je m'enfonce » et me perds dans les obscurités.

» C'est à vous, monsieur Rouget, de voir si la » misérable femme qui a enlevé madame la comtesse » doit être dénoncée à la justice.

» Ah ! quelle horrible nuit nous avons passée !

» A ce moment, à travers les carreaux de ma » fenêtre, je vois le facteur entrer dans une maison » voisine de la nôtre ; va-t-il venir chez nous ? » J'attends avec anxiété...

» Hélas ! le facteur s'éloigne, il n'a rien pour moi.

» Voilà ma lettre écrite et je vais dans un instant la porter à la poste.

» C'est un coup terrible et cruel que je vais vous » porter, mais je ne pouvais pas vous cacher notre » malheur. Votre douleur ne sera pas plus grande » que la nôtre.

» Mon Dieu, mon Dieu, qui nous dira où est ma- » dame la comtesse ?

» Croyez bien, monsieur Rouget, au dévouement » respectueux du désolé.

» FRANÇOIS GASPARD. »

Comme nous l'avons dit, Etienne avait été interrompu souvent dans sa lecture, et quand il arriva aux dernières phrases, sa voix n'avait plus de force et ses yeux noyés de larmes qu'il s'efforçait de retenir n'y voyaient presque plus.

Madame Pérard s'était affaissée sur un siège et sanglotait, la tête sur ses genoux.

L'ancien sergent n'avait pas fait un mouvement; il restait debout, immobile, comme pétrifié, et ses yeux démesurément ouverts, exprimant un indicible effroi, restaient fixés sur le jeune homme, comme s'il eût encore entendu des paroles sortir de sa bouche.

Quant à Etienne, bouleversé par un doute, une terrible idée qui s'était emparée de sa pensée, il était blanc comme un suaire.

Au bout d'un instant, cependant, le vieillard se ranima.

— Etienne, dit-il, que penses-tu?

— Que voulez-vous que je pense? Je suis comme vous écrasé par ce nouveau malheur; il nous frappe comme un coup de foudre et d'autant plus cruellement que nous ne l'attendions pas.

— Etienne, mon ami, crois-tu que le comte de Verdraine ait voulu reprendre sa femme?

— Je ne le crois pas, je ne peux rien dire et ne veux rien supposer; ce qu'il nous faut avoir, c'est une certitude.

La comtesse de Verdraine est tombée dans un piège, a été enlevée, voilà le fait. Qui est l'auteur de cet enlèvement? En cherchant, nous le saurons.

Le jeune homme passa sa main sur son front mouillé de sueur et se redressa, une flamme dans le regard.

— Mais, reprit-il d'une voix forte, à quoi sert de se lamenter? Pas de faiblesse quand il faut être énergique; pas de paroles inutiles quand il faut agir;

ce ne sont pas des plaintes et des larmes qu'il faut en ce moment, c'est de la résolution.

Père Rouget et vous aussi, madame Pérard, écoutez-moi : je vais partir, dans une heure je serai sur la route de Beaune ; demain matin j'arriverai à Bellombe, et après-demain je serai à Grenoble. Je ne sais pas encore ce que je ferai. Dieu m'inspirera. A tout prix, il faut que je sache, que je sorte de l'incertitude où je suis.

— Ah ! Etienne ! s'écria la mère éplorée, les mains tendues vers le jeune homme.

— Séchez vos larmes, madame Pérard, et ayez confiance ; je retrouverai votre fille comme j'ai retrouvé Georges et Edouard. Je vais partir et je vous promets, je vous jure de ne pas revenir à Saint-Amand sans savoir ce qu'est devenue la comtesse de Verdraine. J'ai même un autre espoir.

— Lequel ? demanda le vieillard.

— Celui de la ramener à Saint Amand.

— Oh ! brave garçon, brave garçon ! fit le père Rouget, en serrant le jeune homme dans ses bras.

— Etienne, dit la mère de Paule, vous voyez combien est grande ma confiance en vous : je ne pleure plus ! Etienne, Etienne, ramenez-moi ma fille, ramenez la-moi et je vous bénirai.

— En attendant, dit le père Rouget avec une sorte de brusquerie, embrasse-le donc.

Et il poussa le jeune homme dans les bras de sa fille.

Etienne les quitta, en leur promettant d'écrire dès qu'il saurait quelque chose, et se hâta de rentrer chez lui.

Rapidement il apprit à sa mère l'enlèvement de

la comtesse et lui annonça son départ immédiat.

Madame Denizot leva ses bras et ses yeux vers le ciel et répondit simplement à son fils ?

— Etienne, fais ce que tu veux.

— Chère mère, dit-il, je n'ai pas une minute à perdre, car je veux être à Beaune au passage du train ; pendant que je vais m'habiller, préviens le domestique que je l'emmènerai pour ramener la voiture et donne-lui l'ordre d'atteler tout de suite.

Le jeune homme monta dans sa chambre et en sortit au bout de vingt minutes, prêt à partir.

Georges et Edouard venaient d'arriver, amenés par Mélie qui était allée les chercher. Nous savons que madame Denizot et la bossue ne pouvaient plus se passer des enfants et qu'elles auraient voulu les avoir constamment avec elles.

Comme toujours le fidèle Miro avait suivi ses jeunes maîtres.

Etienne prit les deux petits garçons dans ses bras, couvrit leurs joues de baisers et les tint longtemps serrés contre sa poitrine.

— Voilà la voiture qui t'attend, lui dit Georges, où donc vas-tu ?

— Je vais faire un petit voyage.

— Quand reviendras-tu ?

— Dans trois ou quatre jours.

— Quatre jours, c'est longtemps. Mais, dis, iras-tu voir maman ?

— Oui, mon ami, j'irai voir votre maman, répondit le jeune homme d'une voix oppressée et retenant ses larmes prêtes à jaillir.

Les petits battirent joyeusement des mains.

— Tu es gentil, Etienne, bien gentil, dit Georges.

— Oui, bien gentil, bien gentil, répéta Edouard.

— Nous aimons toujours maman, oh ! mais beaucoup ; mais tu lui diras que c'est une méchante de ne pas venir tout de suite à Saint-Amand, près de son petit Georges et de son petit Edouard.

— Tu sais bien qu'elle est malade et qu'elle ne peut pas venir encore.

— Oui, elle est malade, maman; mais tous les jours nous prions le bon Dieu pour qu'elle ne soit plus malade.

— Aussi, mon ami, elle sera bientôt guérie et viendra retrouver son cher petit Georges et son cher petit Edouard.

— Oui, n'est-ce pas? Tu lui dirasque si elle ne vient pas tout de suite, nous irons la chercher avec maman Pérard et Mélie.

Pendant cette petite conversation, le chien avait placé sa tête intelligente sur la cuisse d'Etienne, et tout en écoutant, comme s'il eût compris, il regardait le jeune homme ayant l'air de lui dire :

— « Est-ce que tu ne m'embrassespas aussi, moi ? Pourquoi ne me parles-tu pas ?

Etienne fut frappé de l'expression du regard de l'animal.

— Mon brave Miro, mon bon chien! fit-il.

Comme s'il n'eût attendu que ces paroles, Miro se dressa sur ses pattes de derrière et se mit à lécher la figure de l'ami de ses maîtres.

— Allons, c'est bien, c'est bien, en voilà assez, dit Etienne en se levant.

Mais Miro voyait que le jeune homme allait partir ; il sautait, bondissait autour de lui, se frottait contre ses jambes, puis s'arrêtait et le regardait. Ses yeux parlaient.

— Est-ce que tu voudrais venir avec moi ? lui dit Etienne.

Miro aboya et se livra à de nouveaux exercices de voltige.

Etienne eut un moment d'hésitation.

— Non, se dit-il, il m'embarrasserait.

Et s'adressant à Miro :

— Je ne peux pas t'emmener, lui dit-il, reste avec tes maîtres, mon bon chien, reste.

Miro comprit, car aussitôt il cessa ses gambades et devint triste.

Le jeune homme embrassa sa mère, une fois encore les enfants, caressa de la main la tête du chien et monta dans la voiture à côté de son domestique. Le cheval partit au petit trot.

Alors Miro tourna lentement autour de ses jeunes maîtres, mit son nez sous leurs petites mains, puis s'éloigna de quelques pas et immobile sur ses pattes, la tête haute, la queue frétillante, il écouta le bruit de la carriole qui s'éloignait rapidement.

Etienne, déjà loin de Saint-Amand, avait comme un regret de ne pas avoir emmené Miro. Il se disait :

— J'ai pensé qu'il m'embarrasserait et peut-être m'aurait-il été utile, au contraire. Je sais les services qu'il peut rendre et tout ce que l'on peut attendre de son merveilleux instinct, de son intelligence extraordinaire. Décidément, j'ai eu tort de me priver d'un pareil compagnon. Pauvre bête, quelle fête il me faisait et comme il est devenu triste tout à coup quand il a compris que je ne voulais pas de lui ! C'est avec Miro que j'ai retrouvé les enfants, qui sait s'il ne m'aurait pas aidé à retrouver sa maîtresse.

Soudain un chien, qui venait de faire une course à travers champs, sauta le fossé de la route et bondit devant le cheval en aboyant.

C'était Miro.

Etienne poussa un cri de joie.

Miro vint à la voiture et ses yeux pétillants se fixèrent sur le jeune homme. Evidemment le chien disait, prêt à obéir à un ordre :

— Ne me chasse pas, je désir t'accompagner, emmène-moi.

— Je t'emmène, Miro, je t'emmène ! cria Etienne.

Le chien manifesta sa joie par des aboiements et s'élança en avant du cheval qui, maintenant, filait au grand trot.

XX

LES AMIS DE LA COMTESSE

Etienne et Miro arrivèrent à Belley à une heure assez avancée de la nuit, trop tard pour trouver une voiture et continuer la route jusqu'à Bellombe.

— Ce que j'ai de mieux à faire, se dit Etienne, c'est de passer la nuit ici ; d'ailleurs je me suis bien dit que je ne serais à Bellombe que demain matin.

Il entra dans le premier hôtel qui se trouva sur son chemin et demanda si on pouvait lui donner une chambre. On lui répondit oui. Alors il fit faire une soupe pour Miro et se fit servir, pour lui, un potage et un morceau de viande froide dont il garda une bonne part pour son compagnon.

Tout en mangeant, Etienne demanda au maître de l'hôtel quels étaient les moyens de communication existant entre Belley et Bellombe.

Il lui fut répondu que le courrier des dépêches partait tous les jours de Belley à cinq heures du matin, mais que sa voiture étant petite, il ne pouvait prendre avec lui qu'un seul voyageur, et que, presque toujours, l'unique place dont il disposait était retenue dès la veille. Ensuite, dans l'après-midi, il y avait le messager de Bellombe qui, lui, avait presque toujours de la place. Enfin on pouvait se faire conduire à Bellombe en allant à l'Hôtel des Voyageurs où il y avait toujours une voiture à la disposition de ceux qui pouvaient payer vingt ou vingt-cinq francs.

Etienne remercia l'hôtelier des renseignements qu'il venait de lui donner, en se disant que s'il ne pouvait pas partir avec le courrier, il louerait la voiture de l'Hôtel des Voyageurs.

L'homme et le chien s'étant restaurés, ils montèrent dans la chambre mise à leur disposition. Etienne se coucha dans le lit, qu'il ne trouva pas plus mauvais qu'un autre, et Miro sur la vieille peau de brebis servant de tapis.

A quatre heures du matin les deux compagnons étaient debout. Etienne paya sa dépense et se rendit à l'endroit qu'on lui indiqua et où il trouva le courrier qui attelait son cheval avant de passer au bureau de poste prendre les dépêches.

Etienne lui présenta sa requête.

— Je ne peux pas vous emmener, répondit le courrier, la place a été retenue hier soir, et je suis très contrarié en ce moment, car la personne devrait déjà être ici et je ne la vois pas arriver.

— Alors, dit le jeune homme, je vais à l'hôtel des Voyageurs où l'on pourra, m'a-t-on dit, me conduire à Bellombe.

Il s'éloigna, mais il n'était pas encore loin lorsque le courrier le rappela :

— Monsieur, monsieur !

Etienne revint sur ses pas. Le courrier lui dit :

— Il est inutile que vous alliez à l'hôtel des Voyageurs ; on ne pourrait pas vous conduire ; les chevaux sont allés à Bellombe hier soir, sont rentrés tard et se reposent ; voilà ce que vient de me dire ce garçon qui est de l'hôtel des Voyageurs. Mais je peux vous emmener, monsieur, car c'est précisément la personne qui avait fait retenir la place qui a pris la voiture de l'hôtel pour se rendre à Bellombe.

— Oui, dit le garçon, cette dame avait d'abord l'intention de coucher à Belley, mais elle a subitement changé d'avis.

— Moi, je n'ai rien à dire, ajouta le courrier, puisque la dame paye sa place quand même et grandement, puis je suis enchanté de ne pas laisser un voyageur dans l'embarras.

Allons, montez, monsieur, montez, nous partons. Ah ! il y a le toutou ; c'est bien, il trouvera sa place sous nos jambes.

— Mon chien pourra marcher, dit Etienne.

— Bah ! pourquoi la fatiguer, cette bête ? Elle ne nous gênera pas, vous verrez. Ce n'est par la première fois que je prends le chien avec son maître.

Ce courrier bressan était un bon garçon, et sa contrariété de tout à l'heure ayant disparu, il était de fort joyeuse humeur.

Etienne n'eût qu'à faire un signe à Miro. Il sauta dans le véhicule et, comprenant la faveur dont il était l'objet et n'en voulant pas abuser, il s'étendit contre la banquette, cherchant à se faire aussi petit que possible.

Huit heures venaient de sonner à la paroisse

lorsque le courrier arriva à Bellombe et s'arrêta devant le bureau de poste.

— Miro, nous sommes arrivés, dit Etienne.

Le chien se dressa et sauta dans la rue.

Le jeune homme mit pied à terre, remercia le courrier en lui mettant cinq francs dans la main, puis se fit indiquer la demeure de M. Gaspard, vers laquelle il se dirigea.

Depuis bientôt vingt-quatre heures qu'il avait quitté Saint-Amand, Etienne s'était constamment livré à de tristes réflexions ; rien n'avait pu le distraire, faire diversion à ses sombres pensées. Et maintenant qu'il allait entrer dans cette maison hospitalière, où celle qu'il adorait avait failli mourir, et dont elle avait été audacieusement enlevée, son cœur battait à se briser ; il avait comme un poids énorme sur la poitrine, se sentait prêt à pleurer comme un enfant, et, au milieu de tout ce qu'il éprouvait, une colère sourde, à peine contenue, enflammait son cerveau.

La comtesse Paule avait été enlevée, était-ce par son mari ?

Étienne ne le croyait pas. Il avait tout de suite pensé que l'auteur du rapt était M. de Miray; mais il n'était pas sûr; il lui fallait la certitude, et c'était pour l'avoir, cette certitude, qu'il avait quitté Saint-Amand.

Quand il saurait exactement ce qui s'était passé, il se rendrait à Grenoble. Là, il se mettrait à la recherche de la vérité, en se livrant lui-même à une enquête minutieuse à côté de celle qu'il réclamerait impérieusement de la justice.

Sans aucun doute, puisqu'elle n'avait pas écrit, la

comtesse était séquestrée quelque part ; mais une femme ne peut pas disparaître ainsi, il faudrait bien qu'on la retrouvât.

— Oh ! si c'est lui, se disait-il, en pensant à M. de Miray, si c'est cet homme, ce misérable, malheur ! malheur à lui ! Je révolutionnerai la ville de Grenoble, j'ameuterai le peuple contre lui, je crierai aux magistrats : Vengeance ! vengeance ! Je réclamerai un châtiment exemplaire, et si, parce qu'il est riche, les magistrats sont lents à agir, je poursuivrai moi-même le misérable. Je me ferai agent de police, gendarme, et se cachât-il au fond des caves de son château de Verdraine, je l'atteindrai, et, comme le pire des scélérats, je le traînerai devant les juges.

Oh ! cet homme, comme j'aurais du plaisir à le voir souffrir ! Pour le torturer, je me ferais bourreau ! Ah ! qu'il prenne garde, qu'il prenne garde ! S'il a eu le malheur de toucher à la comtesse, je me sens capable de le tuer, de le broyer sous mes pieds comme une bête immonde.

Il était arrivé devant la maison de Gaspard ; à droite, il vit le jardin, ce jardin ensoleillé, où, aspirant le parfum des roses, Paule se promenait pour reprendre ses forces.

Il frappa à la porte. Une voix de femme répondit :

— Entrez.

Il entra. Gaspard et sa femme se levèrent un peu surpris, à la vue d'un étranger, d'un inconnu. Une troisième personne, une jeune femme, resta assise, regardant, surprise elle aussi, ce grand et beau jeune homme, à la figure franche et loyale, énergique et intelligente.

Gaspard s'avança prêt à demander à l'inconnu ce qu'il désirait. Mais Étienne ne lui donna pas le temps de parler le premier.

— Monsieur Gaspard, dit-il, vous avez écrit avant-hier à M. Pierre Rouget de Saint-Amand-les-Vignes, je vous apporte sa réponse.

La jeune femme, qui était restée assise, se dressa comme un ressort.

— Monsieur Étienne Denizot, dit-elle d'une voix vibrante, soyez le bienvenu.

Le jeune homme se tourna vers la jeune femme, la considéra un instant et s'écria :

— Mademoiselle Mercédès!

— Vous me reconnaissez comme je vous ai reconnu, monsieur ; nous sommes ici tous deux pour la même cause, agités des mêmes craintes, ayant le même espoir. Je suis arrivée hier, n'ayant pas voulu passer la nuit à Belley, et avant de prendre une détermination quelconque au sujet de la comtesse de Verdraine, j'attendais la réponse à la lettre de notre ami Gaspard.

— Mademoiselle, vous m'aviez conseillé, — et votre conseil était un ordre, une défense, — de ne pas venir à Bellombe ; je vous ai désobéi ; mais pouvais-je me croiser les bras, ne rien faire, quand un nouveau malheur frappe madame de Verdraine?

— Monsieur Étienne, je vous ai dit que vous étiez le bienvenu, je vous approuve donc ; la situation n'est plus la même ; dans la circonstance douloureuse où nous sommes, vous avez bien fait de venir. Ce que je me proposais de faire, vous le ferez ; un homme a toujours plus d'autorité qu'une femme.

Dans tous les cas, s'il le faut, nous agirons ensemble.

Je ne vous demande pas quel est ce chien qui nous regarde et semble écouter nos paroles; c'est Miro, n'est-ce pas ?

— Oui, mademoiselle, c'est Miro, qui a absolument voulu venir avec moi.

La danseuse mit la main sur la tête du chien.

— Oh! pauvre Miro, pauvre Miro! dit-elle tristement.

Madame Gaspard avait avancé une chaise pour Étienne.

On s'assit.

— Maintenant, reprit Mercédès, causons, examinons ce qu'il y a à faire ; voici le septième jour que la comtesse a été enlevée, chaque heure qui s'écoule augmente ses angoisses, ses alarmes. Pour nous les choses les plus terribles, les plus épouvantables sont à redouter ; nous n'avons pas de temps à perdre, il faut agir.

— Ainsi, mademoiselle, vous paraissez être convaincue que ce n'est pas le comte de Verdraine qui a fait enlever sa femme?

— Le comte de Verdraine n'est pas l'auteur de cette infamie.

— Vous êtes sûre, mademoiselle, absolument sûre ?

— Le comte de Verdraine n'avait pas à faire enlever sa femme ; s'il eût voulu revenir à elle, il n'avait qu'à se présenter ici repentant, et, à genoux devant sa victime, à implorer un pardon qu'elle lui aurait accordé.

— C'est vrai, dit le jeune homme.

— D'ailleurs, le comte de Verdraine était à Paris il y a trois jours et y est probablement encore.

Le jeune homme bondit sur ses jambes, le regard chargé d'éclairs.

— Ah ! j'avais deviné, s'écria-t-il d'une voix frémissante ; l'auteur du rapt, c'est lui, c'est M. de Miray.

— Oui, monsieur Étienne, oui, c'est M. de Miray.

— Ah ! le misérable !

— Mais comment, sur quels indices avez-vous pu soupçonner cet homme ?

— Vous n'ignorez pas, mademoiselle, qu'avec l'autorisation de M. Pierre Rouget je me suis rendu dans l'Isère afin de décider madame la comtesse de Verdraine à revenir à Saint-Amand ; j'avais même promis de la ramener avec ses enfants.

— Oui, je sais cela.

— Je me suis présenté aux Bergères, où l'on m'apprit que le jour même, dans la nuit, madame la comtesse était partie à pied avec Georges et Édouard. Je pus causer quelques instants avec Marianne, la vieille servante de madame la comtesse, et je sus par cette brave femme que madame de Verdraine s'était véritablement enfuie pour se soustraire aux sollicitations outrageantes, aux violences, aux brutalités de M. de Miray, devenu propriétaire des Bergères et du domaine de Verdraine.

La vieille servante ne m'a pas laissé ignorer que sa maîtresse considérait M. de Miray comme son pire ennemi et que le misérable lui inspirait des craintes qui ne sont hélas ! que trop justifiées aujourd'hui.

Je causais encore avec la servante lorsque M. de Miray est arrivé : j'ai vu cet homme, mademoiselle, je l'ai vu et j'ai compris que la comtesse ait eu peur de lui, et il m'a suffi de le regarder en face pour juger qu'il était capable de tout.

— Oui, il est capable de tout. Je comprends, maintenant, monsieur Étienne, que vos soupçons se soient portés sur M. de Miray. Ce que vous a raconté la vieille Marianne m'a été dit, à moi, par la comtesse Paule elle-même ; aussi, après avoir lu la lettre que m'a écrite M. Gaspard, n'ai-je pas hésité un seul instant à accuser M. de Miray d'être l'auteur de l'enlèvement.

Où le misérable a-t-il fait conduire la malheureuse jeune femme ? Ah ! nous le saurons ! Croyons, monsieur Étienne, qu'il n'a pas mis encore à exécution ses infâmes projets. Mais, je le répète, nous n'avons pas de temps à perdre ; il faut arracher à M. de Miray sa victime, il faut sauver la comtesse de Verdraine.

— Malheur à cet homme, mademoiselle, malheur à lui !

— Soyez calme, monsieur, sachez contenir la colère qui est en vous; la situation exige le calme et la prudence. Je lis dans vos yeux une résolution terrible ; que comptez-vous faire ?

— D'abord, je vais me rendre à Grenoble.

— Bien.

— Là, je saurai où trouver le misérable.

— Alors ?

— Alors, j'irai où il sera et je le sommerai de mettre immédiatement la comtesse de Verdraine en liberté, de me la rendre.

— Il vous répondra qu'il ne sait pas ce que vous

voulez lui dire, il vous rira au nez et vous fera jeter à la porte par ses valets.

— Il n'osera pas, car il est lâche et il aura peur.

— Peut-être. Mais il est riche et puissant.

— Je me moque de sa richesse et de sa puissance. Le chêne est fort, et cependant il tombe sous la cognée du bûcheron ou la foudre l'écrase. Pour M. de Miray je serai la foudre, je l'écraserai ! Il a enlevé la comtesse de Verdraine parce qu'il la croit sans défenseur, parce qu'il a pensé qu'aucune voix ne s'élèverait pour l'accuser.

— Je partage votre opinion; s'il se fût douté des révélations qui nous ont été faites, à vous par la vieille servante, à moi par la comtesse, il n'aurait point commis cet acte criminel qui le conduira peut-être devant une cour d'assises.

— J'ai donc raison, mademoiselle, en disant qu'il aura peur quand il s'entendra accuser, quand il verra se dresser devant lui, réclamant sa victime, un défenseur, un vengeur.

— Assurément, la tranquillité dont il jouit en ce moment sera troublée et il redoutera les conséquences de son action; mais il ne suffira pas que nous soyons convaincus, vous et moi, qu'il est l'auteur de l'enlèvement, il faut aussi que notre conviction soit celle des magistrats qui représentent la justice et qui ont seuls le droit de frapper les coupables. Pour accuser, monsieur Etienne, il faut des preuves, des preuves positives, irréfutables, et nous n'en avons pas. M. de Miray le sait bien, et c'est ce qui sera sa force contre nous.

— C'est juste, mademoiselle, et pourtant...

— Monsieur Etienne, écoutez-moi : Nous devons,

je crois, et jusqu'à nouvel ordre, agir avec prudence et aussi secrètement que possible, afin de laisser M. de Miray dans sa quiétude. En le faisant surveiller, par ses allées et venues nous découvrirons le lieu où il a caché la comtesse Paule; croyant n'avoir rien à craindre, il se livrera lui-même.

Bien que nous ne soyons pas très loin des frontières de Suisse et d'Italie, M. de Miray n'a pu faire conduire la comtesse hors de France, ce qui eût présenté de grandes difficultés, et tout me porte à croire que c'est dans les environs de Grenoble que notre malheureuse amie est séquestrée.

On n'a pu la faire voyager en chemin de fer et elle est arrivée à destination dans la voiture qui est venue la prendre ici, et avec des chevaux de relais bien certainement.

Les dispositions avaient été prises pour que le voyage s'accomplît dans la nuit; dans le jour on aurait eu à craindre des rencontres imprévues; il y a toujours des voyageurs sur les chemins et nous devons supposer que la comtesse, lorsqu'elle s'est aperçue qu'on l'avait trompée, qu'on ne la conduisait point près de son mari, ne s'est pas laissé faire sans protester, sans appeler à son secours.

Donc, l'enlèvement ne pouvait s'opérer que la nuit sur des chemins déserts, afin d'éviter une intervention quelconque, dangereuse pour le ravisseur. Et je ne crois pas me tromper en disant que la victime est arrivée à l'endroit où elle est actuellement séquestrée à la fin de la nuit ou dans la première heure du jour. En effet, si nous calculons la distance qui nous sépare de Grenoble, nous trouvons que le trajet, avec de bons chevaux, a pu s'effectuer facilement du samedi soir quatre heures au dimanche matin.

— Votre raisonnement est on ne peut plus judicieux, mademoiselle.

— Quand partirez-vous pour Grenoble?

— Mais dans un instant, quand nous n'aurons plus rien à nous dire.

— Bien.

— On m'a assuré que je trouverais ici une voiture.

— Oui, dit Gaspard, un des garçons du messager vous conduira à Alpérine, et là vous trouverez facilement une autre voiture pour vous rendre à la plus proche station de chemin de fer.

— De sorte que je serai sûrement à Grenoble demain matin?

— De bonne heure, monsieur.

— Voilà qui est convenu, dit la danseuse. Maintenant, monsieur Etienne, me permettez-vous de vous donner un conseil?

— Oui, mademoiselle.

— Alors vous ne devrez rien faire et rien dire qui puisse éveiller l'attention de M. de Miray, lui permettre de soupçonner que des amis de la comtesse de Verdraine sont à sa recherche et qu'ils connaissent l'auteur de l'enlèvement. Gardez-vous bien surtout de vous trouver en face de cet homme; peut-être ne seriez-vous pas maître de votre colère, vous le provoqueriez et ce serait un éclat déplorable.

— Mademoiselle Mercédès veut-elle m'indiquer la marche à suivre?

— Si vous voulez écouter mon conseil, vous ferez ce que j'avais l'intention de faire moi-même, bien que cela m'eût été extrêmement pénible, car il eût fallu me faire connaître, et la danseuse Flora ne doit pas être en odeur de sainteté dans la grande ville du Dauphiné !... Aussi, monsieur Etienne, je n'ai pas besoin de vous dire combien je suis heureuse que vous soyez venu pour agir à ma place.

Vous serez demain matin à Grenoble, savez-vous où vous logerez ?

— A l'hôtel des Alpes, où je suis déjà descendu.

— Bien. Moi, j'arriverai à Grenoble demain soir ou dans la nuit et je descendrai à l'hôtel de Paris sous le nom de madame Gardiane. C'est donc à l'hôtel de Paris que nous nous verrons. Aussitôt arrivée, je vous le ferai savoir, et vous voudrez bien venir me dire ce que vous aurez déjà fait.

Voici maintenant, je crois, comment vous devez procéder : la comtesse de Verdraine est connue de la plupart des membres du parquet de Grenoble ; l'un de ces magistrats, M. Daubrun, le juge d'instruction, s'est autrefois intéressé à elle, je le sais, et ne lui a certainement pas retiré sa sympathie, son amitié. Eh bien, monsieur Etienne, vous irez trouver M. Daubrun, chez lui ou au palais de justice ; vous lui apprendrez comment la comtesse Paule a été enlevée ; sans accuser positivement M. de Miray d'être l'auteur du rapt, vous lui ferez connaître les raisons que vous avez de soupçonner l'ancien ami de M. de Verdraine ; alors, j'en suis certaine, M. Daubrun partagera votre indignation, nos craintes, prendra notre cause en main et, devenant notre puissant auxiliaire, fera surveiller secrètement M. de Miray et acquerra ainsi la conviction qu'il est le coupable.

Le juge d'instruction aura découvert où est séquestrée la comtesse et, du même coup, il la délivrera et fera arrêter M. de Miray, qui aura à rendre compte de son crime. Le misérable recevra le châtiment qu'il a mérité et la comtesse de Verdraine sera vengée.

— Oui, elle sera vengée, je le jure ! dit le jeune homme sourdement.

— C'est bien entendu, monsieur Etienne, vous suivrez le conseil que je vous donne ?

— Oui, mademoiselle. Aussitôt arrivé à Grenoble, je verrai M. Daubrun; je ne connais pas ce magistrat, mais mon nom ne lui est pas inconnu, car autrefois, après l'assassinat de la petite Isabelle, j'ai été l'objet d'une enquête ordonnée par M. Daubrun. Je serai d'autant plus à mon aise avec lui et je lui parlerai avec d'autant plus de confiance qu'il me doit en quelque sorte une réparation.

— Ayons donc bon espoir, monsieur Etienne.

— Oui, oui, espérons, mademoiselle.

Etienne se leva en disant :

— Je pars.

— Oh ! pas sans avoir pris quelque chose ! s'écria madame Gaspard; il vous faut d'abord déjeuner.

— D'ailleurs, ce ne sera pas un retard, ajouta le mari, il faut le temps de sortir la voiture, de faire boire et manger le cheval, de l'atteler; Annette aura vite préparé le repas; moi, pendant ce temps, je vais aller prévenir le messager et quand nous nous lèverons de table, la voiture sera là, devant la porte.

Le regard du jeune homme interrogea Mercédès.

— Monsieur Etienne, dit-elle, vous ne pouvez pas refuser.

XXI

MONSIEUR DAUBRUN

Étienne arriva à Grenoble à six heures du matin et, suivi de Miro, se rendit à pied à l'hôtel des Alpes où, comme nous le savons, il avait laissé ses effets et retenu sa chambre pour quinze jours, en payant d'avance.

Mais il y avait de cela six semaines. Évidemment le maître de l'hôtel avait dû disposer de la chambre; cela lui importait peu; on lui en donnerait une autre et il pensait bien qu'il allait rentrer en possession de sa valise et de ce qu'elle contenait.

En remettant de jour en jour pour écrire à l'hôtel qu'on voulût bien lui expédier sa valise par le chemin de fer, il n'avait pas fait cette demande. C'était comme s'il eût pressenti qu'il serait obligé de retourner à Grenoble.

Le maître de l'hôtel le reconnut et vint à lui avec empressement.

— Ah! c'est vous, monsieur; je suis tout à fait heureux de vous revoir. Nous avons été très inquiets à votre sujet: dame, ça se comprend: les jours, les semaines s'écoulaient et pas de nouvelles. Nous ne savions que penser, nous craignions qu'un malheur ne vous fût arrivé. Enfin, vous voilà, et ma femme, qui me parlait encore de vous hier soir, va être tranquillisée.

— Je vous remercie, monsieur, de l'intérêt que vous me témoignez, répondit Étienne, et je regrette de vous avoir causé une inquiétude que j'aurais pu vous éviter en vous écrivant. Veuillez m'excuser, monsieur; je présenterai aussi mes excuses à madame votre épouse. Avez-vous une chambre à me donner?

— Mais la vôtre, monsieur, la vôtre, nous vous l'avons gardée, et vous trouverez votre linge et vos effets dans la valise comme vous les y avez mis. Vous aviez laissé du linge sale, ma femme l'a donné à blanchir; il est dans l'armoire. Nous n'avons pas eu à disposer de la chambre; les affaires ne vont pas très bien, on voit peu de monde; il est vrai que nous sommes en mauvaise saison.

— Alors, fit le jeune homme, ébauchant un sourire, je vais avoir un gros compte à régler avec vous.

— Un petit compte, monsieur, un tout petit compte.

— Soit. Vous me ferez ma note et je la solderai.

— Oh! ça ne presse pas. Monsieur va nous rester quelques jours?

— Je ne peux pas vous dire; cela dépendra de la rapidité avec laquelle se feront les affaires que j'ai à traiter à Grenoble.

— Je comprends, monsieur est voyageur de commerce.

— Mon Dieu, oui.

— Monsieur veut-il que je le conduise à sa chambre ?

— C'est inutile, je la trouverai facilement seul.

— Monsieur se rappelle que c'est le numéro 10.

— Parfaitement.

— Au numéro 8, à côté de vous, il y a deux personnes, le mari et la femme; ce sont des gens très bien, très tranquilles, qui ne font jamais de bruit; ils ne vous gêneront en rien.

— Je l'espère.

— Ce chien, monsieur, ce chien, est-ce qu'il est à vous ?

— Oui, oui, il est à moi; comme vous voyez, je reviens avec un compagnon.

— Une belle bête, monsieur; quelle jolie tête, et comme ses yeux sont intelligents!

— Et il n'est pas difficile à nourrir; vous voudrez bien, mon cher hôte, lui faire faire une soupe qu'on montera dans la chambre.

— Mais oui, il faut qu'il déjeune, cet animal. Et vous, monsieur, que faudra-t-il vous servir?

— Du café au lait, du pain et du beurre.

— Bien, monsieur. Ah! et la clef de votre chambre, que j'oublie de vous donner. La voici.

— Merci.

— Si monsieur doit se coucher après avoir mangé son café au lait, le garçon va monter mettre des draps au lit.

— Votre garçon a tout le temps de faire ce travail, je n'ai nullement besoin de dormir et je sortirai tout à l'heure pour m'occuper de mes affaires.

Étienne quitta l'hôtelier et fut bientôt dans la chambre où il trouva sa valise à l'endroit où il l'avait placée, son vêtement de citadin dans l'armoire avec trois chemises de toile fine d'une blancheur éblouissante. Immédiatement il se mit à sa toilette et il achevait de s'habiller quand un garçon et une servante entrèrent dans la chambre apportant l'un la soupe de Miro, l'autre le café au lait, le pain et le beurre.

Miro avait faim, il se hâta de manger sa soupe et il la trouva bonne, car il ne laissa absolument rien dans la jatte. Il eut pour son dessert une magnifique tartine de beurre.

Comme il était encore de bonne heure, Étienne prit son temps pour déjeuner.

Huit heures sonnèrent. Étienne se leva, se regarda dans la glace et fut satisfait de son examen, car il murmura :

— Je peux me présenter ainsi.

S'adressant à Miro, il lui dit :

— Je vais sortir, et il ne m'est pas possible de t'emmener; tu vas rester ici, et bien que je ne craigne pas les voleurs, je te constitue le gardien de notre chambre.

Miro comprit; aussitôt il se coucha à plat ventre près du fauteuil sur lequel Étienne avait jeté les vêtements qu'il venait de quitter.

Le jeune homme partit, laissant la clef à la porte.

Il se rendit au Palais de Justice et demanda au concierge à quelle heure M. Daubrun, le juge d'instruction, arrivait à son cabinet.

— Cela dépend du travail que M. le juge d'instruction a à faire; il vient quelquefois à dix heures; mais je ne crois pas que vous puissiez le voir aujourd'hui au palais avant deux heures de l'après-midi.

— Pensez-vous qu'il me recevra chez lui?

— Ça, monsieur, je l'ignore.

— Enfin, je peux toujours me présenter. Soyez assez bon, monsieur, pour me donner l'adresse de M. Daubrun.

Le concierge donna l'adresse sans la moindre difficulté, et Étienne se rendit à la demeure du magistrat, peu éloignée du Palais de Justice.

Le valet de chambre à qui le jeune homme s'adressa lui répondit :

— Je ne sais pas si M. Daubrun pourra vous recevoir; il s'est levé de très bonne heure et il travaille.

— Est-il seul?

— Oui.

— Alors veuillez lui annoncer la visite de M. Étienne Denizot, de Saint-Amand-les-Vignes, et lui dire que la communication que j'ai à lui faire est des plus graves et ne peut souffrir aucun retard.

Le valet de chambre disparut, revint au bout d'un instant et dit :

— M. Daubrun vous attend, veuillez me suivre.

Étienne fut introduit dans le cabinet du magistrat et se trouva en présence d'un homme à la physionomie grave, presque sévère; mais dont le regard était empreint de douceur et de bienveillance. Il était assis devant une table-bureau chargée de livres de jurisprudence, de dossiers énormes, de papiers divers, et tenait une plume qu'il posa sur l'encrier avant de se tourner vers le visiteur qu'il enveloppa de son regard, habitué à fouiller la pensée.

La figure ouverte du jeune homme, ses yeux où éclatait la franchise, son attitude modeste, mais nullement embarrassée, produisirent un heureux effet sur le magistrat, qui se laissa aller à ce courant sympathique qui entraînait vers Étienne à première vue.

Un sourire effleura les lèvres de M. Daubrun et, se levant à demi, il indiqua un siège au visiteur

— Ainsi, monsieur, dit-il, vous êtes monsieur Étienne Denizot, de Saint-Amand-les-Vignes?

— Oui, monsieur. Est-ce que mon nom est resté dans la mémoire de monsieur le juge d'instruction du parquet de Grenoble?

— Certainement, monsieur Denizot, et aussi tout le bien qui a été dit de vous lors d'une enquête dont vous avez été l'objet. Je suis heureux de voir aujourd'hui l'honnête homme injustement soupçonné et dont le parquet de Dijon a fait les plus grands éloges. Mais, dites-moi, monsieur Denizot, est-ce que vous venez me demander raison d'avoir pu penser un instant que vous étiez le coupable que je cherchais?

— Oh! non, monsieur, non.

— Je cherchais, monsieur Denizot, et quand la justice cherche, son devoir est d'aller partout; aucune considération ne doit l'arrêter dans ses investigations. Savez-vous comment le criminel ou plutôt les criminels, car ils étaient deux complices, ont été découverts?

— Oui, monsieur, je le sais. On vous a appris que j'aimais ardemment mademoiselle Paule Pérard avant son mariage avec le comte de Verdraine; je suis resté son ami, monsieur, et aujourd'hui, comme autrefois, mon dévouement pour la comtesse de Verdraine peut aller jusqu'à lui sacrifier ma vie.

Monsieur le juge d'instruction, c'est pour madame la comtesse de Verdraine que je suis à Grenoble, c'est pour elle que je viens vous trouver, et, si j'ai quelque droit à votre bienveillance, à votre intérêt, vous m'aiderez à savoir ce qu'est devenue la malheureuse comtesse de Verdraine.

Le magistrat eut un mouvement brusque.

— Ce qu'elle est devenue ? fit-il ; que voulez-vous dire ? Je ne comprends pas.

— Vous savez peut-être, monsieur, que lorsqu'elle a quitté Grenoble, la comtesse de Verdraine est allée demeurer aux Bergères ?

— Oui, je sais cela et je sais aussi qu'elle est partie des Bergères avec ses enfants et est retournée en Bourgogne, après que M. de Miray fut devenu le propriétaire du domaine de Verdraine et de la ferme des Bergères. Elle est partie malgré les instances affectueuses de M. de Miray, qui lui disait qu'elle et ses enfants pouvaient toujours se considérer comme étant chez eux aux Bergères.

— Etes-vous sûr, monsieur, que les instances de M. de Miray aient été aussi affectueuses que vous paraissez le croire ?

— M. de Miray est un très galant homme et je n'ai aucune raison de ne pas croire ce qu'il m'a dit lui-même.

— Ah ! c'est M. de Miray qui vous a dit... Est-ce que vous connaissez beaucoup M. de Miray ?

— Il est par sa fortune et ses relations l'homme le plus considérable de la ville ; je le rencontre souvent dans le monde.

— Je comprends, M. de Miray est votre ami.

— Nous sommes en fort bons termes.

— Est-ce qu'il est à Grenoble en ce moment ?

— Non, depuis une quinzaine il est à Verdraine. Mais, monsieur Denizot, je m'aperçois que vous me questionnez... Ordinairement, c'est au juge d'instruction qu'appartient le rôle d'interrogateur.

— Monsieur le juge d'instruction, répliqua Etienne sans rien perdre de sa fière assurance, vous verrez tout à l'heure que ce n'est pas sans raison que je me suis permis de vous questionner au sujet de M. de Miray. Vous ignorez, monsieur, comment et pourquoi la comtesse de Verdraine a quitté les Bergères; je vais vous l'apprendre.

Le lendemain même de la vente des biens du comte de Verdraine, M. de Miray s'est présenté aux Bergères. Je ne saurais vous dire ce qui s'est passé entre la comtesse et le nouveau propriétaire; mais dans la nuit qui suivit la visite de M. de Miray, madame de Verdraine est partie avec ses enfants, à pied, monsieur, à pied, vous entendez? sans avoir prévenu ni le fermier et sa femme, ni Marianne, sa vieille servante.

— D'après vos paroles, monsieur Denizot, M. de Miray aurait chassé la comtesse de Verdraine.

— Non, monsieur, non, il ne l'a pas chassée, il aurait tenu à la garder, au contraire; mais elle ne voulait pas d'une hospitalité dangereuse.

— Dangereuse! fit M. Daubrun, regardant fixement le jeune homme.

— Oui, monsieur, madame de Verdraine s'est enfuie des Bergères, parce qu'elle ne s'y sentait plus en sûreté; elle avait peur de M. de Miray!

— Mais pourquoi?

— M. de Miray voulait faire de madame de Verdraine sa maîtresse.

— Que dites-vous? exclama le juge.

— La vérité, monsieur; la comtesse de Verdraine

s'est enfuie des Bergères parce qu'elle craignait d'être victime de quelque monstrueux attentat.

M. Daubrun sursauta.

— Prenez garde, monsieur Denizot, prenez garde, dit-il, vos paroles sont une accusation directe portée contre M. de Miray, qui jouit dans le pays d'une haute considération.

— Monsieur, répondit Etienne, sans se laisser intimider par le regard et le ton du magistrat, il en est de certaines bonnes réputations comme de certaines grandes fortunes ; elles sont usurpées, volées ; la race des hypocrites, des faux bonshommes ne sera jamais éteinte ; il ne manque pas de coquins qui passent pour de très honnêtes gens ; que le masque d'un de ces individus tombe ou lui soit arraché, on découvre avec étonnement et effroi que ce soi-disant honnête homme n'est qu'un misérable.

Mais je ne me fais pas l'accusateur de M. de Miray en venant, confidentiellement, parler à M. Daubrun de faits que je connais. Si j'eusse voulu porter plainte contre M. de Miray, c'est au procureur de la République que je me serais adressé. Dans l'intérêt de madame la comtesse de Verdraine et de ses enfants, je veux éviter un scandale.

Vous êtes un homme juste et bon, monsieur, je le sais ; ce n'est pas le magistrat, le juge d'instruction que je suis venu trouver, mais l'honnête homme toujours prêt à prendre la défense du faible ; avec espoir et avec confiance, monsieur, je fais appel à votre bonté et à vos sentiments de justice.

— Parlez donc, monsieur, et dites-moi ce que je peux faire pour vous.

— Vous pouvez faire beaucoup, monsieur, pas

pour moi, mais pour madame la comtesse de Verdraine dont vous connaissez les malheurs et pour laquelle vous avez été compatissant.

— On ignore ce qu'elle est devenue, m'avez-vous dit.

— Hélas ! oui, monsieur.

— Ainsi, elle n'est pas retournée en Bourgogne dans sa famille?

— Elle est partie des Bergères avec ses enfants, comme j'ai eu l'honneur de vous le dire, avec l'intention de se rendre auprès de ses parents, qui l'appelaient depuis longtemps. La maison de son père était son dernier refuge. N'ayant plus ou presque plus d'argent, elle ne pouvait pas prendre le chemin de fer; elle avait résolu de faire cette longue route à pied, allant de village en village, et elle s'était dit que quand elle ne pourrait plus acheter du pain pour ses enfants, elle mendierait.

— C'est affreux ! murmura M. Daubrun.

— La malheureuse avait trop compté sur ses forces et sur celles de ses pauvres petits; c'était un voyage impossible qu'elle avait entrepris. Elle fit cependant vingt et quelques lieues et arriva dans le département du Rhône, entre Saint-Gallais et Charnay.

Là, monsieur, l'implacable fatalité, qui n'a pas cessé un instant de s'acharner contre elle, voulut qu'elle fût séparée de ses enfants.

Ne voulant pas abuser de votre temps, je n'entrerai pas dans de longs détails qui, en ce moment, d'ailleurs, sont inutiles.

C'était la nuit, vers deux heures du matin, des saltimbanques qui se rendaient à Belley, trouvèrent la comtesse de Verdraine sur la route, raide, glacée, ne donnant plus signe de vie. Tout d'abord, ils se crurent en présence d'un cadavre. Néanmoins le chef de la troupe, un Espagnol appelé Stéphano, fit porter la malheureuse dans une de ses voitures et la confia à des femmes qui, à force de soins intelligents et énergiques, parvinrent à la ranimer. Mais elle était dans un tel état de faiblesse qu'on ne pouvait guère espérer qu'elle vivrait. Elle restait sans connaissance et ne pouvait pas parler.

Don Stéphano ne crut pas devoir l'emmener jusqu'à Belley ; il la laissa à Bellombe chez des braves gens qu'il connaissait. Tous les soins que réclamait l'état de madame de Verdraine lui furent donnés.

Cela, monsieur, je ne l'ai appris que plus tard.

— Mais qu'étaient donc devenus les enfants ?

En cherchant du secours pour leur mère, les pauvres petits s'étaient perdus ; il furent trouvés par un cantonnier qui les conduisit chez lui, à Charnay.

— Pauvre mère, pauvres enfants ! murmura le magistrat. Mais continuez, monsieur Denizot, continuez ; votre récit m'intéresse au plus haut point.

— Nous avions appris à Saint-Amand que le comte de Verdraine était complètement ruiné, et nous étions très inquiets au sujet de la comtesse et de ses enfants. Nous nous doutions un peu qu'elle se trouvait dans une situation désespérée. De concert avec M. Pierre Rouget, le grand-père de la comtesse, je quittai Saint-Amand et vins dans l'Isère ; il avait été convenu que je ramènerais la mère et les enfants.

Je me présentai aux Bergères, trop tard, hélas ! la comtesse était partie dans la nuit.

Ce que je vous ai dit tout à l'heure concernant M. de Miray, je l'ai appris par la vieille Marianne ; j'ai su également par la servante que madame de Verdraine avait vendu ses bijoux pour anéantir un faux commis par son mari, qu'elle ne possédait plus rien et se trouvait dans un affreux dénuement.

Je me mis à la recherche de la mère et des enfants ; mais ne pouvant deviner quelle route ils avaient prise, je perdis beaucoup de temps en marches et contre-marches. Pendant huit jours, monsieur, je courus par monts et par vaux ; mais j'étais enfin sur la trace, non plus de la comtesse, que les saltimbanques avaient emmenée deux jours auparavant, mais sur celle des enfants.

Le matin du neuvième jour, j'arrivai à Saint-Gallais. Là, je pris la défense d'un chien errant que les paysans voulaient tuer, disant qu'il avait la rage. Jugez de ma surprise, monsieur, de ma joie, quand sur le collier de ce chien, à qui je venais de sauver la vie, je lus le nom de madame la comtesse de Verdraine.

— C'était Miro ! s'écria M. Daubrun.

— Oui, monsieur, c'était Miro qui, comme moi, s'était mis à la recherche de sa maîtresse et de ses jeunes maîtres. Il me suivit et, arrivés à Charnay, nous retrouvâmes Georges et Edouard dans la maison du cantonnier.

Bref, monsieur, j'emmenai les enfants à Saint-Amand où ils sont actuellement, choyés par le père, la mère et le grand-père de la comtesse de Verdraine. Doux, obéissants, pleins de cœur, ils n'ont aucune peine à se faire aimer de tout le monde.

En quittant Charnay, j'ignorais ce que la comtesse

était devenue, mais nous apprîmes bientôt qu'elle était à Bellombe et l'on nous rassurait en nous disant que bien qu'elle fût très malade, elle n'était plus en danger de mort.

Le mieux continua. Peu à peu les forces lui revinrent, elle put écrire, nous donner elle-même de ses nouvelles. Enfin le médecin allait lui permettre de voyager. Madame Pérard, sa mère, était prête à se rendre à Bellombe pour ramener sa fille à Saint-Amand.

Avant-hier jeudi, monsieur, nous reçûmes une lettre qui nous frappa comme d'un coup de foudre.

La comtesse de Verdraine avait disparu, avait été victime d'un audacieux enlèvement.

— Un enlèvement ! exclama le magistrat, faisant un bond sur son siège.

— Oui, monsieur, et j'arrive à la grave communication que j'ai à vous faire.

Il y a aujourd'hui huit jours, une femme paraissant âgée de plus de soixante ans, mais ayant sans doute employé quelque moyen pour se vieillir le visage, arriva à Bellombe dans une voiture attelée de deux forts chevaux. Cette femme portait l'habit des religieuses de Saint-Joseph, un déguisement, et se dit être la supérieure de la communauté de Saint-Joseph d'Alpérine. Elle était soi-disant envoyée par le comte de Verdraine, qui se trouvait à Alpérine dans une chambre d'auberge, dangereusement malade, n'ayant peut-être pas vingt-quatre heures à vivre encore. Il avait reçu les derniers sacrements, avait le repentir de ses fautes et désirait avoir la consolation suprême de revoir sa femme avant de paraître devant Dieu.

Tout ce que lui dit la femme, qui avait l'air d'une

sainte, la comtesse le crut. Ne consultant que son cœur, voyant un devoir pieux à accomplir, elle tomba dans le piège qui lui était tendu. Elle partit avec la fausse religieuse et depuis, monsieur, depuis, la comtesse de Verdraine a disparu, et ses parents et ses amis désolés se demandent ce qu'elle est devenue, ce que l'on a pu faire de la malheureuse.

— Ce que vous m'apprenez, monsieur Denizot, dit le magistrat, qui était devenu très pâle, est, en effet, d'une gravité exceptionnelle.

— Je n'ai pas besoin d'ajouter, monsieur, que le comte était à Paris, bien portant, quand on le disait mourant à Alpérine, et que la supérieure de la communauté des dames de Saint-Joseph d'Alpérine a poussé des cris d'indignation quand elle a su le criminel emploi qu'on avait fait de son nom.

M. Daubrun se leva brusquement et se mit à marcher à grands pas, en proie à une agitation fébrile. Son front s'était plissé, ses yeux brillaient comme des tisons.

Au bout d'un instant il s'arrêta devant le jeune homme, qui s'était levé aussi et restait immobile, n'osant faire un mouvement.

— Ainsi, dit le magistrat, vous accusez M. de Miray d'être l'auteur de l'enlèvement, c'est-à-dire d'avoir payé des misérables pour commettre ce crime ?

— Je crois que c'est M. de Miray qui a fait enlever la comtesse de Verdraine et qui la tient séquestrée quelque part dans les environs de Grenoble, répondit Etienne ; toutefois, monsieur, ne pouvant fournir, quant à présent, aucune preuve contre lui, je ne porte pas une accusation contre M. de Miray. Je vous dis ce que je pense, ce que je crois, voilà tout, et j'ai l'honneur de vous répéter que c'est à l'homme qui a connu madame de Verdraine et non au magistrat que je m'adresse.

M. Daubrun se remit à marcher, le front pensif, puis revint à Etienne.

— Autrefois, dit-il, on a beaucoup parlé des assiduités de M. de Miray auprès de la comtesse, on a même essayé de s'en servir pour ternir la réputation de la malheureuse. Mais peut-on s'en rapporter à ce que vous a révélé la vieille servante ?

— Cette révélation a été faite à une autre personne par la comtesse elle-même.

— Enfin, c'est clair, vous accusez M. de Miray ; soit. L'homme pas plus que le magistrat n'a à le défendre. La justice est pour tous. Pourtant, je ne peux pas, sans avoir des preuves de sa culpabilité, lancer un mandat d'amener contre M. de Miray.

— Je ne demande pas cela, monsieur.

— Que demandez-vous ?

— La comtesse de Verdraine a disparu, je suis convaincu qu'elle est séquestrée non loin de cette ville. J'ai quitté Saint-Amand avant hier pour me mettre à sa recherche et je supplie M. Daubrun de vouloir bien m'aider à la retrouver.

— Vous avez fait appel à mes sentiments de justice, monsieur Denizot, ils ne vous feront pas défaut ; je vous aiderai à trouver madame de Verdraine.

— Je vous remercie, monsieur. Ah ! songez que l'enlèvement date de huit jours, que la malheureuse victime doit être en proie à des angoisses mortelles... Il faut agir vite et sans perte de temps.

— Soyez tranquille et comptez sur moi. Aujourd'hui même commencera la surveillance que je vais établir autour de M. de Miray. Il ne pourra plus faire un pas hors de Verdraine sans que j'en sois instruit. S'il est réellement l'auteur de l'enlèvement, je le saurai bientôt. Alors rien ne m'arrêtera ; je ne connaîtrai plus M. de Miray, je ne verrai en lui qu'un misérable qui devra rendre compte à la justice de son crime.

Je vous le répète, ajouta M. Daubrun en congédiant le jeune homme, comptez sur moi.

XXII

NOUVEL EXPLOIT DE MIRO

A l'heure où Etienne Denizot causait avec le juge d'instruction du parquet de Grenoble, lui racontant la douloureuse odyssée de la comtesse Paule, un homme à l'allure inquiète marchait lentement dans une rue peu fréquentée de la ville, la tête inclinée sur sa poitrine et paraissant absorbé dans ses pensées.

Cet homme était le comte de Maxime Verdraine.

On aurait pu le prendre pour un fiévreux, un malade redoutant fort les vents des montagnes alpines, car il avait relevé le collet de son pardessus de gros drap et enfoncé sur ses yeux et ses oreilles son chapeau de feutre mou aux larges bords.

Il prenait évidemment des précautions pour ne pas être reconnu dans cette ville de Grenoble où il avait tenu autrefois le haut du pavé et où il était maintenant méprisé de tout le monde.

Mais quoiqu'il fût vieilli de vingt bonnes années et malgré le soin qu'il mettait à éviter les regards des passants, une femme âgée, qui venait en sens inverse et allait se croiser avec lui, le reconnut. Elle s'arrêta brusquement et laissa échapper un cri de surprise. Le comte s'arrêta aussi en reconnaissant la vieille Marianne.

— Ah! monsieur le comte, fit-elle, c'est vous, c'est vous que je revois!

— Vous me revoyez, Marianne, bien changé, n'est-ce pas?

— Oui, monsieur le comte, bien changé, dit la vieille servante, avec des larmes dans la voix.

— Ah! ça, fit-il, vous n'allez pas pleurer, je pense, Je suis heureux de vous avoir rencontrée, Marianne; j'ai besoin d'un renseignement et vous allez sans doute me le donner.

— Oh! oui, si je peux...

— Mais nous ne pouvons pas causer ainsi au milieu de la rue sous les regards des curieux.

En parlant il avait pris le bras de la servante; il l'entraîna sous le porche d'une vieille maison inhabitée et tous deux se dissimulèrent dans un angle, derrière un pilier.

— D'abord, reprit le comte, dites-moi ce que vous faites maintenant.

— Comme toujours, je suis domestique, monsieur le comte; malgré mon âge, j'ai pu me replacer dans une maison bourgeoise. Monsieur le comte sait, sans doute, que quelques jours après son départ de Grenoble, madame la comtesse a quitté la ville et est allée demeurer aux Bergères avec les enfants. Ah! ma pauvre chère maîtresse a bien souffert, bien pleuré!... Malgré tout, nous étions assez tranquilles aux Bergères quand M. de Miray s'est imaginé, par méchanceté contre madame la comtesse, d'acheter la ferme et le domaine de Verdraine.

Quel vilain homme, monsieur le comte, quel homme affreux que M. de Miray! Il voulait... non, je n'ose pas vous dire ce qu'il voulait... Madame la comtesse avait une telle peur de lui qu'elle s'est sauvée des Bergères la nuit, oui, monsieur le comte, la nuit, et à pied avec Georges et Edouard, les pauvres mignons!

— Je sais cela, dit le comte sourdement.

— Je n'ai jamais vu un homme aussi furieux que l'a été M. de Miray quand il a appris que madame la comtesse était partie. Il s'est mis à sa poursuite; mais heureusement il ne l'a pas trouvée.

— Croyez-vous donc, Marianne, qu'il l'aurait tuée?

— M. de Miray est capable de tout.

Le regard du comte eut un éclair sinistre.

— Moi, monsieur le comte, continua la servante, je suis encore restée deux jours aux Bergères, et j'y serais restée plus longtemps, dans l'espoir d'avoir des nouvelles de madame la comtesse et des enfants, si M. de Miray ne m'avait dit, comme un sans-cœur et un brutal qu'il est :

— « Toi, la vieille, on n'a que faire de toi ici, va-t'en!

Je suis revenue à Grenoble, et, comme je l'ai dit à monsieur le comte, je me suis replacée. Mais je n'ai plus entendu parler de madame la comtesse et des enfants; j'ai vu Verdret il y a trois jours, lui et sa femme sont aussi sans nouvelles. Je pense à eux sans cesse; il y a des jours où je pleure tout le temps; la nuit, j'ai toutes sortes de vilains rêves.

La pauvre vieille s'était mise à pleurer, ne pouvant plus retenir ses larmes.

M. de Verdraine était devenu très sombre; il avait

comme des frémissements de colère, et sa main, dans une de ses poches, serrait fiévreusement la crosse d'un revolver.

— Monsieur le comte, demanda Marianne, pouvez-vous me donner des nouvelles de madame la comtesse et de ses enfants ?

— Non, répondit-il d'une voix creuse, je ne sais pas plus que vous ce qu'ils sont devenus.

— Ah! voyez-vous, monsieur le comte, rien ne m'ôtera de l'idée qu'il est encore arrivé malheur à ma pauvre maîtresse... Mais c'est donc dans la vie toujours les mêmes qui sont malheureux !

— Chacun l'est à son tour, répliqua le comte d'un ton farouche, et il y a un châtiment pour les infâmes qui ont fait souffrir les innocents.

La vieille servante ne comprit pas ce que voulait dire son ancien maître ; mais, étonnée, elle le regarda ; le visage du comte avait une expression si terrible qu'elle frissonna.

Après un silence M. de Verdraine reprit :

— Marianne, quand vous m'avez rencontré je me rendais chez M. de Miray, mais sans savoir s'il est en ce moment à Grenoble.

— Est-ce bien vrai ? s'écria la servante avec stupeur, monsieur le comte allait chez cet homme !

— Il n'y a à cela rien de surprenant. M. de Miray n'a-t-il pas été mon ami, mon meilleur ami ?

— Lui, votre ami, votre meilleur ami ! Ah il vous l'a fait croire...

— Allons, allons, dit le comte, prenant le ton de la plaisanterie, je vois que vous n'aimez pas M. de Miray ; mais moi je n'ai aucune raison de lui en vouloir, à ce cher baron qui, maintes fois, m'a rendu des services d'ami. Il faut que je le voie aujourd'hui même, nous avons des affaires sérieuses à régler ensemble.

— Vous ne le trouverez pas à son hôtel.

— Alors il n'est pas à Grenoble ?...

— Il n'y est pas.

— Où est-il ? Le savez-vous ?

— A son château de Verdraine, répondit Marianne avec un accent où il y avait en même temps des regrets et de la colère.

— Vous êtes bien sûre qu'il est à Verdraine ?

— Oui, monsieur le comte, et depuis une quinzaine de jours ; je l'ai appris par le fermier des Bergères.

— Merci, Marianne ; voilà le renseignement que j'avais à vous demander. Je suis pressé, je vous quitte... Vous êtes toujours la même ; vous n'êtes pas changée, vous. Allons, ma pauvre Marianne, bon courage et bonne chance.

M. de Verdraine s'éloigna et bientôt s'enfonça dans une ruelle où il disparut.

La vieille servante était restée toute surprise de la façon brusque dont son ancien maître l'avait quittée.

— Ah çà ! murmura-t-elle, il ne sait donc pas quel vilain homme est M. de Miray ? Il s'imagine peut-être que son cher baron va lui rendre Verdaine et les Bergères. Vous verrez comme vous serez reçu, monsieur le comte. Ah ! vraiment, il y a des hommes qui sont bêtes !

Après avoir quitté M. Daubrun et avant de revenir chez lui, à l'hôtel des Alpes, Étienne voulut savoir où était l'hôtel de Paris ; on lui indiqua la rue où il se trouvait, et il s'y rendit afin de se familiariser un peu dans une ville qu'il ne connaissait point. Ayant vu l'hôtel de Paris, il se dirigea enfin vers celui des Alpes tout en étudiant son chemin afin de ne pas s'égarer à travers les rues et les ruelles, quand Mercédès lui ayant annoncé son arrivée, il se rendrait auprès d'elle.

Miro, nous le savons, était resté dans la chambre. Il n'avait point paru contrarié de ne pas sortir avec Étienne; mais au lieu de rester couché comme un chien paresseux, il aurait certainement préféré se promener dans la ville, et peut-être lui eût-il été particulièrement agréable, malgré le balai d'un valet peu endurant, de faire une visite à l'hôtel de Verdraine où il avait passé de si beaux jours.

Tantôt dans une position, tantôt dans une autre, mais toujours étendu sur le parquet, Miro se disait peut-être que les temps étaient bien changés, et que cette chambre dans laquelle il était enfermé ne ressemblait guère aux appartements somptueux et vastes de l'hôtel et du château de Verdraine.

Mais Miro était un chien philosophe, sachant se contenter de tout, prenant le temps comme il venait; l'adversité n'avait pas aigri son caractère. Toutefois, s'il eût été un penseur, il aurait fait de tristes réflexions sur les vicissitudes de la vie.

Les malheurs de ses maîtres, dont il avait pris sa part, l'avaient vieilli, mais il n'avait rien perdu de son intelligence extraordinaire, de son flair merveilleux; il était toujours le chien qui, sur la route de Saint-Marcellin, avait reconnu le meurtrier de la petite Isabelle.

La porte de la chambre s'ouvrit. Miro fit : ouf! leva la tête, regarda qui entrait et resta couché, un œil à demi fermé, l'autre grand ouvert.

C'était le garçon; il venait débarrasser la table et enlever la grande terrine qui avait contenu la soupe dont le chien avait fait son déjeuner.

Miro connaissait ce garçon, il n'avait pas à s'inquiéter, mais à le laisser faire son service. Du reste, en signe de bonne amitié, le garçon crut devoir flatter le chien, en lui passant la main sur le dos, en lui frottant doucement les oreilles. C'était peut-être un peu trop de familiarité, mais Miro était bon prince, il ne laissa point voir que les manières du garçon ne lui plaisaient pas absolument.

Le garçon se retira, emportant les objets qu'il était venu chercher et Miro se retrouva seul.

Dans la chambre voisine on causait à voix basse; mais les chiens, c'est connu, ont l'ouïe extrêmement fine; Miro entendait et, sans en avoir l'air, écoutait attentivement. Comprenait-il ce qui se disait? Nous serions tenté de le croire, car par trois fois sa tête se dressa brusquement pendant que ses yeux étincelaient.

La porte de la chambre s'ouvrit de nouveau et le même garçon reparut. Cette fois il tenait sur son bras les draps à mettre au lit et s'était armé d'un balai et d'un plumeau. Il venait faire la chambre. C'est ce que comprit parfaitement Miro, et il se dit sans doute qu'il allait être forcément dérangé et qu'il ne devait pas attendre pour se lever que le garçon lui dise : « Ote-toi de là. »

Miro se leva donc. Du reste il était las d'être couché et quelque peu courbaturé. Il s'étira fortement et se mit à se promener de long en large pour achever de se dégourdir les pattes. Mais il trouva que l'espace manquait. Le garçon avait laissé la porte ouverte à moitié. Miro avança la tête hors de la chambre, regarda à droite et à gauche, hésita un instant, puis s'avança dans le couloir; il alla jusqu'au fond, approchant indiscrètement son nez des portes. Continuant sa promenade, il revint sur ses pas, passa devant le numéro 10 et s'arrêta à la porte du numéro 8, qui était légèrement entrebâillée. Par l'ouverture, une douce et agréable odeur de viande bien assaisonnée arriva au nez de Miro. De la tête il poussa légèrement la porte qui, sans bruit, s'ouvrit un peu plus. Sa tête passa, puis le corps tout entier. Miro était dans la chambre. Défiant comme tous les chiens qui se permettent une invasion sur le domaine d'autrui, il s'arrêta, et la tête haute, les narines agitées, ayant l'air de réjouir son odorat du fumet qui remplissait la chambre, il regarda un homme et une femme, qui ne l'avaient pas vu entrer, très occupés qu'ils étaient à savourer leur café.

Cet homme et cette femme, à qui Miro rendait ainsi visite, venaient de déjeuner, et à en juger par les reliefs encore sur la table, par les bouteilles qui avaient contenu le vin et par les flacons de liqueurs entamés, ils avaient fait un repas des dieux.

Ils étaient l'un et l'autre dans une douce gaieté voisine de l'ébriété.

Le regard de la femme tomba sur Miro.

— Tiens, fit-elle, un chien!

— C'est encore cette mâtine de servante qui a mal fermé la porte, dit l'homme d'un ton grognon; qu'est-ce que c'est que ce chien? qu'est-ce qu'il veut?

— Oh! ça se devine, répondit la femme, un os ou mieux encore un morceau de viande.

— Depuis dimanche que nous sommes ici, je ne l'ai pas encore vu ce chien.

— Il doit appartenir à quelque voyageur.

— Peut-être à ce monsieur qui est arrivé ce matin et qui loge au 10, à côté.

— Alors il vient nous voir en voisin.

— Mais regarde-le donc; vois comme il fronce le nez. A-t-il l'air serin, planté ainsi sur ses pattes.

— Il n'est pas hardi.

— Il faut qu'il le soit pour s'être permis d'entrer chez nous.

— Il doit avoir faim, dit la femme.

Elle prit avec ses doigts un morceau de viande qui restait dans un plat.

— Chien, voilà pour toi; allons, viens, viens.

Miro s'approcha. La femme lui présenta le morceau. Il détourna la tête.

— Hein, tu n'en veux pas! Un si bon morceau, sans os!... En voilà un chien qui fait le difficile!

— S'il avait faim, sois tranquille, il ne ferait pas ainsi la petite gueule.

Les allures de Miro devinrent tout à coup singulières.

Il se mit à tourner autour de la femme, en la flairant.

— Ah! ça, mais qu'est-ce qu'il a donc à me sentir ainsi? fit-elle; pourtant je n'ai rien sur moi... si j'avais joué ce matin avec une chienne, je comprendrais... Est-il drôle, ce chien, oui, il est vraiment drôle. Allons, laisse-moi, laisse-moi!

Elle se leva et essaya d'éloigner l'irrespectueux Miro.

Mais il n'en continua que de plus belle à la flairer, fourrant sa tête dans les plis de sa jupe. Elle finit par s'écrier :

— Mais il me fatigue, ce chien ; va-t'en, va-t'en !

— Attends, dit l'homme en se levant à son tour, je vais avoir vite fait de nous en débarrasser.

Il saisit Miro par son collier pour le traîner hors de la chambre. Mais, avant, il eut la curiosité de lire ce qui était gravé sur la plaque du collier.

Aussitôt il poussa un oh ! étranglé, lâcha prise, se redressa et bondit en arrière.

Il était devenu très pâle, l'épouvante était dans son regard.

— Qu'as-tu donc ? lui demanda la femme.

— Ce chien... ce chien... balbutia-t-il.

— Eh bien, ce chien, est-ce qu'il est enragé ?

Il répondit d'une voix que la terreur faisait trembler :

— C'est Miro, le chien de la comtesse.

— Oh ! fit la femme, blémissant à son tour.

— Comment est-il ici ? Il faut croire qu'il nous a suivis ; chien maudit, il est capable de nous dénoncer, de nous livrer... comme l'autre.

— Tu me fais trembler !

— C'est bon, je vais lui faire son affaire.

Rapidement l'homme ouvrit le tiroir d'un meuble où il prit un couteau à virole à lame longue, effilée, tranchante.

— Tonnerre ! à quoi penses-tu ? dit-il à la femme d'une voix sourde, ferme donc la porte.

La femme se précipita vers la porte qui, à ce moment, s'ouvrit toute grande, poussée du dehors, et Étienne, qui venait d'arriver et cherchait Miro, apparut sur le seuil.

L'homme avait de nouveau saisi le chien par son collier et avait la main levée, prête à enfoncer la lame dans la gorge de l'animal, qui semblait ne point se douter qu'il fût en danger de mort.

D'un coup d'œil rapide jeté dans la pièce, Étienne vit ce qui se passait. Il poussa un cri terrible et ne fit qu'un bond. Avant que l'homme ait eu le temps de frapper, Étienne l'avait renversé, désarmé et le tenait sous son genou et à la gorge.

Miro, libre de ses mouvements, caressa celui qui venait pour la deuxième fois de lui sauver la vie; puis, comme étonné, regarda les deux hommes, l'un dessous, l'autre dessus, prêt à porter secours à Étienne; mais jugeant sans doute que son ami avait plus de force qu'il ne lui en fallait pour se défendre seul, il renonça à intervenir et, comme à la recherche de quelque chose, il se mit à fureter dans la chambre.

La femme, qui s'était jetée en arrière à la vue d'Etienne, était maintenant collée contre la muraille, les yeux écarquillés, tremblante comme la feuille, affolée de terreur.

Le cri poussé par le jeune homme avait attiré du même coup le garçon qui était encore dans la chambre à côté et une servante. Tous deux se tenaient dans le cadre de la porte, regardaient curieusement, avec une certaine émotion, mais sans pouvoir comprendre ce que cela signifiait.

— Laissez-moi, laissez-moi donc, vous m'étranglez, vous m'étouffez! criait l'homme.

Étienne lâcha prise, se dressa debout et jeta sur la table le couteau qu'il avait arraché de la main de l'individu.

Celui-ci se releva, soufflant comme un bœuf, et enveloppa le jeune homme d'un regard chargé de haine.

— Pourquoi vouliez-vous tuer ce chien? lui demanda Etienne.

— Il est entré furieux dans cette chambre qui est la mienne, puisque je la paie, et il a voulu me mordre.

— C'est faux, vous mentez!

— Je vous dis qu'il a voulu me mordre.

— Non, vous aviez une autre raison pour vouloir égorger ce chien qui ne se défendait même pas. Ne me dites pas encore qu'il voulait se jeter sur vous, il est très doux et n'a jamais mordu personne.

— Vous le connaissez donc ce chien?

— Je le connais certainement puisqu'il est à moi.

— Ah! c'est votre chien!

— Oui, c'est mon chien, mon compagnon, mon ami.

— Je croyais avoir affaire à un chien perdu, errant; mais du moment qu'il est à vous, c'est bien. Seulement gardez-le chez vous, votre chien, et ne le laissez pas rôder dans les chambres des voyageurs. Vous n'avez plus rien à faire ici, n'est-ce pas? Emmenez votre chien et laissez-nous.

Étienne haussa les épaules et du regard chercha Miro qui, debout sur ses pattes de derrière, soulevait avec sa tête et grattait avec une sorte de fureur des vêtements accrochés à une patère.

— Viens, Miro, viens mon bon chien, lui dit Étienne.

Miro n'eut pas l'air d'avoir entendu; il s'acharna après les hardes avec un redoublement d'énergie.

— Voilà qui est étrange, murmura Étienne.

— Mais emmenez donc votre chien! s'écria l'homme avec un accent qui révélait une indicible angoisse.

La femme s'était affaissée sur un siège plus morte que vive.

Les domestiques étaient toujours sur le seuil de la porte.

L'homme voulut s'élancer sur le chien. Étienne l'arrêta en le saisissant au collet.

— Mais je suis chez moi *ici*, j'y suis le maître! hurla-t-il en se débattant.

La patère n'était pas solidement fixée au mur, les secousses que lui imprimait Miro achevèrent de la desceller et elle tomba tout d'un coup avec les vêtements qu'elle portait.

Aussitôt, avec sa gueule et ses pattes, Miro éparpilla au milieu de la chambre une jupe d'un gris sombre, un corsage de même couleur, un bandeau blanc, un béguin, une coiffe-cornette blanche et noire, un grand chapelet et une croix en métal blanc avec bordure d'émail noir. C'était un habillement complet de religieuse.

Étienne, frappé d'une clarté subite, tressaillit violemment.

Il n'en pouvait douter, cet habit de religieuse était celui que portait la misérable femme qui avait fait tomber la comtesse Paule dans le piège tendu par M. de Miray, et Miro l'avait découvert sans doute parce que, pendant toute une nuit, il avait touché le corps de sa maîtresse et qu'il était encore imprégné de l'odeur de sa chair.

Ce que venait de faire le chien ne pouvait d'ailleurs s'expliquer autrement.

Les yeux du jeune homme s'étaient enflammés et de l'homme son regard se porta sur la femme.

Tous deux avaient perdu contenance ; ils étaient atterrés.

— Qu'est-ce que c'est que ce costume de religieuse? demanda-t-il d'une voix frémissante.

L'homme et la femme restèrent muets.

— Répondez, mais répondez donc ! s'écria le jeune homme d'un ton impérieux, menaçant.

— Occupez-vous de vos affaires, dit l'homme d'une voix mal assurée, les nôtres ne vous regardent pas.

— Ah ! vraiment, c'est là tout ce que vous trouvez à me répondre. Eh bien ! malgré que vos affaires ne soient pas les miennes, j'ai la prétention de vouloir y voir clair. Je vous ai demandé ce que c'était que ce costume de religieuse... Oh ! vous n'avez pas besoin de me regarder comme si vous vouliez me dévorer, je n'ai pas peur des loups. Mais vous ne comprenez donc pas, misérable, que votre silence et votre attitude vous dénoncent?...

Vous êtes pris, vous et votre digne compagne ; je vous tiens, et vous ne m'échapperez pas ! Allons, bas les masques ! Vous êtes un bandit et cette femme une affreuse coquine !

Voyons, voyons, continua Étienne, devenant de plus en plus menaçant, cet habit de religieuse ne serait-il pas celui de la supérieure de la communauté de Saint-Joseph d'Alpérine?

Il y eut dans la gorge de la femme comme un râle.

L'homme jeta autour de lui des regards farouches.

— Misérables! misérables! exclama Étienne d'une voix tonnante et les yeux flamboyants, où est la comtesse de Verdraine? Qu'avez-vous fait de la comtesse de Verdraine?

Secoué par la peur, l'homme retrouva subitement son audace et devint furieux. Il poussa un rugissement de fauve et bondit vers la table pour s'emparer du couteau. Mais Étienne, qui avait l'œil sur lui et ne perdait pas un de ses mouvements, le repoussa avec une telle violence qu'il alla s'abattre contre la muraille.

La femme se roulait sur le parquet en proie à des convulsions réelles ou feintes.

Les deux domestiques ahuris regardaient toujours et restaient immobiles comme pétrifiés.

Étienne, sûr de sa force, le regard plein d'éclairs, tenant sa tête haute, était superbe, majestueux et en même temps terrible comme la vengeance.

L'homme se releva, la face convulsée, violacée, les yeux injectés de sang; il grinçait des dents, avait de l'écume aux lèvres.

Il se raidit sur ses jambes, dans l'attitude d'un lutteur, et on le vit prêt à sauter à la gorge de son ennemi. Mais d'un mouvement rapide, le jeune homme s'arma du couteau à virole et cria :

— Misérable, si tu fais un pas en avant, aussi vrai que je m'appelle Étienne Denizot et que tu es un bandit, je te tue comme une bête féroce.

La menace produisit son effet; au lieu d'avancer l'homme recula, en hurlant :

— A moi, à moi! cet homme est fou, fou furieux!

XXIII

L'ARRESTATION

La figure effarée de maître Brignon, le patron de l'hôtel des Alpes, se montra entre les épaules de son garçon et de sa servante. Derrière eux, dans le couloir, un groupe de huit ou dix personnes s'était formé.

L'homme vit que tout ce qu'il pourrait dire et faire serait inutile et il comprit qu'il était perdu.

— Mille tonnerres ! murmura-t-il d'une voix étranglée, se faire pincer ainsi, c'est trop bête !

L'hôtelier se décida à pénétrer dans la chambre.

— Mais quoi donc, quoi donc ? fit-il tout tremblant ; qu'est-ce que cela signifie ? Pourquoi cette dispute ? Vous allez faire une singulière réputation à l'hôtel des Alpes, une maison si tranquille !

Etienne seul était encore menaçant ; de plus le couteau qu'il avait à la main semblait justifier ces paroles de l'autre personnage : cet homme est fou, fou furieux !

Ce fut lui que le patron apostropha.

— Monsieur, lui dit-il d'un ton sévère, si j'eusse

su ce matin que vous causeriez un pareil scandale, je ne vous aurais pas reçu, c'est une indignité, c'est honteux ! D'ailleurs, pourquoi vous êtes-vous permis d'entrer dans cette chambre ? Elle n'est pas la vôtre. Non, on ne se conduit pas ainsi, on n'a pas le droit de faire du tapage chez des voyageurs paisibles.

— C'est le chien qui est la cause de tout, dit la servante.

— Mais chassez-le donc, ce chien, chassez-le donc ! Jetez-le à la porte de l'hôtel.

— Qu'on ne touche pas à Miro ! s'écria le jeune homme avec autorité, je le défends !

— Monsieur, répliqua maître Brignon, on fera ici ce qui me plaira ; je suis le maître... Ah ! tenez, monsieur, ne me poussez pas à bout, sortez d'ici, sortez, je vous l'ordonne ; sortez à l'instant ou sinon...

— Que feriez-vous, monsieur Brignon ? demanda froidement Etienne.

— Je vais le faire tout de suite : Garçon, courez chercher la garde !

— Garçon, répéta Etienne d'une voix qui sonna comme un clairon, courez chercher la garde !

— Oui, oui, crièrent plusieurs personnes, la garde ! la garde !

Le garçon partit en courant.

Etienne se rapprocha de l'hôtelier, qui, sans être un poltron, se recula.

— La garde, monsieur Brignon, dit le jeune homme, mais c'est la garde, c'est le commissaire de police, ce sont tous les magistrats de Grenoble que je réclame, que j'attends !

Je m'adresse à vous tous qui m'écoutez, continua-t-il d'une voix éclatante, et je vous dis : « Cette femme et cet homme que voilà sont des malfaiteurs de la pire espèce ; je les dénonce, je les accuse ! »

— Monsieur, répliqua le patron de l'hôtel, accuser ainsi les gens est chose grave ; vous ne savez pas où cela peut vous conduire. Prenez garde !

— Si je me trompe, monsieur, si je calomnie, je suis prêt à subir les conséquences de mon erreur ; mais je ne me trompe pas, je ne me trompe pas !... Je suis entré dans cette chambre parce que l'homme que voilà, avec ce couteau que je lui ai arraché de la main, voulait tuer mon chien. Et pourquoi le misérable voulait-il égorger Miro ? Parce que Miro reconnaissait en lui et en sa compagne deux scélérats. Ah ! ce n'est pas la première fois que Miro dénonce des bandits et les livre à la justice, rappelez-vous l'Italien Jean Castori, rappelez-vous la petite Isabelle jetée dans le vivier du château de Verdraine.

— Quoi ! exclama Brignon, c'est là Miro !

— Oui, c'est là Miro, le chien de la comtesse de Verdraine. Et Miro ne se trompe pas, Miro ne peut pas se tromper !

Peu à peu, les personnes qui s'étaient d'abord tenues dans le couloir avaient envahi la chambre, et celles qui savaient comment Miro avait arrêté sur la route l'Italien Castori le racontèrent aux autres.

Bargoin et la fausse religieuse, car c'étaient bien les deux misérables que nous avons vus à Bellombe, étaient anéantis, écrasés.

Soudain un bruit de pas lourds retentit dans l'escalier et bientôt dans le couloir.

— La garde ! voici la garde ! crièrent plusieurs voix.

Et l'on fit place à une peloton de soldats commandés par un sous-officier.

Celui-ci entra dans la chambre avec deux de ses hommes ayant l'arme au bras.

— Qui devons-nous arrêter ? demanda-t-il.

Etienne s'avança et répondit :

— Moi, sergent, et cet homme et cette femme ; eux parce qu'il ont commis un crime, moi parce que je suis leur dénonciateur. Sergent, je ne suis pas de Grenoble, je suis Bourguignon, premier adjoint au maire de la commune de Saint-Amand-les-Vignes ; j'ai sur moi des papiers qui établissent mon identité.

— Vous, monsieur Etienne Denizot, vous, ici ! s'écria le sous-officier.

— Vous me connaissez ? fit le jeune homme avec surprise.

— Mais oui, monsieur Etienne, mais oui... Je suis de Charmeroy ; depuis dix ans, mon père travaille à la ferme des Vignolles, que vous avez achetée ; je suis le fils Vauthier, monsieur Etienne.

— Ah ! mon ami, mon ami ! prononça Etienne vivement ému.

Et il tendit la main au sergent.

— Et vous voulez que je vous arrête, monsieur Etienne ? dit tristement le sous-officier.

— Oui, il le faut, c'est nécessaire ; et je vous demande de ne pas nous conduire au poste, mais au palais de justice, afin que nous puissions comparaître immédiatement devant le procureur de la République et devant le juge d'instruction.

L'accusation que je porte contre cet homme et cette femme est basée sur ce vêtement de religieuse que vous voyez jeté sur le plancher. Veuillez, je vous prie, en faire un paquet et on l'emportera.

Sur l'ordre de son maître, le paquet fut vite fait par le garçon de l'hôtel et remis à un soldat.

Alors, au commandement du sous-officier, quatre soldats poussèrent Bargoin et sa compagne hors de la chambre. Derrière eux tout le monde sortit. L'hôtelier ferma la porte à double tour et mit la clef dans sa poche.

Les soldats et leurs captifs, Miro compris, furent bientôt dans la rue. On s'arrêta un instant devant le poste, qui n'était qu'à quelques pas de l'hôtel, et après quelques paroles échangées entre le sergent et un officier, on se remit en marche sous les regards des curieux, pendant que maître Brignon très rouge, très essoufflé, pérorait devant sa porte, sans pouvoir dire au juste de quoi il s'agissait à ceux qui l'accablaient de questions.

Quand les prisonniers arrivèrent au palais, une foule s'était amassée derrière eux. On dit au sergent que le procureur était dans son cabinet en compagnie du juge d'instruction et qu'on était allé prévenir ces messieurs. On attendit.

Le juge d'instruction causait avec le chef du parquet de la stupéfiante révélation que lui avait faite le matin Etienne Denizot.

Tout de suite après que le jeune homme l'eut quitté, le magistrat s'était rendu au palais et avait fait appeler dans son cabinet deux agents en qui il avait pleine confiance. Ceux-ci, après avoir reçu les instructions du juge, étaient immédiatement partis pour Verdraine.

M. Daubrun était resté dans son cabinet et avait étudié les pièces d'un volumineux dossier, jusqu'au moment où l'on était venu le prévenir que M. le procureur de la République, qu'il désirait voir, venait d'arriver à son cabinet.

M. Daubrun s'était rendu près de son supérieur, qui était aussi son ami, et, comme nous l'avons dit, il lui parlait de l'enlèvement de la comtesse de Verdraine, quand un huissier vint leur annoncer que des soldats amenaient une femme et deux hommes qu'ils avaient arrêtés à l'hôtel des Alpes.

— L'un de ces hommes, ajouta l'huissier, accuse l'autre homme et la femme d'avoir commis un crime, et, ce qui est fort étrange, c'est que cet accusateur est accompagné d'un chien qui serait celui du château de Verdraine, le fameux Miro.

— Miro ! Miro ! s'écrièrent en même temps les deux magistrats et en se dressant comme mus par un ressort.

Ils échangèrent un regard.

— Allons-nous les interroger immédiatement ? dit le procureur de la République.

— Ce serait mon avis, répondit le juge d'instruction.

— Huissier, dit le procureur, que quatre gendarmes aillent prendre les prisonniers et les amènent ici avec le chien. Allez, nous attendons.

Dix minutes après, quand les deux hommes, la femme et Miro furent introduits dans le cabinet du procureur de la République, le greffier du juge d'instruction était assis à une table, prêt à écrire.

Le chien reconnut aussitôt les magistrats ; il alla à eux et les caressa.

— Oui, Miro, bon chien, tu nous reconnais ; c'est bien, reste tranquille, maintenant.

S'adressant à Etienne, le juge reprit :

— Comment, monsieur Denizot, c'est ainsi que vous vous faites prendre par la garde ; quel méfait avez-vous donc commis ?

— J'ai fait du bruit, monsieur, beaucoup de bruit à l'hôtel des Alpes, répondit le jeune homme, et la garde est intervenue, ce dont je la remercie.

— Et à quel propos avez-vous fait ce tapage ?

Etienne tira de dessous son vêtement le couteau à virole, le déposa sur la table devant le greffier et raconta ce qui s'était passé.

— Messieurs, continua-t-il, en voyant le costume de religieuse éparpillé au milieu de la chambre par Miro, je n'ai pas douté un instant que cet homme et cette femme ne fussent les misérables qui ont enlevé madame la comtesse de Verdraine. Je les dénonce, je porte plainte contre eux devant vous, je me fais leur accusateur.

L'habit de religieuse que cette misérable femme a revêtu pour se présenter devant madame de Verdraine, à Bellombe, est tout entier dans ce paquet, que j'ai fait apporter ici ; voilà les preuves de leur culpabilité ; je vais les étaler sous vos yeux.

Ce disant, Etienne avait ouvert le paquet et, l'une après l'autre, il jeta sur un divan les diverses parties du vêtement, que Miro se remit à flairer.

— C'est incroyable ! murmura le juge d'instruction.

— Merveilleux ! ajouta le procureur de la République.

— Ce que vient de nous dire ce voyageur est-il exact ? demanda le juge d'instruction, en s'adressant en même temps à l'homme et à la femme.

Ils ne répondirent pas.

— Votre silence est significatif ; M. Denizot a dit la vérité. Mais il vous accuse d'être les auteurs d'un lâche enlèvement, crime que la loi punit sévèrement ; qu'avez-vous à répondre !

— Rien, répondit l'homme d'une voix sombre.

— Alors vous ne vous défendez pas ?

— Nous n'avons pas à nous défendre.

— Vous avouez donc que vous êtes les coupables.

— Nous n'avouons rien.

— Comment vous appelez-vous ?

L'homme hésita un instant, et répondit :

— Je me nomme Ernest Vicard.

— Où êtes-vous né ?

— Je l'ignore.

— C'est bien, dit le juge d'instruction, du moment qu'il ne vous plaît pas de parler, je cesse de vous interroger. Je suis convaincu que vous mentez en disant que vous ne savez pas où vous êtes né, et nous apprendrons plus tard, sans être étonnés, que vous ne vous appelez pas Ernest Vicard. Une enquête va avoir lieu et nous verrons quel en sera le résultat.

M. Daubrun prit une plume et, sur la table du greffier, il remplit rapidement les blancs d'un imprimé qu'il signa. C'était l'ordre d'écrouer le prévenu et de le mettre au secret.

Il frappa sur un timbre. Deux gendarmes parurent.

— Conduisez cet homme à la prison, dit le juge, en remettant le papier à l'un des gendarmes. Vous, prévenue, restez, ajouta-t-il.

Bargoin, dit Forestier, dit Vicard, fut emmené.

Le juge se tourna vers la femme.

— Je vous préviens, lui dit-il, que vous avez tout intérêt à dire la vérité, à ne pas chercher à égarer la justice; si vous êtes sincère, si vous faites des aveux, il vous en sera tenu compte. Comment vous appelez-vous ?

— Ernestine Pacaud.

— Où êtes-vous née?

— A Saint-Chamont.

— Quel âge avez-vous ?

— Trente-trois ans.

— Votre compagnon est-il votre mari ?

— Non.

— Alors il est votre amant ?

La femme baissa la tête.

— Expliquez-nous, reprit le juge d'instruction, la présence dans votre chambre, à l'hôtel des Alpes, de cet habit de religieuse.

— Il m'appartient.

— Je ne dis pas le contraire; mais comment vous l'êtes-vous procuré ?

— Il m'a été donné à la prise de voile.

— Vous êtes réellement religieuse ?

— Je l'ai été, monsieur.

— Où cela? A Alpérine?

— Non, monsieur, à Saint-Chamond.

— Alors, vous avez, comme on dit vulgairement, jeté le froc aux orties. Il y a longtemps de cela ?

— Cinq ans.

— Pourquoi n'êtes-vous pas restée religieuse?

— Je n'avais pas la vocation.

— Où avez-vous connu votre amant ?

— Dans mon pays.

— Je comprends, c'est lui qui vous a fait découvrir que la vie religieuse ne vous convenait point. Après vous avoir enlevée à votre communauté, où vous a-t-il conduite ?

— A Mâcon, d'abord, à Lyon ensuite.

— Comment avez-vous vécu ?

— Il travaillait.

— Que faisait-il ?

— Je ne sais pas.

— Vous cessez de dire la vérité. Mais passons. Votre amant s'appelle-t-il réellement Ernest Vicard?

— Oui, monsieur.

— Je crois que vous mentez encore; mais, en ce moment, l'identité de votre amant nous importe peu. Depuis combien de temps êtes-vous à Grenoble ?

— Depuis huit jours ?

— Arrivant de Lyon ?

— Oui, monsieur.

— Oh ! pas directement; mais en faisant un assez long détour pour vous arrêter à Bellombe.

— Monsieur...

— Prévenue, c'est maintenant que je vous adjure de dire toute la vérité.

— Je n'ai plus rien à dire; je ne répondrai plus à vos questions.

— Ernestine Pacaud, prenez garde! Si vous voulez avoir droit à notre indulgence, parlez, parlez! Ah! vous ne savez pas tout le mal qui peut être fait et que vous pouvez empêcher en faisant des aveux complets et immédiats.

On s'est adressé à vous et à votre amant, votre complice, et moyennant une somme d'argent probablement assez forte, vous vous êtes chargés d'enlever la comtesse de Verdraine. Cela, vous ne le niez pas, vous ne pouvez pas le nier. Vous avez revêtu votre costume de religieuse, et vous disant la supérieure de la communauté d'Alpérine, vous vous êtes présentée à la comtesse de Verdraine. Vous lui avez dit que le comte de Verdraine, dangereusement malade à Alpérine, n'ayant plus que quelques heures à vivre, demandait à la voir.

Trompée par vos manières, votre air pieux, votre langage mystique et l'habit que vous portiez, la comtesse a cru tout ce que vous lui disiez, et, ne pouvant soupçonner le piège que vous lui tendiez, elle vous a suivie. Ernestine Pacaud, où avez-vous conduit la comtesse de Verdraine ?

La misérable garda le silence.

— Comme M. le juge d'instruction, dit le procureur de la République, je vous promets que l'on sera indulgent pour vous ; mais, répondez, où est la comtesse de Verdraine ?

— Je n'ai plus rien à dire.

— Malheureuse ! mais l'on vous a donc payé bien cher le silence que vous vous obstinez à garder !

—Misérable femme, dit le juge d'instruction d'une voix vibrante d'irritation, vous espérez donc, vous et votre complice, que votre maître, celui qui vous a payés pour enlever la comtesse de Verdraine, vous arrachera des mains de la justice qui vous tiennent ? Eh bien, vous vous trompez ; si riche et si puissant qu'il soit, l'homme dont vous n'êtes que les vils instruments ne vous sauvera point, et lui-même, plus coupable encore que vous, sera puni sévèrement.

Sans doute, comme vient de le dire M. le procureur de la République, on a payé cher votre silence et peut-être aussi vous a-t-on fait jurer de ne pas révéler le nom de l'homme dont vous avez été les agents. Mais son nom nous le connaissons, nous ne vous le demandons pas. Nous voulons savoir de vous où est la comtesse de Verdraine. Dites-le-nous. Où a-t-elle été conduite, où est-elle enfermée?

La femme était pâle, troublée, très agitée, mais elle ne répondit pas. Elle avait pris la résolution de garder le silence. Les magistrats eurent beau la prier, la menacer, ils ne parvinrent pas à lui faire desserrer les dents.

Le juge d'instruction signa un nouvel ordre d'écrou et les gendarmes emmenèrent Ernestine Pacaud.

Étienne était dans la désolation. Quant aux magistrats, ils ne prenaient pas la peine de dissimuler leur contrariété, leur dépit.

Sans doute on arriverait à savoir où était la comtesse, grâce à la surveillance dont M. de Miray allait être l'objet; mais cette surveillance pouvait n'avoir un résultat favorable que dans plusieurs jours, et l'on se rendait compte des mortelles angoisses que devait éprouver la victime.

Hélas! n'y avait-il pas déjà trop de temps que la malheureuse comtesse avait été livrée à M. de Miray? Ni Étienne, ni les magistrats n'osaient se demander ce qui avait pu se passer dans la semaine qui venait de s'écouler.

— Monsieur Denizot, dit le juge d'instruction au jeune homme, M. le procureur de la République et moi nous partageons vos anxiétés au sujet de la comtesse de Verdaine, et comme vous, nous voudrions sans retard sa délivrance. Cette après-midi, je ferai ramener devant moi Ernestine Pacaud. Elle aura réfléchi et peut-être se décidera-t-elle à parler. Espérons-le. Dans tous les cas, nous devons compter sur les deux agents à qui j'ai confié la mission de surveiller M. de Miray et qui sont maintenant arrivés à Verdraine.

Ce que nous ne pouvons pas savoir d'un côté, nous l'apprendrons de l'autre. Ayez confiance et espoir. Vous allez rentrer à votre hôtel et vous attendrez. Aussitôt que nous saurons quelque chose, vous serez averti.

Etienne prit congé des magistrats et, suivi de Miro, retourna tristement à l'hôtel des Alpes.

Une heure plus tard, Bargoin fut extrait de sa cellule et amené à l'hôtel, où une perquisition fut faite dans sa chambre. On ne fit aucune découverte intéressante. Une modeste somme de trois cents francs fut trouvée dans un tiroir. Si le faux ingénieur avait des lettres, des papiers compromettants, il les avait mis en lieu sûr avec les trente mille francs qu'il avait reçus de M. de Miray.

Si les deux misérables n'avaient pas tout de suite gagné la frontière, comme c'était leur intention, après avoir touché la somme qui leur avait été promise, c'est que, persuadés que ni la justice, ni personne ne s'occupait de la disparition de la comtesse et que par conséquent ils n'avaient rien à craindre, ils voulaient, avant de disparaître, arracher encore une vingtaine de mille francs à M. de Miray. Celui-ci, en effet, s'était mis dans une situation qui ne lui permettait guère de se soustraire au *chantage*. Bargoin et sa maîtresse voyaient dans le baron millionnaire leur poule aux œufs d'or.

XXIV

NOUVEAU DRAME

Un événement terrible, que ni les magistrats, ni Étienne ne pouvaient prévoir, allait changer la situation.

Nous avons vu le comte de Verdraine quitter brusquement la vieille Marianne.

Connaissant parfaitement la ville, le comte se rendit par des rues détournées chez un loueur de voitures et fit atteler un cheval à un tilbury pour qu'on le conduisit à Verdraine.

La voiture était légère, le cheval bon trotteur; le trajet s'effectua en moins d'une heure et demie.

A l'entrée de l'avenue du château, le comte renvoya la voiture et marcha vers la grande grille sous une haute voûte de verdure formée par le rapprochement des branches de deux magnifiques rangées d'ormes séculaires.

Il sonna à une porte. Le concierge lui ouvrit.

Ce concierge, en fonctions depuis trois semaines seulement, ne connaissait pas le comte. Du reste, M. de Miray avait fait maison nette. De tous les anciens serviteurs du château, il ne restait plus que le maître-jardinier.

— Que veut monsieur? demanda le portier.

— Voir M. de Miray.

— Je ne crois pas que M. de Miray puisse vous recevoir, il va sortir. Voyez, voilà son cheval sellé qui l'attend.

— M. de Miray me recevra quand même, je suis un de ses amis.

Le concierge n'avait pas reçu l'ordre de congédier les visiteurs. Il laissa passer le comte, qui traversa la cour d'un pas rapide, tout en jetant un nouveau regard sur le cheval sellé qu'on venait de faire sortir de l'écurie et qu'un palefrenier tenait par la bride.

M. de Miray allait sortir, en effet, et, mystérieusement, par des chemins déserts, se rendre à la Tour-du-Moine.

Depuis la visite qu'il lui avait faite le lundi, il n'avait pas revu la comtesse. Nous savons qu'il avait prévenu sa prisonnière que, par mesure de précaution et de prudence, il laisserait passer quelques jours avant de revenir à la Tour-du-Moine.

Si grande que fut sa confiance dans les gens qui l'avaient servi, il n'avait pas été sans redouter certaines indiscrétions; d'autre part il avait craint que l'enlèvement de la comtesse ne donnât lieu à une enquête et que les soupçons ne se portassent sur lui, malgré le mystère dont lui et ses complices s'étaient entourés, malgré toutes les précautions qui avaient été prises.

Depuis cinq jours, il n'avait pas mis les pieds hors du château. Chaque matin il avait reçu d'un homme de confiance une lettre qui le renseignait sur tout ce qui se passait ou se disait à Grenoble. De plus il avait lu chaque jour les journaux avidement et non sans inquiétude. Mais ni les lettres ni les journaux ne parlaient de l'enlèvement. On ne savait rien à Grenoble. Si l'on s'inquiétait quelque part de la disparition de la comtesse de Verdraine ce n'était pas dans l'Isère.

M. de Miray avait donc vu ses craintes disparaître peu à peu; il s'était tranquillisé. Maintenant il pouvait agir, mettre à exécution ses sinistres projets.

Il était bien décidé, cette fois, à avoir raison de toutes les résistances de sa victime. La comtesse serait à lui, il l'avait juré; il posséderait cette femme fière et orgueilleuse dont les méprisants dédains n'avaient servi qu'à exciter les fureurs de sa passion.

Mais quels moyens emploierait-il pour s'emparer de la comtesse, pour assouvir son épouvantable passion? C'était son secret.

Il était sur une pente fatale où l'on ne peut plus s'arrêter. Il n'avait pas reculé devant un premier crime. Et il fallait qu'il fût bien résolu à tout oser, car il avait prévenu ses gens qu'on n'eût pas à l'attendre pour dîner le soir, et que, très probablement il ne rentrerait que le lendemain.

Il achevait de s'habiller; son valet de chambre venait de lui attacher ses éperons; il se regardait complaisamment dans une glace. Laid, il se trouvait beau; serré, sanglé dans son vêtement, il croyait avoir fait disparaître son obésité; commun dans ses manières, presque grotesque dans son allure, il se flattait de posséder toutes les distinctions.

Il ne manque pas de ces hommes qui ne peuvent jamais se voir tels qu'ils sont, qui s'extasient dans la satisfaction d'eux-mêmes et se grisent de leur personne.

M. de Miray renvoya son valet de chambre par ces mots :

— Allez dire que je descends à l'instant.

Le valet de chambre disparut, laissant la porte ouverte.

Le baron s'admira une fois encore, en jetant un dernier coup d'œil dans le miroir qui réfléchissait sa personne.

Il se retourna, laissa échapper un oh ! étranglé, et les yeux effarés, blémissant, il resta immobile comme cloué au parquet.

Le comte de Verdraine était devant lui, ayant sur les lèvres un sourire singulier.

Certes, l'apparition était foudroyante. La fameuse tête de Méduse ne pouvait pas produire un plus terrible effet.

— Eh quoi ! fit le comte d'un ton parfaitement calme, est-ce là le bon accueil que l'on fait à un ami après une si longue séparation ? Tu ne m'attendais pas, c'est vrai, cher ami ; mais ce n'est pas là une raison pour me regarder comme un fantôme sorti de la tombe. Oh ! baron, baron, je croyais en entrant ici que tu allais me sauter au cou et tu ne me tends même pas la main !

— La surprise... l'émotion,.. la joie... balbutia de Miray.

— Oui, je comprends, l'émotion...

Le baron tendit sa main tremblante.

— Non, dit le comte, c'est trop tard, j'aurais l'air de t'avoir forcé à me prouver que tu es toujours mon ami. Il paraît que tu te disposais à sortir, j'ai aperçu ton cheval dans la cour et je te vois habillé, éperonné.

— Oui, en effet, je vais sortir.

— Une promenade ?

— Non, une visite, je suis attendu.

— Bah ! on t'attendra.

— Impossible de me faire attendre, il faut que je parte, il le faut absolument.

— De Miray, tu vas me faire croire que ma visite te contrarie, que tu veux te sauver de moi.

— Mais non, au contraire ; d'ailleurs nous sommes gens de revue et demain, si tu veux...

— Demain, baron, est-ce que je sais où je serai demain ? Et toi-même, sais-tu où tu seras ? L'avenir n'appartient à personne ; un homme sage n'a le droit de compter que sur le temps présent. J'arrive de Paris exprès pour te voir, te faire connaître mes projets, mes pensées. Tu n'as pas le droit de me congédier comme un importun, tu remettras ta visite à plus tard et nous allons causer.

— Mais, comte, je t'assure...

— Peut-être as-tu peur que nous soyons surpris, qu'on vienne troubler notre conversation intime ; pour qu'on ne nous dérange point, il y a un moyen, tu vas voir.

Rapidement, de Verdraine ferma la porte, poussa le verrou, fit jouer la serrure et mit la clef dans sa poche, sous les yeux de M. de Miray stupéfait.

— Voilà, dit le comte, se rapprochant du baron.

Avec ta permission, cher, je m'assieds et je t'invite à faire comme moi.

De Miray se remit à trembler; pour un peu, le comte aurait entendu claquer ses dents.

— Il sait tout, pensa-t-il, il vient me réclamer sa femme.

Il se laissa tomber lourdement dans un fauteuil.

— Maintenant, cher ami, reprit le comte, toujours avec le même calme froid, nous allons causer. Mais, d'abord, peux-tu me donner des nouvelles de ma femme et de mes fils?...

— Non, je ne sais pas... balbutia de Miray devenant vert.

— J'ai appris qu'ils avaient quitté les Bergères, après que tu en fus devenu le propriétaire, pour retourner en Bourgogne; ainsi, la comtesse ne t'a pas écrit, tu ignores si elle a été bien reçue par ses parents?

— Je ne sais rien.

— En ce cas je comprends que tu ne puisses rien m'apprendre. Il paraît que Paule et ses enfants se sont mis en route à pied; comment diable n'as-tu pas empêché la comtesse de faire une pareille folie?

— Elle est partie la nuit, sans avoir prévenu personne.

— Mais pourquoi?

— Je ne peux pas te dire... Une idée... la douleur, le chagrin.

— Oui, la douleur, le chagrin, prononça le comte sourdement. Mais c'est bien, laissons cela, n'en parlons plus, ce qui est fait est fait. Dans sa famille la comtesse de Verdraine retrouvera la tranquillité.

— Je me trompais, il ne sait rien, se dit de Miray.

Et il reprit son assurance.

— Voyons, dit-il d'un ton un peu rogue, qu'as-tu à me dire ?

— Mais, mon cher, je viens te remercier de tant de preuves d'amitié que tu m'as données.

— Me remercier ?

— Ton dévouement et ta générosité ont été admirables.

— Que veux-tu dire ?

— Comme je te reconnais bien ! Tu mets le comble à ta générosité en ayant l'air de ne pas te souvenir. Mais je n'ai pas oublié, moi, je me souviens, moi !... Ce billet, un billet faux que tu as payé et retiré des mains du banquier... Il est vrai que tu m'avais dit de ne pas être inquiet, que tu retirerais ce fameux billet lorsqu'il te serait présenté ; mais quand l'échéance est arrivée, j'étais ruiné ou à peu près, et tu le savais. C'est beau ce que tu as fait, c'est noble, c'est grand !... Voilà de la véritable amitié !.. Ah ! baron, baron, quand je pense que c'est à toi que je dois de ne pas être aujourd'hui sous les verrous, mordant au pain noir des prisonniers ! Baron, tu as une âme sublime !

De Miray ne put s'empêcher de tressaillir, tant il y avait d'ironie mordante dans l'accent et les paroles que le comte venait de prononcer.

De livide qu'il était tout à l'heure, il était devenu rouge comme un coquelicot.

Devinant que Maxime lui tendait un piège afin de le prendre en flagrant délit de mensonge, il répondit :

— Comte, ce n'est pas moi qui ai payé le billet.

— Hein ! ce n'est pas toi ?

— Il ne m'a pas été présenté.

— En vérité! Mais qui donc l'a payé?

— La comtesse de Verdraine.

— Elle, allons donc!

— Le banquier a reconnu que le billet était faux; il a prévenu la comtesse sans m'avoir averti moi-même, et elle a payé.

— Avec quoi? Elle n'avait pas d'argent.

— Elle n'avait pas d'argent, mais elle avait des bijoux, qu'elle a vendus.

— La comtesse de Verdraine a vendu ses bijoux?

— Oui.

— Et quelle somme lui en a-t-on donné, le sais-tu?

— Quarante mille francs, juste le montant du billet.

— Ah! maintenant, je comprends pourquoi elle est partie à pied; elle ne pouvait faire autrement. Mais, de Miray, comment ne lui as-tu pas donné au moins ce qu'il lui fallait pour son voyage?

— Quand j'ai appris qu'elle avait vendu ses bijoux et qu'elle ne possédait plus rien, elle était partie.

Il y eut un moment de silence pendant lequel le comte, ayant un mauvais sourire sur les lèvres, tint de Miray pantelant sous la flamme de son regard.

— Dis donc, baron, reprit-il, quelle diable d'idée as-tu eue d'acheter Verdraine et les Bergères?

Le châtelain interloqué ne trouva rien à répondre.

— Voyons, dis-le-moi, insista le comte, pourquoi as-tu acheté Verdraine et les Bergères?

— Pourquoi?...

— Oui, pourquoi?

— J'avais un placement d'argent à faire, répondit de Miray, visiblement mal à son aise; et puis, en pensant à ton grand-père, le marquis, à la baronne de Bressac, à toi, Maxime, je me suis dit que ce serait une honte de voir tomber Verdraine entre les mains d'un de ces orgueilleux parvenus qui cherchent à se décrasser en se frottant contre les murs de nos anciennes demeures seigneuriales. Voyons, ne vaut-il pas mieux que ce soit moi qui ait Verdraine que Flachaut, le gantier de Grenoble, qui voulait l'acheter?

— M. Flachaut avait autant que toi le droit d'acheter Verdraine, car, lui aussi, est archimillionnaire. Mais veux-tu que je te dise une idée qui m'est venue?

— Oui, dis.

— Eh bien, connaissant ta générosité, ton noble cœur, j'ai pensé un instant que tu avais acheté Verdraine et les Bergères tout simplement pour me les conserver, pour me les rendre.

M. de Miray sourit, si l'on peut appeler sourire grimacer horriblement.

— Oh! rassure-toi, continua le comte, j'ai bien vite compris que mon idée était insensée; si grande que puisse être l'amitié, elle a ses limites et ne saurait aller jusqu'au sacrifice de soi-même; les choses de la vie réelle ne sont pas celles de la fiction. D'ailleurs, voudrais-tu, toi, millionnaire, n'ayant pour héritiers que des collatéraux que tu ne connais même pas, me faire présent, comme un prince des contes de fées ou des *Milles et une nuits*, de Verdaine et des Bergères, que je te répondrais : Non! Ma vie est finie, je n'ai plus besoin de rien! Je n'aspire plus qu'à une chose, baron, au repos de la tombe.

— Oh! fit de Miray.

— Mon Dieu, oui, j'en suis arrivé là. Mais toi, baron, qui est de sept à huit ans plus âgé que moi, ne trouves-tu pas que l'existence est un fardeau lourd à porter et que mourir tout d'un coup, frappé par la foudre, par exemple, serait une douce chose ?

— De Verdraine, avec tes paroles de l'autre monde, tu m'effrayes !

— Ah ! ça, baron, aurais-tu peur de mourir ?

— Mais tu es fou ! décidément, tu deviens sinistre !

— De Miray, qu'est-ce que compte la vie d'un homme dans l'éternité ? Ce que compte une goutte d'eau dans l'océan. La vie n'est rien et ne vaut rien. Écoute, nous avons assez vécu l'un et l'autre, trop même. Je veux aller voir ce qui se passe au delà de la tombe, et comme j'ai pour toi la plus tendre amitie, j'ai résolu de t'emmener avec moi.

De Miray se dressa comme par un ressort, frissonnant, les yeux hagards.

— Es-tu fou, es-tu réellement fou ! s'écria-t-il éperdu.

Le comte s'était aussi dressé debout, le regard flamboyant, les lèvres crispées.

— Baron, dit-il d'une voix sourde, je veux mourir et je veux que tu meures avec moi.

— Au secours ! cria de Miray.

Et il voulut se jeter sur le cordon de la sonnette.

Mais d'un bond le comte se trouva devant lui, barrant le passage. De Miray recula épouvanté. Il voulut crier encore. Il ne sortit de sa gorge qu'un son rauque, étranglé, pareil à un râle. La peur le paralysait.

Le comte tira de sa poche un revolver.

— Baron, dit-il d'un ton farouche, nous allons mourir.

De Miray recula jusqu'au fond de la chambre. Les yeux lui sortaient de la tête; il n'avait plus figure humaine. De nouveau, il essaya de crier, d'appeler à son secours. Impossible.

Le regard du comte, d'une fixité effrayante, pesait si lourdement sur M. de Miray, qu'il se courba, écrasé.

— Baron de Miray, reprit le comte, tu es un misérable et il n'y a que ton hypocrisie qui puisse égaler et même surpasser ta lâcheté. Allons, baron, allons, mets bas ton masque et laisse-moi te voir dans toute ta laideur morale et physique. Vraiment, baron, tu es affreusement laid et tu me fais horreur!... Oh! misère! Et j'ai pu croire que cet homme était mon ami! Mais es-tu un homme, de Miray? Non, tu es, comme moi, une espèce de monstre à face humaine.

Pourquoi te disais-tu mon ami, pourquoi, quand tu n'étais qu'un ennemi perfide et lâche? J'ai écouté tes paroles venimeuses, j'ai suivi tes pernicieux conseils et tu sais où ils m'ont conduit. Certes, je ne valais pas grand'chose, je le reconnais; mais tu as su détruire ce qu'il y avait encore de bon en moi.

Tu m'as poussé à abandonner ma femme et mes enfants, tu m'as fait rouler sur la pente fatale et jusqu'au bord de l'abîme où je suis arrivé. Tu voulais ma ruine, ma dégradation, mon déshonneur. Tu m'as fait commettre le crime de faussaire avec l'espoir que le nom de Verdraine serait flétri publiquement par une cour d'assises.

A tout prix tu cherchais à te débarrasser de moi,

afin de ne pas me voir apparaître tout à coup comme un vengeur. Car ce n'était pas assez pour toi de me perdre, il fallait que Paule et ses enfants fussent tes victimes. Tu voulais me prendre ma femme, tu voulais salir, déshonorer la comtesse de Verdraine. Mais elle t'a répondu comme tu le méritais, en te repoussant avec horreur, avec dégoût.

J'ai le droit de te crier : Misérable, qu'as-tu fait de ma femme et de mes enfants ?

C'est par peur de toi, c'est pour t'échapper que la comtesse de Verdraine s'est enfuie des Bergères. Et si tu ne sais pas ce qu'elle est devenue, je vais te le dire : A bout de force, mourant de faim, elle est tombée sur la route; des saltimbanques l'ont recueillie, ne donnant plus signe de vie, et, à l'heure présente, elle est morte peut-être.

Baron de Miray, s'écria le comte d'une voix terrible, je ne te pardonne point, pas plus que je ne me pardonne moi-même ! Je te dis une dernière fois : nous avons assez longtemps vécu; je vais te tuer et je me tuerai après !

Il marcha vers M. de Miray prêt à faire feu.

Celui-ci, instinctivement, chercha un endroit pour s'abriter et un cri d'épouvante, rauque, horrible, s'échappa enfin de sa poitrine haletante.

Un rire sauvage, pareil à un sifflement de reptile, éclata sur les lèvres du comte, qui fit un nouveau pas en avant.

— Arrêtez, arrêtez ! cria de Miray.

— Baron, si tu as quelque chose à dire avant de mourir, parle, parle vite, car tu n'as plus une minute à vivre.

— Ah! riposta M. de Miray la tête perdue, il ne manque plus au comte Maxime de Verdraine que d'être un assassin !

— Tu l'as dit, baron de Miray, il ne manque plus que cela à ma vie. J'ai plongé des familles dans la douleur et le désespoir; partout où j'ai passé, j'ai laissé des victimes; je suis un faussaire, je suis un voleur, il faut que je sois un assassin !

M. de Miray chercha encore le moyen d'échapper à son ennemi, mais c'était impossible. Il ne pouvait être sauvé que par ses domestiques. De toutes ses forces, il appela :

— A moi ! à moi ! au secours ! à l'ass...

Il n'eut pas le temps d'achever le dernier mot, jeté entre deux détonations. La première balle l'avait atteint à l'épaule, la seconde lui traversa le cœur. Il tomba foudroyé, les bras en croix.

Le comte se précipita vers la porte et l'ouvrit.

Il se trouva en face du valet de chambre et d'un autre domestique, qui accouraient aux cris de leur maître et au bruit des détonations. Ne sachant pas encore ce qui s'était passé, ils laissèrent le comte s'élancer dans l'escalier.

Mais tout en entrant dans la pièce, le valet de chambre vit son maître étendu sur le parquet dans une mare de sang et il se mit à crier :

— A l'assassin ! Arrêtez, arrêtez l'assassin !

Dans le vestibule, un troisième domestique voulut barrer le passage au meurtrier ; le comte le renversa, passa sur son corps et bondit hors du château, prêt à brûler la cervelle à quiconque tenterait de s'emparer de lui.

Il tourna à droite et se dirigea rapidement vers

l'allée des ifs, suivi des yeux par trois hommes et une femme qui n'osèrent pas se lancer à sa poursuite. Dans l'allée des ifs, il vit un homme venir à sa rencontre. C'était le jardinier.

— Monsieur le comte, c'est monsieur le comte! dit l'homme stupéfait.

Et il laissa passer son ancien maître.

Le comte arriva au bord du vivier. A l'endroit où la petite Isabelle avait été jetée dans la pièce d'eau par l'italien Jean Castori, de Verdraine se mit à genoux, appuya le canon du revolver sur sa tempe droite et pressa la détente. La balle pénétra dans la tête, fit éclater le crâne et des morceaux de cervelle jaillirent de tous les côtés.

Le comte de Verdraine tomba dans le vivier, la tête et les bras en avant.

L'eau bouillonnante se referma sur son cadavre.

XXV

LA DÉLIVRANCE

Il était cinq heures de l'après-midi. Le juge d'instruction, revenu au Palais-de-Justice, était dans son cabinet depuis une heure. Il avait envoyé chercher Ernestine Pacaud; elle était devant lui, il l'interrogeait, appelant à son aide tout ce que sa parole pouvait avoir de persuasif afin de décider la prévenue à dire où la comtesse Paule était enfermée. Mais il y avait chez la coquine un parti pris de garder le silence et le juge se heurtait contre un entêtement qui le désespérait.

Vainement il pressait la misérable de questions, elle se renfermait dans un mutisme absolu et c'était à grand peine qu'il parvenait à lui arracher un oui ou un non.

Il avait usé de tous les moyens, et, forcé de reconnaître son impuissance, il allait faire reconduire la femme à la prison, lorsqu'on vint le prévenir que le brigadier de gendarmerie de Verdraine, venant d'arriver à Grenoble accompagné d'un de ses gendarmes, demandait à lui parler.

— Où est le brigadier? demanda-t-il.

— Il est là, qui attend.

— Faites-le entrer.

Le gendarme parut. Il était très agité et très pâle. La sueur ruisselait sur son front.

— Brigadier, qu'avez-vous à me dire ? interrogea le magistrat ; que se passe-t-il donc à Verdraine?

— Monsieur le juge d'instruction, un drame horrible vient d'avoir lieu au château. M. de Miray a été assassiné par le comte de Verdraine qui l'a tué raide de deux coups de revolver.

M. Daubrun bondit sur ses jambes.

— C'est épouvantable ! exclama-t-il.

— Aussi, l'émotion est-elle grande dans la commune.

— L'assassin a-t-il été arrêté.

— Le comte de Verdraine s'est fait justice lui-même, monsieur le juge d'instruction ; il s'est fait sauter la cervelle au bord du vivier, est tombé à l'eau et, en ma présence, son cadavre a été retiré de la pièce d'eau. Je l'ai fait transporter dans une salle basse du château. Le juge de paix est sur les lieux ; après avoir constaté le crime d'assassinat et le suicide du meurtrier, il a reçu les dépositions des domestiques. C'est par son ordre que je suis monté à cheval pour venir vous avertir.

— C'est bien, brigadier ; tout à l'heure, j'instruirai M. le procureur de la République de cet affreux événement ; et ce soir même ou demain matin à la première heure, nous nous rendrons à Verdraine. Vous pouvez vous retirer.

Le brigadier sortit.

Le juge d'instruction était atterré. Il resta quelques instants silencieux, la tête inclinée, puis il se tourna brusquement vers la fille Pacaud qu'une sorte de tremblement nerveux secouait de la tête aux pieds.

— Vous avez entendu, lui dit le magistrat ; M. de Miray est mort, le maître que avez si bien servi, vient d'être assassiné par le mari de sa victime ; c'est la justice de Dieu qui l'a frappé. Songez maintenant au compte terrible que vous allez avoir à rendre à la justice des hommes, vous et vos complices, car vous êtes plusieurs dans cette grave affaire d'enlèvement.

Vous ne pouvez plus compter sur M. de Miray, et si vous lui aviez juré de ne faire aucune révélation, vous voilà déliée de votre serment.

Ernestine Pacaud, prenez garde que la justice des hommes ne soit aussi impitoyable pour vous que ne l'a été celle de Dieu pour M. de Miray.

Ernestine Pacaud, une dernière fois, je vous adjure de me dire où est la comtesse de Verdraine ?

La misérable femme tressaillit violemment. Elle avait subitement perdu toute son assurance. Un instant elle avait eu la pensée que l'apparition du brigadier de gendarmerie pouvait être une ruse imaginée par le juge d'instruction ; mais l'émotion de celui-ci ne lui avait pas permis de douter longtemps de la vérité.

Or, la mort de M. de Miray mettait à néant toutes les combinaisons machiavéliques de Bargoin, son complice ; d'autre part les sévérités de la justice dont elle était menacée la décidèrent à parler.

Elle laissa échapper un profond soupir, eut encore quelques hésitations et répondit :

— La comtesse de Verdraine est à la Tour-du-Moine.

M. Daubrun ne put retenir un cri de joie et de triomphe.

Il traça rapidement quelques lignes et sonna.

Au gendarme, qui parut, il remit le papier qu'il venait de signer.

— Ernestine Pacaud, dit-il, on va vous reconduire à la prison, mais vous ne serez plus au secret; il vous est tenu compte déjà des renseignements que vous venez de fournir à la justice.

Il fit un signe au gendarme et la femme fut emmenée.

Sans perdre une minute, M. Daubrun se rendit auprès du procureur, Ces messieurs ne restèrent pas ensemble plus de vingt minutes. Du cabinet du premier magistrat du parquet partirent plusieurs ordres :

Aller chercher deux voitures à quatre places, attelées chacune de deux chevaux.

Porter un pli cacheté à l'adresse de M. Etienne Denizot, hôtel des Alpes.

Commander à une brigade de gendarmerie de se tenir prête à partir au premier signal.

Etienne reçut la dépêche du parquet, signée Daubrun. Elle ne contenait que ces mots :

« Venez immédiatement au Palais-de-Justice, je vous attends. »

Le juge d'instruction ne tarda pas à voir le jeune homme entrer dans son cabinet.

Comme le matin, Etienne avait laissé Miro enfermé dans sa chambre.

M. Daubrun apprit d'abord à Etienne la mort tragique de M. de Miray, tué de deux coups de revolver par le comte Verdraine, et le suicide de ce dernier.

Il lui dit ensuite qu'Ernestine Pacaud s'était décidée à sortir de son mutisme et avait fait connaître le lieu où la comtesse Paule était séquestrée.

— C'est dans la montagne, continua le magistrat, au milieu d'un site sauvage et presque continuellement désert. L'endroit se nomme la Tour-du-Moine. Il n'y a aucune culture dans ces parages désolés depuis longtemps abandonnés aux fauves de nos forêts. Les grands bois de sapins commencent là, et ce n'est guère qu'en automne, au temps des chasses, que des hommes, des chasseurs, passent à proximité de la Tour-du-Moine. Comme vous le voyez, la prison de la malheureuse comtesse avait été bien choisie.

Dans quelques heures, madame de Verdaine sera délivrée, car je vais me rendre à la Tour-du-Moine avec une escorte de gendarmes. La tour n'est pas à plus de huit lieues de Grenoble et il nous faudra moins de trois heures pour y arriver, malgré les pentes à gravir et le mauvais état des chemins.

Eh bien, monsieur Denizot, êtes-vous satisfait ?

— Oh ! monsieur, je ne sais comment vous remercier.

— Vous n'avez pas de remerciements à m'adresser, il y avait une victime à défendre, j'ai fait ce que je devais, c'est-à-dire mon devoir. Mais dans quel embarras nous serions en ce moment, M. de Miray étant mort, si Miro ne vous avait pas fait découvir la fausse religieuse et son complice ! Dans ce fait, nous devons reconnaître une manifestation de la Providence.

A ce moment, on vint prévenir M. Daubrun que les deux voitures qu'il avait commandées attendaient.

— Bien, dit-il. Les gendarmes peuvent se mettre en selle.

S'adressant à Étienne :

— Monsieur Denizot, venez-vous avec nous ?

— Je le désire vivement, mais si vous y voyez un inconvénient...

— Je n'en vois aucun. Allons, venez, vous serez plus vite tranquillisé au sujet de madame de Verdraine.

Les deux hommes et le greffier du juge d'instruction descendirent.

Dans la cour, les gendarmes étaient à cheval, et, près des voitures, deux hommes attendaient. C'étaient les agents que le magistrat avait envoyés à Verdraine et qui revenaient, n'ayant plus à remplir la mission dont ils avaient été chargés. Ils s'avancèrent vers le juge.

— Ah ! vous voilà, dit le magistrat, c'est bien ; il est possible que j'aie besoin de vous à la Tour-du-Moine, où nous allons, je vous emmène, montez dans cette voiture.

Le juge d'instruction, le greffier et Étienne prirent place dans l'autre voiture.

On partit aussitôt.

Six heures sonnaient à l'horloge du palais.

En chemin il fut convenu qu'on ne parlerait point à la comtesse du drame de Verdraine. Ce ne serait que plus tard, quand elle serait à Saint-Amand, qu'on lui apprendrait la mort de son mari et celle de M. de Miray.

On allait la ramener à Grenoble ; mais où passerait-elle le reste de la nuit? Les convenances ne permettaient pas à Étienne de la conduire à l'hôtel des Alpes et M. Daubrun, n'ayant pas chez lui une chambre disponible, ne pouvait lui offrir l'hospitalité.

— Monsieur, dit Étienne, j'ai l'espoir qu'à notre retour une personne qui est mortellement inquiète au sujet de madame de Verdraine sera arrivée à l'hôtel de Paris. Cette personne, qui se nomme madame Gardiane, est une amie de la comtesse, et c'est près d'elle que nous devrons conduire madame de Verdraine.

— Nous n'avions là qu'une petite difficulté, répondit M. Daubrun, la voilà levée. Si madame Gardiane n'est pas encore arrivée, la comtesse prendra néanmoins une chambre à l'hôtel et y attendra son amie.

Il faisait encore jour quand on arriva aux ruines de la Chaumarde. La vieille tour grise et sombre apparaissait silencieuse au milieu des hauts murs qui avaient défendu autrefois l'abbaye et le château écroulés.

Comme nous l'avons dit, les murs étaient solides et n'avaient pas de brèche nulle part ; on ne pouvait pénétrer dans l'enceinte que par une seule porte, cette porte de fer dont le geôlier de la comtesse avait toujours la clef sur lui.

Devant cette porte, M. Daubrun et ses compagnons descendirent de voiture.

Etienne mesura en frissonnant la hauteur du mur...

— Une prison fortifiée, murmura-t-il.

Deux gendarmes avaient mis pied à terre. Ils frappèrent à la porte avec la poignée de leur sabre.

On attendit un instant. A l'intérieur rien ne bougeait.

Les gendarmes frappèrent de nouveau et avec plus de force. Le bruit du fer contre le fer se répercutait au loin et il était impossible qu'il ne fût pas entendu de la tour.

Les coquins qui gardent la prisonnière nous ont vus arriver, dit M. Daubrun. Ils n'ouvriront pas.

Cependant, d'une voix forte, impérieuse, il cria :

— Au nom de la loi, ouvrez !

A la tour, toujours le même silence.

Étienne se sentait envahi par toutes sortes de craintes : une horrible angoisse le dévorait.

— Il est fâcheux que nous n'ayons pas apporté avec nous des pinces de fer et d'autres outils, dit un gendarme, nous aurions pu desceller les pierres de ces pilastres et renverser la porte ou faire une brèche au mur.

— Frappez encore ! ordonna le magistrat.

Trois autres gendarmes avaient mis pied à terre ; ils se joignirent à leurs camarades et tous ensemble frappèrent à coups redoublés. C'était un bruit à réveiller un mort. Ils ne s'arrêtaient un instant que pour permettre au juge d'instruction de répéter :

— Au nom de la loi, je vous somme d'ouvrir !

Tout à coup, répondant à la voix du magistrat, un cri traversa l'espace, puis aussitôt on entendit distinctement ces paroles, dites par une voix de femme :

— Je suis dans la tour, délivrez-moi, sauvez-moi !

— C'est-elle, c'est la comtesse ! dit M. Daubrun.

— Mais les misérables sont capables de la tuer ! s'écria Étienne.

— Non, non, n'ayez pas cette crainte, dit le magistrat. Mais nous ne pouvons pas rester à ne rien faire : puisque l'on refuse d'ouvrir, il nous faut assiéger la place.

Un des agents s'avança.

— A quatre kilomètres d'ici, dit-il, il y a un village où nous trouverions certainement des échelles.

— Oui, répondit le juge; seulement vous ne seriez pas revenus avant une heure et le temps presse. Ne peut-on pas essayer d'escalader ?

— J'y ai déjà pensé ; s'il n'y avait pas ce fossé, la chose serait facile. Mais peut-être mon camarade et moi pourrons-nous atteindre le haut d'un de ces pilastres. Sauter ensuite de l'autre côté ne serait plus qu'une affaire de légèreté et d'attention pour ne pas se casser les reins ou se briser les jambes,

— Essayez donc, dit le magistrat.

L'agent fit avancer un gendarme contre le pilastre ; des deux gendarmes qui avaient mis pied à terre tinrent solidement le cheval par la bride pendant que le cavalier se dressait debout sur sa selle.

— Appuyez-vous contre la pierre et tenez-vous bien, dit l'agent.

Il mit le pied dans l'étrier, monta sur le cheval, puis grimpa sur les épaules du gendarme. Debout, sa tête arrivait à l'entablement du pilastre. L'autre agent se mit à grimper à son tour. L'essentiel était que le cheval ne remuât point et que l'on ne perdît pas l'équilibre.

L'entreprise assez difficile et quelque peu périlleuse réussit.

Le second agent s'installa sur le haut du pilastre et aida son camarade à achever son ascension.

Étienne voulait s'élancer à l'escalade à la suite des deux agents. M. Daubrun dut employer toute son autorité pour l'en empêcher.

Dans la tour maintenant régnait un silence de mort, et ce n'était pas sans effroi que l'on se demandait ce qui pouvait se passer à l'intérieur de ce géant de pierre.

Cependant les agents, après s'être accrochés des mains au haut de la porte, se laissèrent glisser en bas. On entendit le bruit de leur chute. Ils se relevèrent aussitôt et tentèrent d'ouvrir la porte. Ils enlevèrent assez facilement une forte barre de fer fixée horizontalement en travers des larges panneaux; mais il y avait l'énorme serrure à laquelle ils s'attaquèrent inutilement.

Alors chacun s'arma de son revolver, et ils marchèrent vers la tour avec précaution, ayant l'œil de tous les côtés, car ils s'avançaient vers l'inconnu et avaient à craindre quelque surprise désagréable.

Toutefois ils arrivèrent à la tour sans être inquiétés. A l'intérieur, toujours le même silence.

La porte d'entrée de la tour était vieille, vermoulue, mal assise sur ses gonds branlants. L'un des agents l'enfonça d'un fort coup d'épaule. Ils pénétrèrent dans une sorte de couloir n'ayant guère plus d'un mètre de largeur sur trois de profondeur.

A droite ils virent une porte entr'ouverte, ils la

poussèrent et entrèrent dans une pièce carrée assez grande, au fond de laquelle ils aperçurent un homme debout, mais qui avait peine à se tenir sur ses jambes chancelantes.

C'était Romain, le geôlier de la comtesse. Le misérable était ivre; mais il avait encore conscience de sa situation, de ce qui le menaçait, car il avait à la main un poignard qu'il brandissait, arme peu redoutable, vu l'état dans lequel il se trouvait.

Cependant à la vue des agents il fit entendre un rugissement rauque et voulût se précipiter sur eux; mais au lieu d'avancer, ses jambes sans ressort le firent aller à reculons et son dos fut heureux de trouver la muraille pour s'appuyer.

Dans toute autre circonstance, en voyant ce défenseur de la tour, les agents auraient eu un joyeux éclat de rire; mais ils avaient autre chose à faire qu'à s'amuser d'un ivrogne.

Ils se jetèrent sur lui, le désarmèrent, l'étendirent sur le dos au milieu de la pièce et, pour plus de sûreté, lui mirent les menotes aux mains.

— Maintenant, dit l'un, laissons ce bandit se débattre, se rouler, se tordre et hurler tant qu'il voudra, ce qu'il nous faut trouver, c'est la clef de la porte, où se trouve-t-elle ?

Les agents se mirent à chercher partout. Mais la nuit venait, et dans cette chambre, mal éclairée en plein jour, ils voyaient à peine.

Soudain, ils entendirent frapper à une porte qui se trouvait dans un enfoncement de la pièce.

— Hein ! qu'est-ce que cela ?

Derrière la porte, une voix de femme se fit entendre.

— Messieurs, dit-elle, la clef que vous cherchez doit être dans une des poches de mon mari. Vous trouverez aussi sur lui deux autres clefs. La plus petite de ces dernières est celle de la porte du trou où je suis enfermée; l'autre ouvre la porte de l'escalier de la tour où la dame est prisonnière.

Noémie parlait encore que déjà les agents s'étaient mis en devoir de fouiller l'ivrogne sur lequel ils trouvèrent, en effet, les trois clefs.

Ils commencèrent par délivrer la femme, qui s'élança hors de son cachot en poussant un cri de joie. Elle se heurta au corps de son mari.

— Ah! le gueux, ah! le brigand, fit-elle, il n'a pas volé ce qui lui arrive! Va, va, je ne te plains pas!

Sachant où étaient placés tous les objets, elle eut vite allumé une bougie.

L'homme ne bougeait plus, mais il grognait comme un dogue enchaîné, la bouche baveuse.

L'un des agents était allé ouvrir au juge d'instruction et aux gendarmes. Ceux-ci, les uns à pied, tenant chacun son cheval par la bride, les autres à cheval, pénétrèrent dans l'enceinte à la suite de M. Daubrun et d'Étienne.

Les gendarmes avaient apporté des torches, ils les allumèrent..

Pendant ce temps, la porte de l'escalier de la tour avait été ouverte et Noémie et l'agent resté avec elle étaient montés à l'étage. Ils trouvèrent la comtesse à genoux, en prière.

La pauvre Paule avait cessé de crier, d'appeler, parce que, du bas de l'escalier, son geôlier l'avait menacée de monter et de la tuer s'il l'entendait encore.

— Ah ! madame, madame, vous voilà délivrée ! s'écria Noémie.

La comtesse se releva. Son visage était baigné de larmes.

— Oui, dit-elle, au bruit des pas de plusieurs chevaux et à celui des fourreaux de sabre, j'ai deviné l'arrivée des gendarmes ; j'ai aussi entendu une voix que j'ai cru reconnaître et qui disait :

« Au nom de la loi, ouvrez ! »

Mais, Noémie, continua la comtesse, qu'êtes-vous donc devenue pendant ces deux derniers jours que votre mari m'a condamnée à rester ici ? Chaque fois qu'il est monté, m'apportant à manger, je l'ai interrogé, mais je n'ai pu lui arracher une parole. J'ai été dans une inquiétude constante ; je croyais que vous aussi m'aviez abandonnée. Je n'ai pas osé toucher à la nourriture que votre mari me donnait ; je n'ai mangé que du pain, et je n'ai rien bu, rien, ni eau ni vin.

— Ah ! le misérable ! vous me demandez ce que je suis devenue, madame ; eh bien, mon scélérat de mari s'est aperçu que nous nous entendions ensemble, que j'étais résolue à vous défendre si l'on voulait vous faire du mal, enfin que je le trahissais, et il m'a emprisonnée aussi ; j'étais dans une espèce de trou, sans lumière, presque sans air et où je ne pouvais pas me tenir debout, tellement la voûte est basse. Ah ! le gueux, le gueux !

— Ah ! ma pauvre Noémie ! Et moi qui vous accusais !

La comtesse, entraînée par un élan irrésistible de

son cœur, se jeta au cou de l'ancienne femme de chambre devenue son amie.

— Oh ! madame, bonne madame ! murmura Noémie en fondant en larmes.

L'agent, à l'écart, avait écouté sans prononcer une parole.

— Voyez, madame, voyez, dit Noémie s'approchant de la fenêtre, les gendarmes sont entrés, ils ont des torches allumées, il y a bien une dizaine de chevaux. Vous êtes sauvée, madame !

— Nous le sommes l'une et l'autre, Noémie, Dieu soit loué !

La comtesse s'était aussi avancée près de la fenêtre et regardait.

Les deux femmes virent deux gendarmes sortir de la tour portant un homme.

— Qu'est-ce donc que cela ? demanda Paule.

— C'est mon mari, répondit Noémie ; il est ivre, le misérable, ivre-mort, et les gendarmes l'emportent.

XXVI

PETITES SCÈNES

A ce moment un bruit de pas retentit sur les marches de l'escalier de pierre.

— Madame, ce sont vos libérateurs, dit Noémie.

— Mon cœur bat à se briser et je suis toute tremblante, répondit la comtesse.

Elles revinrent au milieu de la chambre et attendirent immobiles, Paule appuyée sur l'épaule de Noémie.

Deux gendarmes portant des torches parurent les premiers et se rangèrent de chaque côté de la porte ; ensuite M. Daubrun entra, suivi de son greffier et de l'autre agent.

Étienne s'était arrêté sur la dernière marche de l'escalier, en proie à une émotion indicible. Ce qu'il éprouvait à ce moment ne saurait se décrire. A la lueur blafarde et vacillante des torches son regard était tombé sur la comtesse tremblante et blanche comme un lis.

Après huit années écoulées, il revoyait cette femme qu'il adorait ; il la revoyait jeune et belle toujours, car à ses yeux elle n'avait pas changé. Paule était toujours Paule, et sa pâleur et sa maigreur se montraient à Étienne comme une auréole lumineuse au front d'une martyre.

Il savait tout ce qu'elle avait souffert et il lui sembla, à cet instant, qu'il passait d'un seul coup par toutes les souffrances que sa chère idole avait endurées.

Cependant la comtesse avait poussé un cri et s'était avancée à la rencontre du magistrat, les deux tendues.

— Ah! monsieur Daubrun, dit-elle, c'est vous, c'est vous qui venez me délivrer, m'arracher aux mains terribles qui me retenaient prisonnière ! Ah ! merci, merci !

— Madame la comtesse, répondit le magistat, je ne pensais pas, ce matin encore, vous revoir dans une aussi pénible circonstance; mais je n'ai pas besoin de vous dire combien je suis heureux d'avoir été appelé à l'honneur de participer à votre délivrance.

— Comment avez-vous appris que j'étais ici, à la Tour-du-Moine ?

— Vous le raconter serait un peu long, et ce n'est pas l'instant; qu'il vous suffise de savoir en ce moment qu'aussitôt que l'on eut appris votre disparition à Saint-Amand-les-Vignes, un de vos anciens amis de Bourgogne s'est mis à votre recherche accompagné de Miro, qui a su rendre encore un nouveau service à sa maîtresse et à la justice.

— Étienne, c'est Étienne Denizot ! exclama Paule.

M. Daubrun s'était tourné vers la porte cherchant

le jeune homme du regard; il ne le vit point, Étienne se tenant caché derrière un gendarme.

Mais il faut croire que les yeux de la femme qui aime ont une puissance de vue que n'ont pas ceux d'un juge d'instruction, car la comtesse aperçut Étienne, qui se faisait le plus petit possible.

— Ah! Étienne, Étienne, mon ami! s'écria-t-elle.

Elle fit trois pas vers lui, puis s'arrêta comme effrayée.

Le jeune homme, très pâle, s'approcha.

La comtesse lui tendit la main et, en même temps, éclata en sanglots.

Étienne saisit la main de l'adorée et la pressa silencieusement. Il n'avait rien à dire. Il devait retenir les paroles qui, de son cœur, montaient à ses lèvres, et la situation ne lui permettait pas de prononcer une phrase banale.

La comtesse s'étant calmée, M. Daubrun lui demanda si elle avait eu à subir quelques mauvais traitements de son geôlier.

— Non, répondit-elle, je n'ai pas à me plaindre de lui, il a été aussi convenable avec moi qu'il pouvait l'être; d'ailleurs il ne m'a pas adressé une seule fois la parole. Celui qu'il servait, à qui il obéissait et dont j'avais tout à redouter, n'est venu ici qu'une seule fois, lundi dernier; il m'a fait comprendre que j'étais en son pouvoir, et tout en me disant qu'il me retiendrait prisonnière tant qu'il n'aurait pas obtenu de moi ce qu'il voulait, il n'est pas sorti des limites que je ne lui aurais pas permis de franchir.

Mais hier et aujourd'hui mes craintes ont été affreuses ; je m'attendais à la visite de M. de Miray et à soutenir une lutte désespérée; je me croyais perdue! Mais vous voilà, vous voilà ! je suis sauvée!

Après un silence, la comtesse continua :

— Monsieur Daubrun, cette malheureuse, qui est près de moi, est la femme de l'homme qui a été mon geôlier, mais elle n'est pas sa complice; au contraire, elle s'est faite mon amie et a été ma consolatrice ; si je ne l'avais pas eue près de moi, je ne sais pas à quelles extrémités mon désespoir m'aurait poussée.

— C'est bien, dit le magistrat, nous ne confondrons pas, dans cette déplorable affaire, les innocents avec les coupables.

— Maintenant, messieurs, nous n'avons plus rien à faire ici, partons.

— Mais, fit Noémie, il y a les effets de madame la comtesse à emporter.

M. Daubrun parut surpris et il se tourna vers la comtesse, le regard interrogateur.

— Vous allez comprendre, monsieur, dit Paule, lorsque j'ai quitté les Bergères, j'y avais laissé mes effets d'habillement, ceux de mes enfants et notre linge, le tout était enfermé dans des malles; or, M. de Miray a cru devoir faire transporter les caisses à la Tour-du-Moine, et quand je suis entrée dans cette chambre, la première chose que Noémie me fit voir, ce fut mon linge, qu'elle avait placé dans cette armoire; ensuite, elle me fit entrer dans cette seconde pièce, qui allait me servir de cabinet de toilette, et j'y trouvai, accrochés à un porte-manteau, mes vêtements et ceux de mes enfants.

— Malheureusement, dit le juge, nous ne pouvons

pas emporter ces objets ce soir; si nous avions su cela, nous aurions emmené une voiture sur laquelle on aurait chargé les malles.

— Si vous le permettez, monsieur, dit Étienne, demain je reviendrai ici avec une voiture ; je mettrai ce qui appartient à madame la comtesse dans les malles et je conduirai celles-ci à la plus proche station du chemin de fer pour qu'elles soient immédiatement expédiées à Saint-Amand.

— C'est parfait, monsieur Denizot; oui, vous ferez cela. Mais un de ces messieurs va rester ici et vous attendra demain dans la matinée. Vous, Richomme, vous plaît-il d'être cette nuit le gardien de la Tour-du-Moine?

— Je suis aux ordres de monsieur le juge d'instruction.

— Eh bien, voilà qui est entendu.

M. Daubrun offrit son bras à la comtesse, et, éclairé par les gendarmes, qui marchaient en avant, on descendit l'escalier, on sortit de la tour et l'on se dirigea vers les voitures. Dans la première le magistrat fit monter la comtesse; il y prit place ensuite ainsi qu'Étienne et le greffier.

Dans l'autre voiture, l'ivrogne ronflait dans un coin.

Un gendarme s'assit à côté de lui et l'agent de police en face, sur la banquette de devant. La quatrième place était celle de Noémie, qu'on dut attendre un instant, car elle avait demandé et obtenu la permission de faire rapidement un paquet de ses hardes.

Enfin, l'on reprit le chemin de Grenoble.

Paule avait bien des questions à adresser à

Etienne; mais elle hésitait. Cependant elle le pria de lui donner des nouvelles de ses enfants et de ses parents.

Il lui répondit que Georges et Édouard se portaient à merveille, qu'il les avait embrassés plusieurs fois avant de quitter Saint-Amand. Il lui dit que son père était en pleine convalescence et pourrait bientôt reprendre son travail, mais que l'on avait cru devoir lui cacher bien des choses pour ne pas nuire à sa guérison. Quant à sa mère et à Pierre Rouget, il les avait laissés fort en peine.

— Mais, ajouta-t-il, demain à la première heure, je vais leur envoyer une dépêche qui les tranquillisera.

La pauvre Paule pleurait à chaudes larmes.

—Ainsi, dit-elle, vous avez quitté Saint-Amand afin de savoir ce que j'étais devenue, et vous vous êtes fait accompagner de Miro ?

— Il a absolument voulu me suivre.

— Pauvre Miro !

— On aurait dit qu'il sentait que vous ne pouviez être retrouvée sans son aide.

— Mais où est-il maintenant ?

— A Grenoble, à l'hôtel des Alpes, dans notre chambre.

— Monsieur Denizot, dit le magistrat, vous pouvez apprendre à madame la comtesse comment Ernestine Pacaud, la fausse religieuse, et son complice ont été découverts par Miro.

— Oui, monsieur, du moment que vous m'y autorisez; mais pour ne rien laisser ignorer à madame la comtesse, mon récit commencera à mon arrivée à Bellombe, chez M. Gaspard.

Dès que le jeune homme eut nommé Mercédès, Paule l'interrompit.

— Quoi ! s'écria-t-elle, Mercédès était revenue à Bellombe !

— Une lettre de M. Gaspard lui avait appris votre enlèvement et elle était aussitôt accourue pour réclamer de la justice une enquête.

— Vous l'avez laissée à Bellombe ?

— Oui, mais sous le nom de madame Gardiane, elle doit être maintenant à Grenoble, à l'hôtel de Paris.

— Et d'après ce que nous avons décidé, madame la comtesse, dit M. Daubrun, c'est auprès de votre amie que nous allons vous conduire. Continuez, monsieur Denizot.

Étienne rapporta la conversation qu'il avait eue avec Mercédès, disant que, ne doutant pas que M. de Miray ne fût l'auteur de l'enlèvement, ils avaient décidé cependant de ne pas le dénoncer à la justice, mais de s'adresser officieusement à M. Daubrun, pour obtenir son concours.

Étienne raconta ensuite sa visite à M. Daubrun, puis la scène dans la chambre de l'hôtel des Alpes où Miro avait joué le principal rôle.

Le magistrat prit ensuite la parole, et sans parler de l'épouvantable drame de Verdraine, ainsi qu'il avait été convenu, il apprit à Paule qu'il était parvenu, non sans peine, à faire dire à Ernestine Pacaud que la comtesse de Verdraine avait été conduite à la Tour-du-Moine.

Paule avait pris la main de M. Daubrun.

— Ah! dit-elle, je n'oublierai jamais ce que je

vous dois à tous deux ; ma reconnaissance doit être éternelle.

— Vous avez beaucoup souffert, madame la comtesse, prononça M. Daubrun d'un ton affectueux, votre malheur immérité vous a donné de nombreux amis, qui ne cesseront pas de s'intéresser à vous. Mais pour vous les mauvais jours sont passés et vous allez pouvoir jouir de la tranquillité qui vous est due.

— Dieu le veuille, monsieur, répondit Paule en étouffant un soupir.

La pauvre femme n'osait pas porter son regard du côté d'Etienne. Heureusement, ils étaient presque dans l'obscurité; elle pouvait cacher son embarras, son trouble ; lui, son agitation, sa pâleur livide.

Malgré lui, Etienne pensait que Paule était veuve, qu'elle était libre et pourrait se remarier à la fin de son deuil.

— Mais, se disait-il avec une tristesse profonde, elle ne m'aime pas, elle ne m'aimera jamais !

Il était près d'une heure du matin lorsque l'on rentra à Grenoble. La voiture dans laquelle se trouvait Romain se dirigea vers la prison où le misérable allait être écroué. Quant à Noémie, elle fut laissée libre ; mais elle dut donner au juge d'instruction l'adresse d'une de ses amies où elle allait loger, et promettre de se tenir à la disposition du magistrat qui aurait à l'interroger comme témoin.

La Papillonne était arrivée à dix heures et tout de suite elle avait écrit à Etienne un billet qu'elle fit porter à l'hôtel des Alpes par un garçon.

Celui-ci revint et rapporta à la jeune femme que M. Etienne Denizot avait été mandé au palais de justice vers cinq heures de l'après-midi et qu'il n'avait pas reparu depuis. Le garçon raconta aussi à Mercédès par suite de quelles circonstances assez singulières M. Etienne Denizot avait fait arrêter un homme et une femme qui logeaient depuis quelques jours à l'hôtel des Alpes.

Mercédès comprit facilement que cette femme arrêtée sur la dénonciation d'Etienne était la fausse religieuse ; elle n'eut également pas de peine à deviner ce que l'absence du jeune homme signifiait. La femme avait parlé ; on savait où la comtesse était séquestrée, on était allé la délivrer.

La Papillonne était rassurée.

Bien qu'elle se sentît fatiguée, elle ne se coucha point. Elle était résolue à attendre jusqu'au jour s'il le fallait. Elle attendit donc, mais non sans une fiévreuse impatience.

Pour ne pas se laisser prendre par le sommeil, elle se promenait de long en large dans sa chambre lorsque, tout à coup, dans la rue, le roulement d'une voiture et un bruit de sabots de plusieurs chevaux se firent entendre.

Elle se précipita à la fenêtre et regarda. Elle vit deux gendarmes escortant une voiture attelée de deux chevaux, qui s'arrêta devant la porte de l'hôtel.

— Ce sont eux ! s'écria-t-elle joyeusement.

Un homme mit pied à terre. A la lumière des réverbères elle reconnut Etienne. Elle vit ensuite descendre la comtesse à qui le jeune homme avait tendu la main.

Mercédès referma la fenêtre et un flambeau à la main s'élança dans l'escalier.

La porte de l'hôtel s'était ouverte et la Papillonne entendit la voix d'Etienne qui demandait si une voyageuse, madame Gardiane, était arrivée dans la soirée.

— Oui, oui, cria-t-elle, répondant elle-même au jeune homme, je suis ici ; venez, venez, je vous attends !

Un instant après, serrées dans les bras l'une de l'autre, versant des larmes de joie, la comtesse et Mercédès s'embrassaient avec effusion.

Cette scène attendrissante n'avait pour témoin que M. Daubrun. Il regardait Mercédès, qu'il ne connaissait point, dont Etienne n'avait pas trahi l'incognito, et se demandait quelle pouvait être cette ravissante jeune femme dont la beauté n'avait de rivale que celle de madame de Verdraine.

Paule présenta son amie à M. Daubrun, et celui-ci à Mercédès.

— Mais où donc est M. Etienne ? demanda la danseuse.

— Il n'est pas monté avec nous, répondit le magistrat ; il est probablement resté en bas de l'escalier.

Mercédès appela :

— Monsieur Etienne, monsieur Etienne !

Etienne ne répondit pas ; il avait disparu.

Les deux jeunes femmes échangèrent un regard d'intelligence ; elles avaient compris.

La comtesse n'avait pas caché qu'elle avait grand' faim et M. Daubrun, avant de monter l'escalier, avait donné des ordres en conséquence. On servit à souper à madame de Verdraine.

Dans tous les hôtels d'une certaine importance,

plusieurs chambres peuvent être transformées instantanément en un appartement ; aussi une chambre contiguë à celle de Mercédès fut-elle vite préparée pour la comtesse.

Pendant que Paule se restaurait, M. Daubrun entraîna Mercédès dans la seconde chambre et lui demanda si on l'avait déjà instruite de ce qui s'était passé dans la journée au château de Verdraine.

— Non, répondit-elle.

— Eh bien ! je vais vous l'apprendre. Le comte de Verdraine s'est présenté à son ancien château vers une heure de l'après-midi, et, après une discussion assez vive, paraît-il, qu'il a eue avec M. de Miray, il l'a tué de deux coups de revolver et s'est ensuite brûlé la cervelle au bord du vivier où a été noyée la petite Isabelle.

La danseuse était devenue affreusement pâle, des larmes roulaient dans ses yeux. Elle laissa échapper un profond soupir et murmura :

— Le malheureux, le malheureux !

M. Daubrun reprit :

— Madame de Verdraine ignore encore qu'elle est veuve ; nous avons pensé, M. Etienne Denizot et moi, qu'il fallait lui cacher ce terrible événement au moins pendant quelques jours. Il sera assez tôt de lui apprendre la mort de son mari quand elle sera à Saint-Amand près de ses enfants.

— J'approuve cette résolution, monsieur. L'épouvantable drame doit-être déjà connu à Grenoble ; je veillerai à ce qu'aucune parole pouvant révéler l'horrible chose à madame de Verdraine ne soit prononcée devant elle.

— Du reste elle ne restera pas longtemps à Grenoble ; demain matin je viendrai la trouver accompagné de mon greffier, je recevrai sa déposition et elle pourra partir après.

M. Daubrun et Mercédès revinrent près de la comtesse.

Le magistrat allait se retirer lorsqu'un garçon de l'hôtel frappa à la porte.

— Qu'y a-t-il ? demanda la Papillonne.

Le garçon répondit du dehors :

— Madame, c'est un chien que vient d'amener un de ces messieurs qui sont venus tout à l'heure avec la voyageuse et qu'il m'a prié de conduire près de vous.

— C'est Miro ! c'est Miro ! exclama la comtesse.

Mercédès ouvrit la porte.

Miro ne fit qu'un bond jusqu'à sa maîtresse.

Quelle joie ! que de caresses ! Ah ! comme le bon chien savait bien témoigner à sa maîtresse le bonheur qu'il éprouvait de la revoir, de la retrouver.

Paule s'était mise à pleurer, et ce fut en sanglotant qu'elle rendit ses caresses à Miro, l'ami de ses enfants et le sien. Oui, elle sanglotait, la comtesse, en pensant à ses malheurs, dont Miro avait été le témoin ; à sa pauvre petite Isabelle, victime d'un crime monstrueux ; à Georges et à Edouard, retrouvés à Charnay par Miro, et enfin à sa délivrance, qu'elle devait en partie à ce fidèle ami.

M. Daubrun prit congé de la comtesse et de Mercédès en les prévenant qu'elles auraient sa visite à dix heures et demie.

Restées seules, les deux jeunes femmes se jetèrent de nouveau dans les bras l'une de l'autre.

— Ma chère Paule, dit Mercédès, vous avez grand besoin de repos, et moi-même je me sens fatiguée ; nous allons nous mettre au lit et nous tâcherons de bien dormir. Nous nous lèverons à huit heures, et, en attendant M. le juge d'instruction, nous causerons.

XXVII

RETOUR AU VILLAGE

Ce fut la comtesse qui se réveilla la première. Il n'était pas encore huit heures. Miro avait dormi près d'elle, sur la descente de lit. Elle se leva et s'habilla sans bruit. Pendant ce temps Mercédès s'était réveillée à son tour, levée, et, sans faire de bruit également, avait procédé à sa toilette. Aussi, quand Mercédès ouvrit doucement la porte de la chambre de la comtesse, les deux amies furent-elles étonnées de se voir habillées.

— Je n'ai pas fait de bruit craignant de troubler votre repos, dit Paule.

— Moi de même, répondit Mercédès.

Elles s'embrassèrent.

L'une et l'autre avaient été longues à s'endormir ; elles déclarèrent, néanmoins, qu'elles se sentaient parfaitement reposées.

— Nous allons avoir ce matin probablement la visite de M. Etienne Denizot, dit la Papillonne.

— Je ne sais pas, répondit la comtesse, mais je crois bien qu'il ne viendra pas.

— Il est d'une discrétion parfaite, d'une extrême délicatesse de sentiments,

Paule ne répondit pas. Elle s'assit sur le canapé et devint songeuse.

— Je pourrais dés aujourd'hui les rapprocher, se disait Mercédès, mais il vaut mieux que je laisse aller les choses.

A ce moment, un garçon apporta une lettre adressée à madame Gardiane, qu'un commissionnaire avait remise à sept heures au bureau de l'hôtel.

— Cette lettre est de lui, se dit la Papillonne, et la comtesse ne s'est pas trompée en disant qu'il ne viendrait pas.

Elle jeta un regard sur Paule, qui était toujours absorbée dans ses pensées, déchira l'enveloppe et lut ce qui suit :

» Mademoiselle,

» Je viens d'expédier un télégramme à Saint-
» Amand et un autre à Bellombe. Une lettre
» que j'écris à M. Pierre Rouget et une à M. Gaspard
» vont suivre et arriveront demain matin. Nos amis
» vont être tranquillisés.

» La mission dont je m'étais chargé est terminée,
» elle n'a pas été bien difficile, grâce à Miro, qui a fait
» beaucoup plus que moi. Je me demande si ce brave
» chien n'est pas véritablement un instrument dont
» se sert la Providence pour déjouer les projets des
» méchants et les confondre.

» J'ai voulu récompenser Miro en l'envoyant
» tout de suite à sa maîtresse ; je pense avoir été
» agréable à madame la comtesse.

» Dans un instant je vais me rendre à la Tour-du-

» Moine où je suis attendu. Le linge et les effets
» d'habillement de madame de Verdraine seront
» expédiés par moi à Saint-Amand où j'arriverai
» moi-même demain dans l'après-midi.

» Vous comprendrez, mademoiselle, à quels sentiments j'obéis en ne vous faisant pas une visite ; mon respect pour madame la comtesse de Verdraine me fait un devoir de ne pas lui imposer ma présence.

» C'est vous, mademoiselle, qui devez ramener madame de Verdraine à Saint-Amand ; vous avez mérité cette satisfaction de rendre la mère à ses enfants, une fille à ses parents qui l'aiment.

» Je serai heureux de vous revoir à Saint-Amand, si vous voulez bien nous faire l'honneur, à ma mère et à moi, d'entrer dans notre maison.

» Veuillez agréer, mademoiselle, l'expression de mes sentiments respectueux.

» ÉTIENNE DENIZOT. »

— Excellent jeune homme, murmura la Papillonne.

Elle se rapprocha de la comtesse.

— Paule à quoi pensez-vous ? demanda-t-elle.

— Ah ! à bien des choses, les unes tristes, très tristes, les autres moins sombres.

— Oui, je comprends... Mais il faut ouvrir votre âme à l'espérance, chasser les pensées affligeantes.

— Oui, Mercédès, il le faut. Vous venez de recevoir une lettre ?

— La voilà.

— Elle est de lui ?

— Oui. Voulez-vous la lire ?

— Donnez.

La comtesse lut la lettre, puis la rendit silencieusement à Mercédès.

— Eh bien? interrogea la jeune fille.

— Cette lettre ne me cause aucune surprise.

—Vous étiez sûre qu'il quitterait Grenoble sans vous avoir fait une visite?

—Il ne pouvait pas venir.

Pourtant, Paule...

— Il a compris qu'une entrevue nous gênerait l'un et l'autre et ne pourrait être que très pénible; d'ailleurs qu'aurait-il pu me dire et qu'aurais-je pu lui répondre? Mercédès, vous ne lui avez pas fait connaître le déplorable état de mon cœur, il ne sait pas que je l'aime?

— Je vous avais promis de ne rien dire.

— Ah! gardez mon terrible secret, Mercédès, gardez-le! Qu'il ne sache jamais comment il se trouve vengé par moi-même de mes dédains d'autrefois!

— Paule, ne vous trahirez-vous pas vous-même?

— Non, Mercédès, non, je suis sûre de moi!

— Quand vous l'avez revu hier, vous avez dû éprouver une forte émotion?

— Ce que j'ai éprouvé, Mercédès, je ne saurais le dire exactement; je me suis sentie remuée dans tout mon être; il m'apparaissait, tout à coup, si grand et si beau!

Je suis honteuse de l'avouer, Mercédès, je fus sur le point de me jeter dans ses bras; heureusement le saisissement m'a comme paralysée. Il était très ému aussi; mais que de choses exprimait son regard! Nous nous sommes donné la main, la sienne tremblait comme la mienne, et ce contact fit passer une sorte de frisson dans tous mes membres.

Il avait vingt-cinq ans quand j'ai quitté Saint-Amand, il a maintenant trente-trois ans et il a souffert aussi, lui; cependant, je n'ai pas trouvé qu'il eût vieilli. Il a dans les manières, dans toute sa personne, une distinction que je n'avais pas remarquée autrefois. On devine l'intelligence qui est sous son front comme on devine la bonté de son cœur dans le rayonnement de son regard.

Mais qu'est-ce que je vous dis là, mon Dieu !... Mercédès, empêchez-moi donc de parler ainsi !

— Pourquoi ? Je prends plaisir à vous entendre. Vous parlez comme une femme qui aime, ma chère Paule.

— Ah ! je n'en suis que plus coupable !

— Allons, mon amie, n'exagérez rien, et surtout ne créez pas de fantômes pour vous effrayer.

La comtesse soupira.

— Je suis punie, cruellement punie! dit-elle en hochant la tête.

— C'est bien, dit Mercédès, laissant glisser sur ses lèvres un mystérieux sourire, les horizons qui vous apparaissent noirs aujourd'hui deviendront lumineux.

— Jamais ! murmura Paule.

— Vous ne pouvez pas savoir ce que l'avenir vous réserve.

— Cet avenir, Mercédès, je le verrais sans crainte si je pouvais arracher de mon cœur ce fatal amour.

— Le temps qui s'écoule, lentement pour les uns, rapidement pour les autres, change bien des choses.

— J'en ai la douloureuse expérience, Mercédès ; j'ai eu quelques jours de bonheur, alors le temps a passé vite. Puis le malheur est venu et les années me parurent longues comme des siècles. Je ne regrette pas la fortune que je n'ai plus, je n'étais pas née pour le luxe; cette fortune, je ne la regrette même pas pour mes enfants ; pauvres, ils travailleront et n'en seront que plus heureux. Si je pouvais ne penser qu'à eux seuls, tous les pénibles souvenirs s'effaceraient. Mais entre eux et moi se dresse Etienne Denizot ; le voilà, le voilà, le fantôme qui m'épouvante !

La nuit dernière, dans la voiture qui m'a amenée ici, j'étais assise à côté de M. Daubrun et Etienne était en face de moi. Nous étions dans une demi-obscurité, mais son regard ardent m'enveloppait et je me sentais fascinée ; moi, je n'osais le regarder, il me semblait que dans mes yeux il aurait lu mon secret.

Je ne saurais vous dire jusqu'à quel point j'étais troublée, bouleversée ; pendant tout le trajet je fus comme sur des charbons enflammés et cependant, — chose affreuse à révéler, — je me sentais heureuse, ravie d'être près de lui.

Il a parlé, longuement parlé, racontant comment il vous avait rencontrée à Bellombe, comment, grâce à Miro, il avait découvert mes ravisseurs ; je l'écoutais avidement, frémissante, extasiée, dans une espèce d'ivresse ; sa voix résonnait délicieusement à mes oreilles, elle avait des intonations, des inflexions troublantes qui faisaient vibrer toutes les cordes de mon cœur et captivaient mon âme.

Ah ! Mercédès, si à ce moment il m'eût prise dans

ses bras, oubliant tout, je lui aurais crié : Je t'aime! Mercédès, Mercédès, que Dieu et mes enfants me défendent contre ma faiblesse !

— Ma chère Paule, répondit la Papillonne, Dieu vous protège ; n'en doutez pas, il a ses intentions, et tout ce qu'il fait est bien fait.

La comtesse regarda la danseuse avec surprise. Ne pouvant comprendre le sous-entendu de ces étranges paroles, elle semblait lui demander l'explication de ce qu'elle avait voulu dire.

Mais, pour toute réponse, Mercédès embrassa Paule.

A ce moment, un garçon de l'hôtel vint demander aux voyageuses ce qu'elles désiraient qu'on leur servît à déjeuner.

Ayant consulté la comtesse, Mercédès donna ses ordres au garçon.

A dix heures et demie, comme il l'avait annoncé, M. Daubrun arriva avec son greffier.

La comtesse fit sa déposition que le greffier rédigea et qu'elle signa.

— Ceci nous suffira, madame la comtesse, dit le juge d'instruction, et nous vous éviterons l'ennui de paraître à l'audience où sera jugée cette grave affaire. Nous avons six complices, trois sont entre les mains de la justice et les trois autres ne tarderont pas à être arrêtés.

— Est-ce que vous allez faire arrêter M. de Miray ?

— Non, madame la comtesse ; pour des raisons que votre amie pourra vous faire connaître dès demain, quand vous serez arrivée à Saint-Amand,

M. de Miray ne peut pas être mis en état d'arrestation.

Il était près d'une heure lorsque M. Daubrun se retira.

— Maintenant, dit Mercédès, nous n'avons plus rien à faire à Grenoble.

— Plus rien, fit Paule.

— Vous plaît-il que nous partions ce soir ?

— Je voudrais être déjà auprès de mes enfants et de mes parents.

— Ne craignez-vous pas la fatigue du voyage ?

Un doux sourire effleura les lèvres de la comtesse.

— Le voyage que j'ai fait, il y a huit jours, répondit-elle, était autrement fatigant et pénible, et il n'a pas été au-dessus de mes forces.

— Eh bien, Paule, c'est dit, nous partirons ce soir ; d'ailleurs nous pourrons nous reposer quelques heures à Lyon et, s'il le faut, quelques heures aussi à Mâcon. Tout à l'heure j'enverrai un garçon à la gare pour nous louer un coupé.

***

Etienne s'était rendu avec une voiture à la Tour du Moine où il était attendu, comme nous le savons, par l'agent de police Richard.

Les malles furent vite remplies, fermées et chargées sur la voiture.

L'agent ferma toutes les portes de la tour, la porte de fer, mit les clefs dans sa poche et accompagna Etienne jusqu'à la gare la plus rapprochée où les malles furent expédiées en grande vitesse à l'adresse de M. Jacques Pérard à Saint-Amand, en gare de Beaune.

Etienne et son compagnon revinrent à Grenoble et se séparèrent.

Etienne alla tout d'abord faire une courte visite à M. Daubrun, qu'il trouva au palais, très occupé, puis revint à l'hôtel des Alpes, régla son compte et, à quatre heures de l'après-midi, il prenait le train de Lyon.

Le lendemain, à onze heures, il était à Beaune, où sa voiture l'attendait, car de Lyon il avait envoyé à sa mère une dépêche indiquant l'heure de son arrivée à Beaune.

Il demanda si les colis à l'adresse de M. Pérard de Saint-Amand étaient arrivés.

— Oui, par le train précédent, lui répondit-on.

La lettre d'avis n'était pas encore expédiée.

Etienne s'entendit avec le chef de gare pour que les malles fussent transportées le jour même à domicile et paya d'avance la somme qui lui fut demandée.

A deux heures il arrivait à Saint-Amand.

Madame Pérard, Pierre Rouget et les enfants étaient avec sa mère, l'attendant. On s'embrassa. Tout le monde maintenant était heureux. C'étaient des larmes de joie que les mouchoirs essuyaient.

— Et maman, et Miro ? demandaient Georges et Edouard.

— Vous les reverrez bientôt, ils vont venir.

A toutes les questions qu'on lui adressa, et elles furent nombreuses, le jeune homme répondit aussi brièvement que possible, complétant ce qu'il n'avait pu dire dans sa lettre que l'ancien sergent avait reçue le matin.

— A moins, dit-il, que madame de Verdraine n'ait été retenue toute la journée d'hier à Grenoble, elle arrivera ce soir même ou demain dans la matinée, accompagnée de mademoiselle Mercédès.

Il fit un signe à Mélie, qui emmena les enfants.

Alors il apprit au père Rouget et à sa fille que le comte de Verdaine était mort et raconta l'épouvantable drame du château.

Il y eut quelques instants de stupeur profonde.

— Pour ma part, dit madame Pérard, après tout ce qu'il a fait endurer à ma pauvre Paule, je ne le regrette pas.

— Après une si mauvaise vie, dit le vieillard, il devait avoir une triste fin.

— Que Dieu veuille recevoir son âme, murmura madame Denizot.

— Madame la comtesse ignore encore que son mari n'existe plus, reprit Etienne ; nous avons cru devoir lui cacher ce qui s'est passé à Verdraine afin de ne pas lui causer une émotion dangereuse. Dans quelques jours, madame Pérard, vous lui apprendrez tout doucement ce terrible événement,

Pierre Rouget et madame Pérard se retirèrent, laissant les enfants jouer dans le jardin avec Mélie.

A toutes les personnes qu'elle rencontra, la mère de Paule s'empressa d'annoncer la prochaine arrivée de sa fille, et la nouvelle se fut bientôt répandue dans tout le village.

A six heures, les malles, expédiées par les soins

du chef de gare de Beaune, arrivèrent chez Jacques Pérard.

— Il n'y a rien à payer, dit le messager.

On lui fit boire un coup et madame Pérard lui donna cinq francs de pourboire.

Etienne avait remis les clefs des malles à la mère de Paule ; elle les ouvrit, plaça les effets et le linge sur une grande table et des chaises, puis se mit en devoir de remplir une armoire. Elle fut aidée dans son travail par Mélie, qui ramenait Georges et Edouard.

— Comme ça, vois-tu, Mélie, quand elle arrivera elle trouvera tout en ordre.

— En voilà-t-il du beau linge, madame Pérard, et de beaux habits ; quand on habillera ainsi les mignons, le dimanche, ils seront gentils à croquer.

Un peu avant huit heures, Pierre Rouget arriva. Sa fille l'avait invité à venir partager leur souper. D'abord il fallut qu'il vît toutes les choses serrées dans l'armoire et celles qui n'avaient pas encore trouvé place. Ensuite on se mit à table, Edouard à côté de sa grand'mère, Georges entre l'ancien sergent et son grand-père.

Nous savons qu'on avait caché à Jacques Pérard beaucoup de choses concernant sa fille : mais il savait qu'il allait enfin la revoir. Il était très gai. Depuis quelques jours, il allait dans ses vignes qui promettaient une abondante récolte ; il n'était pas encore très fort, cependant il commençait à travailler un peu.

— Si peu que je fasse, disait-il, c'est toujours ça.

Tout en mangeant, les enfants babillaient, parlant de leur maman Paule, qui allait venir demain. Oh ! c'était bien sûr, leur bon ami Etienne l'avait dit.

— Voyez-vous, père, dit Jacques au vieillard, quelle vilaine figure je ferais à notre Paule si j'étais encore cloué sur mon lit.

Tout à coup on entendit le roulement d'une voiture qui s'arrêta devant la porte.

Les regards se portèrent vers la fenêtre. Madame Pérard poussa un grand cri qui alla jusque dans la rue, se dressa comme par un ressort et s'écria :

— C'est elle, c'est ma fille !

— Maman, maman ! criaient les enfants en battant des mains.

Les deux hommes avaient eu à peine le temps de se lever que déjà madame Pérard s'était élancée vers la voiture pour recevoir sa fille dans ses bras.

Ce fut une étreinte passionnée, délirante, avec bruit de baisers, soupirs, petits cris étouffés, larmes, sanglots.

Mais Georges et Edouard étaient là, tendant leurs petits bras et criant toujours :

— Maman ! maman !

Madame Pérard permit enfin à sa fille d'embrasser ses chers petits.

Elle les prit dans ses bras, comme elle l'avait fait tant de fois, resta un instant à les contempler, puis elle les étreignit fortement et les couvrit de baisers.

Les pauvres petits ne pouvaient que répéter :

— Oh ! maman. Oh ! maman !

Miro se frottait contre eux, ayant l'air de leur dire :

« Mais je reviens aussi, moi, n'êtes-vous donc pas contents de me revoir ? »

Paule se jeta ensuite dans les bras de son père et de l'aïeul, pendant que madame Pérard, prenant la main de Mercédès, la faisait entrer dans la maison.

La danseuse fut accueillie avec un peu de gêne peut-être, mais avec beaucoup de cordialité.

Le reste de la soirée s'acheva gaiement. Les parents laissèrent éclater sans contrainte la joie qu'ils éprouvaient de revoir enfin leur fille bien-aimée.

Madame Pérard n'avait pas un lit à donner à la Papillonne ; elle alla coucher chez Pierre Rouget dans l'ancienne chambre de la belle Paule.

Le lendemain elle eut un entretien avec la comtesse et lui apprit qu'elle était veuve et comment son mari et M. de Miray étaient morts.

Paule resta assez longtemps sous le coup du saisissement, en proie à une émotion violente.

— Le malheureux! fit-elle.

Des larmes jaillirent de ses yeux. Ce fut tout. Si elle avait un regret, ce ne pouvait être que celui d'avoir uni sa destinée à celle de cet homme qui lui avait fait connaître toutes les douleurs.

Mercédès fit ensuite à Etienne et à madame Denizot la visite que ceux-ci attendaient. On parla de la comtesse et de ses enfants ; mais d'une façon très réservée et sans qu'il fût fait allusion au passé. La Papillonne, non moins discrète que le jeune homme, ne prononça pa° une parole qui pût lui faire soupçonner qu'il fût aimé.

A deux heures, la voiture qui avait amené, la veille,

Paule et Mercédès, vint prendre la jeune fille pour la ramener à Beaune.

On aurait bien voulu la garder plusieurs jours; mais elle ne pouvait pas rester, avait-elle prétendu; elle était attendue à Paris.

XXVIII

HUIT ANS APRÈS

Les choses les mieux cachées finissent toujours par se découvrir; les malheurs de la belle Paule étaient connus maintenant à Saint-Amand, et ils étaient assez grands et elle avait assez souffert pour qu'on ne lui refusât point de nombreux témoignages de sympathie. Du reste, les jalousies, les rivalités, les inimitiés d'autrefois n'existaient plus, pas même à l'état de souvenirs.

D'autres jeunes filles avaient remplacé les anciennes compagnes de Paule Pérard, mariées maintenant et mères de famille.

Le temps qui use, efface, détruit toutes choses, est aussi un pacificateur; il éteint les plus terribles rancunes.

La comtesse Paule eut cette satisfaction de trouver des sympathies même parmi ceux qui avaient été ses ennemis.

Les journaux de l'Isère s'étaient occupés du drame de Verdraine pendant plusieurs jours et tout ce qu'ils avaient raconté avait été reproduit par un journal de Dijon ; on avait appris ainsi que le comte de Verdraine s'était suicidé après avoir tué son ancien ami, M. de Miray, devenu le propriétaire du domaine de Verdraine.

On savait d'autre part que le comte avait dilapidé follement sa fortune et que la comtesse Paule était revenue à Saint-Amand aussi pauvre qu'elle l'était avant son mariage. Certes, elle ne pouvait plus exciter aucune jalousie et l'on plaignait sincèrement la mère et les deux orphelins.

La première sortie de Paule avait été pour faire une visite chez madame Denizot. Aller remercier l'excellente femme des bontés qu'elle avait pour ses enfants, et Etienne des preuves de dévouement qu'il lui avait données était bien le moins qu'elle pût faire ; c'était un devoir de reconnaissance à remplir. Elle avait emmené Georges et Edouard et s'était fait accompagner par sa mère. Elle fut reçue très affectueusement, très gracieusement. Madame Denizot l'invita à revenir. Cependant elle s'en tint à cette unique visite; mais elle n'empêchait point ses enfants d'aller chez madame Denizot chaque fois que Mélie venait les chercher.

Sur le désir de Pierre Rouget, Paule et ses enfants étaient allés demeurer chez le vieillard.

La comtesse s'était bravement remise au travail et était redevenue une ménagère.

Elle était toujours triste, souvent songeuse, mais elle ne faisait jamais entendre une plainte et paraissait contente. Elle cherchait à oublier et plus encore peut-être à se guérir de l'amour dont elle souffrait. Inutiles efforts, l'amour s'était profondément enraciné dans son cœur et elle sentait bien qu'elle ne parviendrait jamais à l'en arracher.

Hélas ! son cœur, par lequel elle avait tant souffert, n'avait pas assez de sa tendresse maternelle. Oh ! avec quel soin elle cachait son secret ! Souvent et secrètement elle pleurait, maudissant sa destinée et regrettant amèrement ses folles ambitions de jeune fille.

On voyait en elle une veuve inconsolable, et sa tristesse, ses larmes, dont elle ne parvenait pas toujours à effacer les traces, étaient causées par la douleur qu'elle éprouvait de la perte de son mari. Etienne lui-même croyait qu'elle regrettait le comte de Verdraine.

Elle vivait très retirée, n'allait chez personne et recevait rarement des visites. Ce n'était pas par fierté ; mais plus que jamais elle se plaisait dans la solitude. Elle ne voulait pas de distraction, comme si elle eût trouvé un âpre plaisir à se concentrer en elle-même, à être seule avec ses pensées.

On la voyait à la messe le dimanche, ayant ses enfants près d'elle. Ce jour-là, Pierre Rouget recevait son gendre et sa fille ; on passait la soirée en famille.

On ne parlait pas plus du comte de Verdraine que s'il n'eût jamais existé ; les enfants eux-mêmes semblaient ne plus se souvenir de leur père ; il est vrai que Paule ne prononçait jamais son nom devant eux. Le silence des parents avait une double raison : ils craignaient de raviver les douleurs de la comtesse ; et puis il y avait plus d'amertume et de colère contenue dans leur mutisme que d'indifférence. Ils ne pardonnaient pas au mort d'avoir rendu leur fille malheureuse.

En revanche, ils ne se gênaient point pour faire l'éloge d'Etienne Denizot.

Quel brave garçon, quelle belle nature, quel bon cœur! Il avait tout pour lui; ils le portaient aux nues!

Et ils ne s'apercevaient pas qu'ils faisaient horriblement souffrir la malheureuse et que de chacune de leurs paroles sortait une pointe acérée qu'ils enfonçaient dans son cœur.

Georges et Edouard faisaient eux aussi, à leur manière, l'éloge d'Etienne.

— Nous aimons bien notre ami Etienne, disaient-ils; il nous aime bien aussi, lui; mais il ne veut jamais rester avec nous; il nous embrasse et puis tout de suite il s'en va. Parfois on dirait qu'il va se mettre à pleurer; tiens, comme toi, maman.

Un jour que Paule tenait Edouard sur ses genoux et l'embrassait, il lui dit tout à coup:

— Dis donc, maman, je voudrais que mon ami Etienne soit mon papa!

Déjà les enfants avaient dit les mêmes paroles au jeune homme.

La comtesse tressaillit et devint affreusement pâle. Elle laissa ses enfants et alla pleurer dans sa chambre.

Etienne ne cherchait pas à voir Paule: il semblait éviter, au contraire, de se trouver en sa présence; pourtant cela arrivait de temps à autre, quand le jeune homme passait devant la maison de Pierre Rouget et que celui-ci l'appelait.

Etienne ne pouvait se dispenser d'entrer; il ne voulait point avoir l'air d'un sauvage et moins encore se montrer ridicule.

La jeune femme se composait vite un visage de circonstance et s'efforçait de paraître calme. Elle l'accueillait comme un vieil ami, lui tendait la main, lui demandait des nouvelles de sa mère. On parlait de choses et autres, évidemment fort indifférentes à tous deux; mais il fallait bien dire quelque chose.

Ils étaient embarrassés et osaient à peine se regarder. Paule tremblait de se trahir. Etienne remarquait, sans en pouvoir deviner la cause, de singulières rougeurs sur le visage de la comtesse, et il s'imaginait qu'il lui déplaisait de le voir. Aussi abrégeait-il sa visite.

Un mot aurait suffi pour amener une détente; ce mot, Etienne l'avait sur les lèvres, mais ne le prononçait point, toujours retenu par la froideur apparente de la jeune femme.

Il avait beau se dire:

— Ce serait son intérêt et celui de ses enfants.

Persuadé que Paule ne l'aimait pas, ne pourrait jamais l'aimer, il repoussait tout espoir.

D'un côté la réserve de la comtesse, de l'autre le respect qu'elle lui inspirait, paralysaient les élans de son âme, laissaient debout la barrière qui était entre eux, que tous deux auraient voulu voir brisée, et empêchaient l'union de deux cœurs qui s'appelaient et s'élançaient l'un vers l'autre.

On savait à Saint-Amand que le jeune homme n'avait jamais cessé d'aimer la belle Paule et l'on s'occupait de la jeune veuve et de son amoureux.

— Vous verrez, disait-on, que cela finira par un

mariage. Etienne l'aime toujours et il n'abandonne pas ses espérances d'autrefois.

— Seulement elle a deux enfants.

— Mais Georges et Edouard seraient les fils d'Etienne qu'il ne les aimerait pas davantage.

— D'ailleurs elle est pauvre et il est riche ; l'épouser est ce qu'elle a de mieux à faire.

— Elle peut lui accorder cette récompense. Il l'a méritée. On ne peut pas dire qu'il n'a pas été fidèle à son premier amour, celui-là. Combien d'autres à sa place auraient fini par se marier !

— En vérité, on serait tenté de croire qu'il savait qu'elle deviendrait veuve et qu'il l'attendait.

Tout ce qui se disait arrivait aux oreilles d'Etienne ; cela l'attristait et le contrariait. Bien qu'il n'y eût rien de malveillant dans ces commérages, et qu'il n'y pût voir, au contraire, que des marques de sympathie, il n'admettait pas que les gens s'occupassent de choses qui ne les regardaient point. Ce qu'il redoutait surtout, disons-le, c'était que la comtesse pût éprouver un mécontentement à cause de lui.

Paule, en pensant à Mercédès, qui lui avait donné tant de preuves d'amitié, s'était rappelée que la jeune Espagnole lui avait dit que dans son affection il y avait autre chose que la dette de reconnaissance contractée envers l'ancien soldat du Trocadéro.

A ce sujet elle avait interrogé Mercédès et la jeune fille lui avait répondu :

— Vous saurez cela plus tard ; j'ai des raisons pour garder le silence, quant à présent. Votre grand-père sait tout ; si vous n'apprenez pas par lui ce que je vous cache aujourd'hui, ce sera moi qui vous le dirai.

Il y avait donc un secret; quel était-il?

Pour la comtesse, Mercédès était encore presque une inconnue.

Elle savait qu'elle habitait à Paris. Mais de cette jeune fille qui était devenue son amie, elle ne savait que cela. En voyant les dépenses qu'elle faisait, elle avait pu supposer qu'elle avait une certaine fortune ou qu'elle gagnait beaucoup d'argent.

Mais, enfin, quelle était donc cette chose mystérieuse que son grand-père connaissait et que Mercédès lui avait cachée?

Or, un matin, la comtesse avait interrogé Pierre Rouget au sujet de Mercédès.

Le vieillard hésitait à parler.

— Je ne sais rien d'elle, absolument rien, dit Paule; avec moi, elle a toujours été mystérieuse. Pourquoi? Je sais qu'il y a un secret dans son existence, un secret qu'elle n'a pas voulu me révéler; ce secret, grand-père, tu le connais, et Mercédès m'a dit que je le saurais par toi. Tu vois que tu peux parler sans crainte.

— C'est vrai, je connais le secret de Mercédès; seulement...

— Eh bien?

— Je suis embarrassé; je ne sais pas si je dois...

— Voyons, grand-père, est-ce que Mercédès serait, comme j'en ai eu la pensée, une... femme entretenue?

— Il y a eu un peu de cela, mais elle est dans une belle position et n'a pas besoin qu'un homme lui donne de l'argent.

— Tu dis qu'elle est dans une belle position ?

— Oui.

— Alors, elle est riche ?

— Je ne sais pas si elle a actuellement une fortune acquise, mais elle gagne quatre-vingt ou cent mille francs par an.

— Mais que fait-elle donc ?

— Elle est danseuse à l'Opéra.

— En vérité ! exclama Paule. Mais alors, grand-père, elle connaît cette fameuse Flora qu'on a surnommée la Papillonne ?

— Oui, elle la connaît, et même très bien. Ecoute, Paule, Flora la Papillonne, c'est Mercédès.

— Dieu, est-ce possible ?

— Voilà, Paule, ce qu'elle ne pouvait pas te dire.

— Oh ! la malheureuse, la malheureuse !

— Paule, ne te hâte pas de la juger, tu le ferais trop sévèrement. Mercédès d'Argélias a trouvé grâce devant moi comme devant Etienne, sa mère et Mélie qui, eux aussi, savent tout. Mercédès, ou si tu aimes mieux, Flora la Papillonne, n'a jamais été la maîtresse du comte de Verdraine comme on l'a cru à Paris.

Le vieillard raconta alors à la comtesse comment il avait appris, d'abord par Etienne, que le comte de Verdraine était à Paris où, après que madame de Brogniès fut devenue folle, il avait pris pour maîtresse, — c'était ce que l'on croyait, — une danseuse appelée Flora la Papillonne ; comment il avait su ensuite que la danseuse Flora n'était autre que Mercédès, la fille d'Inès Ramon.

Pierre Rouget continua par le récit du voyage qu'il avait fait à Paris, accompagné de Mélie, et rapporta dans ce qu'elle avait d'essentiel, la longue conversation qu'il avait eu avec la danseuse.

La comtesse avait écouté silencieusement en proie à une émotion poignante.

Elle n'était ni vindicative, ni haineuse ; dans aucun cas elle n'aurait pu rendre le mal pour le mal, et cependant elle comprenait que Mercédès eut accompli cette œuvre de vengeance terrible.

— Eh bien ! tu ne dis rien ? fit Pierre Rouget. voyant que Paule, songeuse, gardait le silence.

— Hélas ! je n'ai rien à dire.

— Tu penses que Mercédès est coupable ?

— Je ne sais pas. Si elle est coupable, c'est, comme elle vous l'a dit, une affaire entre elle et Dieu. Moi, je pardonne... Je veux me souvenir seulement de ce que Mercédès a fait pour moi.

La mort tragique du baron de Miray, suivie immédiatement du suicide du comte de Verdraine, avait causé une profonde émotion à Grenoble. La population avait été frappée de stupeur.

Et quand, presque aussitôt, on avait appris l'attentat dont la comtesse Paule avait été victime, sa séquestration dans la Tour-du-Moine, l'émotion avait encore grandi, et l'on s'était livré à toutes sortes de commentaires.

Pour tout le monde, le comte avait vengé sa femme et il n'était plus aussi coupable qu'on l'avait cru tout d'abord. Et si, dans les premiers instants, on s'était apitoyé sur la triste fin du baron millionnaire, il n'y eut bientôt plus personne pour déplorer sa mort. C'était un misérable, il devait finir comme finissent le misérables.

Précédée du drame de Verdraine, l'instruction de

l'affaire de l'enlèvement devait exciter au plus haut point la curiosité publique. Pendant deux mois on ne s'occupa que de cela. L'affaire de la religieuse, — on l'appelait ainsi, — prenait les proportions d'une cause célèbre, et l'intérêt qui s'attachait à la personne de la comtesse Paule et à ses malheurs passionnait même les plus indifférents.

Les bandits payés par M. de Miray étaient six; sur les indications fournies par Ernestine Pacaud, le cocher Brunet et les deux autres complices avaient été arrêtés quelques jours après la délivrance de la comtesse.

On avait pensé d'abord que la fille Pacaud, l'ex-religieuse, était la principale coupable; mais l'instruction ne tarda pas à découvrir que le chef de la bande était Ernest Bargoin. C'était lui qui avait été en relations directes avec M. de Miray, qui avait choisi et payé ses associés, qui avait tout conduit.

On sut le rôle qu'il avait joué à Bellombe sous le nom de Julien Forestier, se disant ingénieur au service de la Compagnie des chemins de fer économiques.

Cet homme était un dévoyé, un déclassé; il était intelligent, instruit et possédait assez de connaissances spéciales pour avoir pu faire croire qu'il était réellement ingénieur.

Fils d'un maître maçon, il avait fait de bonnes études; il avait appris le dessin, la géométrie, la mécanique et était entré, jeune encore, comme conducteur de travaux chez un entrepreneur de travaux publics. Pendant quelques années, il avait assez bien marché; sa situation était bonne, pour arriver il n'avait qu'à travailler. Mais peu à peu il se livra à la débauche; le jeu et les femmes le perdirent. Il commit plusieurs détournements au préjudice de son patron, qui le chassa honteusement. Il était devenu voleur, voleur il resta.

Il essaya cependant de se replacer, mais il était connu, on ne voulait plus de lui nulle part. Alors il dut vivre d'expédients et devint un chevalier d'industrie. En homme habile, il pratiqua l'escroquerie sur une vaste échelle; il fut le directeur d'une de ces agences financières qui n'ont d'autre but que de s'emparer de l'épargne des naïfs et des niais; il fit de la fausse monnaie; il était grec dans les tripots et ne dédaignait pas, à l'occasion, de s'associer à des dévaliseurs de maisons.

Tel était l'homme que M. de Miray avait rencontré un jour à Lyon, dans un salon interlope, et dans lequel il avait reconnu un grec, en perdant au jeu quelques milliers de francs.

Sachant parfaitement que Bargoin était un homme à faire n'importe quelle vilaine besogne, le baron l'avait retrouvé pour lui confier la mission que nous savons.

C'était Bargoin qui avait présenté à M. de Miray Romain, un autre dangereux coquin, qui ne vivait, lui aussi, que d'escroqueries et de vols. C'était Bargoin qui avait enrôlé les autres chenapans, complices du rapt; c'était lui qui avait loué la chaise de poste et les chevaux de relais.

On calcula que l'enlèvement de la comtesse n'avait pas coûté moins de quarante mille francs à M. de Miray.

Etait-ce l'amour ou la haine qui avait fait agir le baron? Peut-être l'un et l'autre.

L'affaire de la religieuse eut son dénouement à la cour d'assises.

Ernest Bargoin fut condamné à huit ans de travaux forcés ; Ernestine Pacaud à cinq ans de reclusion et Romain également à cinq ans de reclusion ; les autres chacun à deux ans de prison.

XXIX

DÉNOUEMENT

Près d'une année s'était écoulée. La comtesse Paule arrivait à la fin de son deuil et allait pouvoir quitter le long voile de crêpe des veuves.

Rien n'était venu modifier en quoi que ce soit la tranquillité monotone de son existence. Entre elle et Etienne la situation restait la même.

Elle avait voulu prendre part au travail des champs, aller à la vigne, comme autrefois ; mais ses parents s'y étaient absolument opposés ; ils n'en étaient pas à avoir besoin des bras de leur fille. Dieu merci.

Paule partageait son temps entre les soins à donner au ménage, des ouvrages de couture et l'instruction de ses fils, celle de Georges surtout, très avancé pour son âge, et pour qui le moment d'entrer au lycée était venu.

Mais, hélas! Paule ne pouvait placer ses fils ni au lycée, ni même dans un collège ; il lui manquait la chose essentielle, l'argent.

— C'est grand dommage, se disait-elle tristement, car on pourrait faire quelque chose de Georges et de son frère.

Elle souffrait de se trouver dans l'impossibilité de faire pour ses enfants ce qu'elle aurait voulu.

Un jour qu'elle parlait de cela à Pierre Rouget, le vieillard lui dit que madame Denizot et Etienne avaient déclaré que Georges d'abord et Edouard ensuite seraient mis par eux au lycée et qu'ils se chargeraient de tous les frais de leur éducation.

— Paroles en l'air, répondit Paule ; dans tous les cas, grand-père, tu penses bien que si cette proposition m'était faite, je ne l'accepterais point.

Mais Etienne et sa mère ne parlaient plus de rien et l'on pouvait supposer que ce qu'ils avaient dit n'était réellement que paroles en l'air.

Cependant ils avaient toujours les mêmes idées ; mais comme il n'y avait pas péril en la demeure, Georges n'ayant que huit ans, et que, d'autre part, ils sentaient que le consentement de la comtesse serait difficile à obtenir, ils ne se pressaient pas de faire connaître leurs projets.

La comtesse causait volontiers avec Mélie dans une sorte d'intimité, lorsque celle-ci venait chercher Georges et Edouard ou les ramenait.

La grande affection de la servante pour les enfants lui avait valu l'amitié de la mère, et la comtesse ne traitait point Mélie comme une domestique. Aussi la pauvre bossue ne lui était pas moins dévouée qu'elle l'était à ses maîtres.

Paule n'avait pas oublié la démarche que Mélie avait faite auprès d'elle quelques jours avant son mariage, et elle en gardait à son ancienne et implacable ennemie, secrètement, une vive reconnaissance.

Un matin, Mélie trouva la comtesse seule.

Le père Rouget était allé faire une promenade au bord de la rivière et avait emmené les enfants.

— Je vais les attendre, dit Mélie.

— Comment va madame Denizot? demanda Paule.

Elle ne parlait jamais d'Etienne, tant elle avait peur de laisser deviner son secret.

— Elle va bien, merci, répondit Mélie. Mais voyez-vous, madame Paule, ma bonne maîtresse n'est pas heureuse comme elle mérite de l'être.

— Pourquoi cela ?

— Il lui manque quelque chose.

— En vérité, je ne vois pas ce qui peut manquer à madame Denizot.

— Ce qui lui manque, madame Paule, c'est une bru, comme ce qui manque à M. Etienne, c'est une femme.

La comtesse ne put s'empêcher de tressaillir.

— Mais pourquoi ne se marie-t-il pas? fit-elle.

— Pourquoi, pourquoi? vous le savez aussi bien que moi, madame Paule; il n'y a qu'une seule femme au monde qu'il puisse placer à côté de sa mère; oh! si celle-là le voulait, M. Etienne ne dirait plus comme toujours: Je ne veux pas me marier, je veux rester garçon!

La comtesse, devenue très pâle, baissa la tête.

— Madame Paule, reprit Mélie, devenant tout à fait hardie, il y a neuf ans bientôt que vous vous êtes mariée; ce jour-là, au moment où vous entriez à l'église, au son des cloches qui carillonnaient,

M. Étienne a voulu se tuer de désespoir ; sa mère et moi avons arrêté son bras.

Et voulez-vous savoir les paroles qui ont produit le plus d'effet sur lui ? Je lui ai dit :

« Monsieur Étienne, vous n'avez pas le droit de vous tuer, vous devez vivre pour ceux qui vous aiment et que vous aimez, même pour celle qui est maintenant la comtesse de Verdraine, car qui sait si, avant qu'il soit longtemps, elle n'aura pas besoin de vous !

— Depuis, madame Paule, M. Étienne n'a pas cessé un instant de penser à vous ; voyons, dites, est-ce qu'il n'a pas mérité que vous l'aimiez un peu ?

— Mélie, je vous en prie... balbutia la comtesse visiblement troublée.

— Madame Paule, vous m'avez autorisée à vous parler aujourd'hui à cœur ouvert. Vous êtes veuve, à la fin de votre deuil, rien ne peut vous empêcher de vous remarier. Songez donc que vous n'avez que vingt-six ans.

— Le malheur m'a vieillie, je me crois une vieille femme.

— Oui, vous avez été malheureuse, vous avez énormément souffert ; mais j'ai de bons yeux et je ne vous vois pas vieillie du tout : vous êtes toujours la belle Paule. Si vous vous le rappelez, je vous ai dit autrefois que votre bonheur était ici ; il y est encore ; oh ! madame Paule, ne le repoussez pas ! A Saint-Amand tout le monde dit que vous épouserez M. Étienne. On le dit et on le croit. Il n'y a que M. Étienne qui ne veut pas le croire, et quand on lui parle de cela il se fâche tout rouge, tant il craint que les bavardages des gens ne vous contrarient.

Voyons, madame Paule, si M. Étienne vous demandait en mariage, est-ce que vous le repousseriez ?

— Mais je suis pauvre, Mélie, très pauvre, et j'ai deux enfants ! s'écria la comtesse éperdue.

— S'il n'y avait que cet obstacle entre vous et M. Étienne, répliqua gravement Mélie, il serait bientôt brisé. Sans être riche comme l'était M. de Verdraine, M. Étienne a une belle aisance qu'il serait trop heureux de vous faire partager. Qu'est-ce que ça peut lui faire, à lui, que vous soyez pauvre ? Est-ce qu'il a jamais pensé à l'argent ?

Quant à Georges et à Édouard, vous savez comme on les aime chez nous ; ils sont déjà les enfants de la maison. D'ailleurs, madame Paule, il faut que vous pensiez à eux.

M. Étienne dit souvent : « Ils ne doivent pas être élevés comme des paysans. » Et je sais qu'il a des idées qu'on ne tardera pas à vous faire connaître. Moi, je pense comme M. Étienne, et je dis qu'il va falloir bientôt mettre au lycée votre petit Georges, qui est déjà savant comme un maître d'école.

Enfin, voilà, madame Paule, et si vous vouliez...

— Mélie, je vous en prie, ne parlons plus de cela.

La servante regarda tristement la comtesse en hochant la tête.

— Il est vrai, madame Paule, dit-elle, que si vous épousiez M. Étienne vous vous appelleriez Madame Denizot, et peut-être tenez-vous à garder votre titre de comtesse.

Ces paroles, prononcées simplement, sans aucune intention blessante, pénétrèrent cruellement jusqu'au cœur de Paule.

— Ah ! s'écria-t-elle, en se dressant pâle comme une morte, plût à Dieu que je ne l'eusse jamais porté, ce titre de comtesse !

— Eh bien, répliqua vivement la bossue, oubliez les huit années que vous avez passées loin de Saint-Amand, et faites ce que vous feriez si vous étiez encore mademoiselle Paule Pérard.

— Ah ! Mélie, vous êtes terrible !

— Vous ne pouvez pas m'en vouloir, madame Paule ; que voulez-vous, j'aime mon maître, je vous aime aussi et j'aime vos enfants, et je voudrais vous voir tous heureux !

— Assez, Mélie ! assez, taisez-vous, je ne vous écoute plus.

La pauvre bossue avait de grosses larmes dans les yeux.

Elle prit la main de la comtesse sur laquelle elle mit un baiser en murmurant :

— Pardonnez-moi !

— Oui, oui, je vous pardonne.

Le père Rouget et les enfants rentraient.

Avec la permission de leur mère, Mélie emmena Georges et Edouard.

La comtesse n'ayant reçu aucune lettre de Mercédès et n'ayant plus entendu parler d'elle, avait pu penser que la danseuse désirait se faire oublier.

Mais Mercédès n'était pas aussi indifférente que Paule le supposait. Elle avait écrit plusieurs lettres à Etienne, qui lui avait répondu, et elle était tenue ainsi au courant de ce qui se passait à Saint-Amand.

Un matin, deux lettres de la Papillonne arrivèrent à Saint-Amand ; l'une était adressée à Etienne Denizot, l'autre à la comtesse de Verdraine.

A Etienne, Mercédès révélait le secret que Paule s'efforçait à cacher, et elle lui disait que le deuil de madame de Verdraine touchant à sa fin, il pouvait maintenant, avec assurance, présenter sa demande en mariage.

« J'avais promis à la comtesse, ajoutait-elle, de garder ce secret qu'elle m'a confié ; la situation entre vous étant toujours la même et menaçant de s'éterniser, je crois devoir intervenir afin de brusquer un dénouement qui doit faire le bonheur de deux êtres depuis longtemps unis par le cœur.

» En même temps que vous recevrez cette lettre, la comtesse Paule en recevra une où je l'informe de mon indiscrétion, qui ne saurait être considérée comme une trahison impardonnable. »

Etienne faillit devenir fou de joie.

Ainsi, il était aimé !

C'était le ciel qui s'ouvrait pour lui !

Le même jour, dans l'après-midi, il se présenta chez l'ancien sergent.

Le vieillard était assis à sa place habituelle.

Georges étudiait sa leçon d'histoire.

Edouard, à côté de son frère, regardait les images d'un livre.

Paule, rêveuse, travaillait machinalement à un tricot.

A la vue du jeune homme, son visage se couvrit d'une vive rougeur, et elle devint toute tremblante. Cependant elle l'attendait.

— Tiens, c'est Etienne, fit gaiement l'ancien sergent ; c'est gentil à toi de venir nous voir, mon garçon ; ta visite va nous distraire, Paule surtout, qui est toute drôle depuis ce matin.

La jeune femme s'était levée et, gauchement, ne sachant vraiment pas ce qu'elle faisait, elle avançait un siège.

Georges et Edouard se précipitèrent vers Etienne, qui les embrassa.

— Eh bien, mon garçon, reprit le vieillard, à quoi devons-nous le plaisir de ta visite ?

— Père Rouget, j'ai quelque chose à dire à madame la comtesse, et, avec sa permission, je parlerai devant vous.

— Ah ! fit le vieillard.

Et voyant que Paule restait silencieuse :

— Faut-il que je m'en aille ? lui demanda-t-il.

— Non, grand-père, tu peux rester.

— Madame la comtesse, dit Etienne, avez-vous reçu ce matin une lettre de mademoiselle Mercédès ?

— Oui, répondit-elle d'une voix faible.

— J'ai reçu aussi une lettre de mademoiselle Mercédès, la voici, voulez-vous la lire ?

— C'est inutile, monsieur Etienne, je sais ce qu'elle contient.

— Paule, Paule, est-il vrai que vous m'aimez ?

— Oui, Etienne, je vous aime ; mais...

— Dites, Paule, dites tout ce que vous pensez ; ah ! expliquez-vous sans contrainte, librement.

L'émotion l'empêcha de parler ; elle se contenta de montrer ses enfants.

— Ils seront mes fils ! s'écria Etienne.

Il vit les yeux de Paule se mouiller de larmes. Il saisit une de ses mains qu'elle ne retira point.

— Paule, dit-il avec un accent de tendresse infinie, je vous ai toujours aimée, et aujourd'hui je vous aime plus encore que je ne vous aimais il y a neuf ans. Il y a neuf ans, Paule, je vous ai demandé si vous vouliez être ma femme, je vous adresse la même demande et j'ajoute : Paule, voulez-vous que je sois le père de vos enfants ?

Ce fut Georges qui répondit :

— Oui, oui, mon bon ami Etienne, maman le veut.

— Oui, maman veut bien, dit Edouard.

— Paule, vous avez entendu ! s'écria le jeune homme.

La poitrine de la comtesse se soulevait avec violence ; elle était prête à suffoquer. Mais Etienne sentit que la main de Paule serrait la sienne, et au bout d'un instant elle murmura :

— Etienne, soyez le père de mes enfants !

Pierre Rouget s'était rapproché.

— Ah ! ça, voyons, dit-il, qu'est-ce que cela veut dire ? Ai-je bien compris ? Paule, Etienne te demande en mariage et tu acceptes. Mais c'est bien, cela, c'est très bien cela ! Paule, il y a neuf ans que tu aurais dû faire comme aujourd'hui... Mais ne parlons plus de ce temps-là, laissons le passé, il est mort... Paule, c'est maintenant que tu vas savoir ce que c'est que le bonheur, le bonheur vrai. Ah ! mon enfant, mes enfants !... Mais embrassez-vous donc !

— Paule, le permettez-vous ? demanda timidement Etienne.

Elle laissa tomber sa tête sur l'épaule du jeune homme et éclata en sanglots.

Le mariage se fit un mois plus tard.

L'événement était prévu, il ne surprit personne.

La cérémonie eut lieu sans bruit, sans éclat, en présence des témoins, de la famille et de quelques amis intimes, au nombre desquels se trouvaient Mercédès d'Argélias et les époux Gaspard.

Etienne avait acheté une maison bourgeoise voisine de celle de sa mère et l'avait fait restaurer. Ce fut dans cette nouvelle demeure, qui allait être celle de la jeune madame Denizot, qu'on servit le repas de noces. Au dessert, Pierre Rouget se leva, tenant son verre à la main.

— Je bois, dit-il, à la santé, à la prospérité, au bonheur de mes enfants, de mes petits-enfants et arrière-petits-enfants !

Tout de même, continua-t-il, la vieille gitana du Trocadéro ne m'a pas menti : elle m'a prédit que je mourrais vieux, satisfait et heureux. Eh bien, maintenant, la mort peut venir me prendre quand elle voudra, je mourrai satisfait et heureux.

Le vieillard vida gaillardement son verre et se rassit.

Etienne se leva à son tour et dit :

— Je remercie le bon papa Rouget du toast qu'il vient de porter ; nous espérons tous que la mort ne se pressera pas de le prendre et qu'il vivra longtemps encore satisfait et heureux. Il nous a parlé de la prédiction qui lui a été faite en Espagne ; moi je vais vous dire ce qui m'a été prédit un jour sur la place de Saint-Amand-les-Vignes.

Tous les regards se portèrent sur Mercédès.

— Monsieur Etienne, fit-elle, je me rappelle ce que je vous ai dit.

Etienne enveloppa Paule de son regard brûlant d'amour, lui sourit et reprit :

— Mademoiselle Mercédès, je vous ai demandé si Paule m'aimerait un jour et vous m'avez répondu :

« Peut-être. Espérez, car il ne faut jamais désespérer; inspirez-vous de votre cœur afin de faire fondre la glace du sien ; il faut lui faire comprendre, lui faire sentir comment vous l'aimez. Espérez, un jour elle vous aimera. »

Paule, pour cacher son trouble, embrassait Edouard qu'elle avait pris sur ses genoux.

Quand on se leva de table, Mercédès prit le bras de Paule et dit à Etienne :

— Venez avez nous.

Tous trois entrèrent dans une petite pièce où ils se trouvèrent seuls.

— Monsieur Etienne, dit Mercédès, je n'ai pas à vous dire combien je suis heureuse de votre union, de votre bonheur à tous deux. Vous avez de la fortune et vous avez épousé la veuve du comte de Verdraine, qui est pauvre, et vous avez adopté ses enfants: mais les fils du comte de Verdraine ne seront pas une charge pour vous; Georges et Edouard ont chacun une petite fortune.

— Que dites-vous ! s'écrièrent en même temps Paule et Etienne...

— Voici, continua la danseuse, en tirant un papier de son corsage, un titre de rente sur l'Etat de vingt mille francs; c'est ce que j'ai pu sauver pour les enfants de la fortune de leur père.

— Oh ! Mercédès, Mercédès ! prononça Paule d'une voix oppressée.

Et elle se jeta en pleurant au cou de la vengeresse.

Le soir une autre surprise attendait les jeunes époux dans la chambre nuptiale.

Sur un guéridon, une main mystérieuse avait placé un coffret d'argent.

— Qu'est-ce que cela? demanda Paule à son mari.

— Je ne sais pas, répondit-il, non moins étonné que sa femme. Mais, ma bien-aimée, vous pouvez ouvrir ce coffret.

La petite clef était dans la serrure. Paule la tourna, leva le couvercle et poussa aussitôt une exclamation.

— Des bijoux, des diamants! fit Etienne.

— Tous, les voilà tous! murmura Paule.

Le lecteur a deviné.

Les bijoux qui se trouvaient dans le coffret d'argent étaient ceux que la comtesse de Verdraine avait vendus au joaillier de Grenoble pour retirer le billet faux des mains du banquier.

Mercédès les avait rachetés; ils étaient son cadeau de noces à madame Etienne Denizot.

CONCLUSION

Quatre ans se sont écoulés.

Madame Etienne Denizot est aussi heureuse que la comtesse de Verdraine a été malheureuse.

Paule a mis le comble au bonheur de son mari en donnant le jour à une petite fille, qu'ils ont appelée Isabelle en souvenir de la morte.

La mignonne a deux ans et est jolie comme un ange.

Mélie, la pauvre bossue, dont le dévouement semble grandir avec le bonheur de ceux qu'elle aime, raffole de la petite Isabelle; elle voudrait toujours l'avoir dans ses bras.

Elle se dispute souvent à ce sujet avec la vieille Marianne, que Paule a fait venir à Saint-Amand et qui est près de son ancienne maîtresse, plutôt une amie qu'une servante.

L'enfant, d'ailleurs, est idolâtrée de toute la famille.

— Elle sera plus belle encore que sa mère, dit Mélie.

— Elle ressemble à l'autre, dit Marianne.

Peu de temps après le mariage de Paule, Pierre Rouget était venu demeurer avec ses petits-enfants.

L'année dernière, il s'est éteint doucement, satisfait et heureux, entouré de tous les siens, à l'âge de quatre-vingt-six ans.

Georges et Edouard sont tous deux au lycée de Dijon; ils comptent parmi les meilleurs élèves et promettent beaucoup pour l'avenir.

Georges a déjà déclaré qu'il voulait être soldat comme le grand-père Rouget. Si c'est réellement une vocation, nous aurons un jour un comte de Verdraine dans le cadre de nos braves officiers de l'armée.

— Moi, dit Edouard, je veux être peintre.

Disons que le jeune garçon a déjà des goûts d'artiste et qu'il dessine d'une façon remarquable.

Flora la Papillonne est toujours danseuse à l'Opéra et continue à briller au premier rang. Elle ne songe nullement à se marier, et l'on se demande si l'amour n'aura pas raison un jour de sa froideur et de son indifférence.

Don Stephano ne se lasse pas de son métier de montreur de bêtes, il ne s'en lassera jamais; il mourra saltimbanque. Il est actuellement en Hollande avec sa ménagerie.

Miro vit encore; mais il est vieux, bien vieux; l'âge n'a pas aigri son caractère, il est toujours le bon chien Miro. Aux jours de vacances, quand Georges et Edouard viennent à Saint-Amand, Miro, dans sa joie de les revoir, semble rajeunir.

Il a une affection toute particulière pour la petite Isabelle; il est son gardien fidèle et ne la quitte jamais.

FIN

TABLE DES CHAPITRES

ÉMILE COLIN. — IMPRIMERIE DE LAGNY.

www.ingramcontent.com/pod-product-compliance
Lightning Source LLC
LaVergne TN
LVHW020559110826
845149LV00002B/318